高等学校规划教材
GAODENG XUEXIAO GUIHUA JIAOCAI

WENHUA
RENLEIXUE GAILUN

文化人类学概论

蒋立松 主编

西南大学出版社
国家一级出版社 全国百佳图书出版单位

内容提要

本书以文化多样性为基本的叙述视角，简洁而系统地介绍了文化人类学的学科历史、研究对象、研究方法，以及文化人类学的基本概念和基本理论，并结合诸多民族志资料，扼要地介绍了文化人类学研究的主要领域，如婚姻家庭与亲属制度、语言、宗教信仰等等。本书既可作为面向大学本科生进行人文素质教育的入门教材，也可供人类学爱好者参考阅读。

图书在版编目(CIP)数据

文化人类学概论/蒋立松主编. —重庆:西南师范大学出版社,2007.8(2023.1 重印)

ISBN 978-7-5621-3932-4

Ⅰ.文… Ⅱ.蒋… Ⅲ.文化人类学—高等学校—教材 Ⅳ.C912.4

中国版本图书馆 CIP 数据核字(2007)第 131155 号

文化人类学概论

WENHUA RENLEI XUE GAILUN

蒋立松 主编

责任编辑:李 玲

封面设计:尚品视觉 周娟 钟琛

出版、发行:西南大学出版社(原西南师范大学出版社)

重庆·北碚 邮编:400715

网址:www.xdcbs.com

电话:023-68868624 68254350(传真)

印 刷:重庆新生代彩印技术有限公司

幅面尺寸:185mm×260mm

印 张:10.5

字 数:276 千字

版 次:2008 年 1 月第 1 版

印 次:2023 年 1 月第 6 次印刷

书 号:ISBN 978-7-5621-3932-4

定 价:28.00 元

前言

这本教材主要是为了满足综合性大学本科阶段“通识教育”之需而撰写的。2004年，我开始在西南大学开设“文化人类学”全校通选课，有些感触，因而在历次讲稿的基础上，并邀请了部分同仁加盟，在学校教务处和出版社的支持下，遂有这本《文化人类学概论》的小册子。

文化人类学是一门以文化为研究对象，旨在通过对于文化差异性和相似性的研究来理解文化的本质(进而理解人)的学问。我们的主要目的是向没有任何民族学和人类学基础的同学尽可能全面地介绍这门学科的基础知识，使学生在通过一段不长的时间的学习后，能够初步掌握文化人类学的基本历史、主要的议题、重要的观点和理念。

本教材共分十章，每章的基本考虑如下。

在第一章中，我们遵循了教材编写的一贯做法，首先开宗明义地介绍了文化人类学的学科概念、性质，并提炼出“他者文化”这一概念作为我们讨论这一学科的重要线索。

在第二章中，我们主要以卡西尔提出的“人是符号的动物”这一命题为基本线索，讨论了符号的特征、功能。

在第三章中，我们主要关注“文化生成的基础”这一基本问题。我们并无意于探讨某种具体文化的“起源”。我们的目的在于从理论上阐明文化的形成乃是人与自然互动的结果，这种互动关系的多样性内在地规定了人类文化的多样性。

在第四章中，我们重点介绍了作为“人类学家的成年礼”的田野调查的基本方法，这是文化人类学获得独立学科地位的几个主要标志之一。

在第五章中，我们关注了文化人类学传统的研究领域——语言问题。语言与文化关系密切，我们重点介绍了语言如何反映文化的特征、文化的变迁，对于当今濒危语言的问题，我们也留有一定的篇幅进行了介绍。

在第六章中，我们重点介绍了文化人类学中“婚姻、家庭与亲属制度”这一传统研究领域。我们将看到，不同的文化对于婚姻、家庭和亲属制度的观念既有不同，也遵循一些普遍的规则，是差异性和相似性的统一。

在第七章中，我们重点讨论了目前中国学术界比较热门的新兴话题——族群问题。围绕族群的概念、族群与民族之间的关系、族群认同等，我们展开讨论了族群认同的实质、族群的边界等基本问题。

在第八章中，我们主要介绍了属于人类精神文化的宗教现象。宗教作为人类独有的文化现象，其本质是什么，具有什么样的社会功能等问题是本章重点关注的内容。

在第九章中，我们将眼光投向了文化的变动过程，重点讨论了文化的纵向的传递方式——濡化和文化接触而导致的文化涵化现象。

在第十章中，我们借助学术界关于西方人类学的“三个基本范式”的划分，对西方人类学学科发展史进行了总体的回顾。

教材中涉及不少外国人名，我们在附录中以“译名对照表”的形式列出，在正文中均不再一一标明其英文。

本教材是集体合作的成果。除笔者外，参加编写本教材的还有西南大学历史文化学院曾现江博士，教育部语言文字应用研究所戴红亮博士，中央民族大学民族学社会学学院的李秀英、罗娟（硕士生），西南大学西南民族教育与心理研究中心唐红、于蕾（硕士生）等人。笔者总拟本书体例、大纲，并负责全书的总撰。具体分工如下：

第一章、第二章、第三章、第四章：蒋立松

第五章：戴红亮

第六章：唐红

第七章：李秀英

第八章：曾现江

第九章：于蕾

第十章：罗娟

编写中我们参照了目前国内外相关教材和研究成果，在书中均一一注明出处，在此一并致谢。

在编写过程中，责任编辑李玲女士十分细心地阅读了本教材，并提出了较多十分中肯的意见和建议。有些建议我们采纳了，在此十分感谢。

蒋立松

二〇〇七年十一月

CONTENTS | 目录

第一章　导　论

文化人类学：人及其文化的理解

第一节　何为文化人类学

文化人类学，简而言之，是一门研究、理解人类文化相似性及差异性，进而探讨人类文化本质的学科。

然而，要真正理解文化人类学这门学科却不像上面给出的定义那么简单、明了。这一方面是因为“文化”本身是一个庞杂而难以琢磨的范畴，另一方面是因为文化人类学在学科发展历程中与多个学科关联而使得该学科的定位十分复杂。

理解文化人类学这门学科，应当从该学科的发展历史、学科的特点及内涵等方面入手。

一、人类学的诞生及文化人类学的学科地位

在英文中，文化人类学（cultural anthropology）是由“culture”和“anthropology”两个单词构成的。后者来源于希腊文，意指“关于人的学问。”[①]因而，cultural anthropology 则指“关于人的文化的学问”。

按照公认的说法，文化人类学一词是由美国考古学家、曾任芝加哥自然史博物馆和华盛顿史密森学会人类学部主任的霍姆斯在 1901 年所创用。[②] 人类学是一个包含众多分支学科拥有不同名称的学科体系，形成于 19 世纪中叶，并以一系列学术机构的建立作为标志。[③] 文

①陆谷孙主编：《英汉大词典》相关词条，上海：上海译文出版社，2004 年。

②黄淑娉、龚佩华：《文化人类学理论方法研究》，6 页，广州：广东高等教育出版社，2004 年。

③这些学术机构主要有：法国人类学会（1859 年）；德国人类学、民族学和史前史学会（1869 年）；英国民族学会（1843 年）；英国人类学会（1863 年）；美国民族学学会（1842 年）；美国人类学协会（1902 年）等。

化人类学是人类学学科体系的有机组成部分。目前,按照北美的学科分类体系,文化人类学是被包含在由体质人类学、考古人类学、文化人类学(或民族学、社会人类学)、语言人类学四个分支学科所构成的人类学体系中。

人类学	体质人类学(physical anthropology)
	考古学(archaeology)
	民族学(ethnology) 文化人类学(cultural anthropology) 社会人类学(social anthropology)
	语言学(linguistics)

这四个分支都是从不同的角度进行"人"的研究。为了便于明晰文化人类学在其中的位置,我们将这四个分支进行一个简要的说明。①

体质人类学 探讨人类文化的生物学基础。主要包括两类问题:一是关于人的出现及其进化;二是关于现代人类的生物性差异。人类起源和演化或进化研究致力于探寻人类是何时、何处出现,怎么样和为什么会进化,并通过收集、分析人类及相关动物化石遗物告诉我们人类远祖何时直立行走、经过哪些演化阶段。此外,对人类存在的差异性、多样性进行多方面的解释,包括可观察的内容(如身高、肤色、毛发等)和不可观察的内容(如血型、遗传基因、特殊疾病等)。

考古人类学 通过人类的遗物和遗迹研究过去的文化,这些遗物或遗迹通称为遗存,包括自然遗存和文化遗存。考古人类学通过研究某一特定时空的社会和文化来理解整个人类的社会和文化现象。因此,在理论上考古学家和人类学家享有共同的传统,兴趣颇多一致之处。

语言人类学 是研究语言与文化相互关系的学科。和其他语言学不同,语言人类学对非书面语言的历史、结构、语言符号的意义等有浓厚的兴趣。研究历史上语言变化的,称为历史语言学;研究现代语言的差异,特别是语言构成上的差别,称为结构或描述语言学;研究语言在实际中如何运用,即语言与社会事实的关系,如阶级、族群、年龄、性别等,称为社会语言学。由于语言现象首先是文化现象,所以,语言人类学对语言与文化的关系给予特别的关注,如人们如何利用语言进行交往,信仰与价值如何影响语言,反过来语言又如何影响人们思考等等。

文化人类学 我们可以将文化人类学看成是人类学中研究文化的部分。由于民族学、文化人类学、社会人类学在研究对象、研究的基本范式、研究的主要兴趣等方面有着相当的一致性,因此我们可以将这三个学科看成是同一学科在不同地区的不同名称。不过,也有不少学者主张应该区别"民族学"和文化人类学之间的界限。在欧洲大陆传统上使用"民族学"的名称;英国则多称为"社会人类学";文化人类学的概念首先在美国使用。名称的不同反映了人类学对文化的研究在欧洲大陆(如法国)、英国以及北美(如美国)各有特色的学术传统。

"四分支"的人类学反映的是人类学从不同角度研究人的勃勃野心。文化人类学是其中最大的分支。

二、文化:文化人类学的核心概念

"文化"这一概念使得文化人类学区别于关于人的其他方面的研究,构成了该学科的核心概念。

①庄孔韶主编:《人类学通论》第一章,太原:山西教育出版社,2003 年。

"culture"这个词的拉丁语词根是colere,可以表达耕种、居住、敬神和保护等含义。"culture"除了耕种、种植之外,还含有"心智的栽培"的含义。因此,在英文中,文化的概念蕴涵了文化与自然相区分的意义。[①] 在人类学领域,最早给"culture"(文化)下定义的是泰勒。他在发表于1871年的《原始文化》中提出:

"文化,或文明,就其广泛的民族学意义来说,是包括全部的知识、信仰、艺术、道德、法律、风俗以及作为社会成员的人所掌握和接受的任何其他的才能和习惯的复合体。"[②]

关于什么是"文化"的探讨一直没有停止过,这也使得"文化"成为人类学研究中几个复杂的基本概念之一。1952年,美国人类学家克鲁伯和克拉克洪对文化概念的历史演变进行了专门的梳理,著有《文化:关于概念和定义的探讨》,共收集了自1871年泰勒提出文化的定义到1951年80年间的164个文化的定义。

在中文中,"文化"由"文"和"化"两个汉字组合而成。从词源上讲,"文"的早期含义就是画在人身上的纹理交错的图形。甲骨文中,"文"字的写法便是一个正立之人,身上画有交错的线条。故徐中舒先生说文"正立之人形,胸部有刻画之纹饰,故以纹身之纹为文。"[③]在其后的演进中,"文"的含义不断丰富,衍生出如"修养""教养"等重要含义。《论语·雍也》中说:"质胜文则野,文胜质则史。文质彬彬,然后君子。"[④]这里的"文"便指的是修养等含义。至于"化"字,则含有某种事物"生成"的意义。《说文解字》上说:"化,教行也",段注曰:"教行于上,则化成于下。"[⑤]显然,汉语中"文化"这一组合词带有"使人具有修养、教养"的意义。

通过将"culture"和"文化"进行词源学上的分析,我们可以知道,在西方和在中国的传统观念中,对"文化"的后天习得性有着相似的理解。文化人类学的研究在很大程度上就是分析和研究不同的文化是如何形塑人们的行为举止,如何规范人们的观念、道德的。

三、文化人类学的研究对象:他者的文化

对文化的研究,并非文化人类学的"专利"。事实上,许多学科,如历史学、民俗学、社会学等等,都在寻求一个特定的视角进行文化的研究。甚至,我们还可以说,由于人的文化特性,几乎所有关于人的学问都离不开对文化的研究。那么,文化人类学必然要具备自己特有的研究视角才可能获得学科的独立地位。这个特定的视角是"他者的文化"。我们认为,文化人类学对文化的理解,通常是通过对与自己不同的"他者文化"的观察、研究和理解来实现的。在这个意义上可以说文化人类学是关于他者的学问。如果说,文化人类学具备一些区别于其他学科的特质的话,对他者的强烈关注以及由此而形成的学术传统应该是一个鲜明的特征。威廉·亚当斯分析道:

---

①[英]特瑞·依格尔顿:《文化的观念》第一章,方杰译,南京:南京大学出版社,2003年。

②[英]爱德华·泰勒:《原始文化:神话、哲学、宗教、语言、艺术和习俗发展之研究》,连树声译,1页,桂林:广西师范大学出版社,2005年。

③徐中舒:《甲骨文字典》,成都:四川辞书出版社,2003年。

④《十三经注疏》(下)影印本,2479页,宁波:浙江古籍出版社,1998年。

⑤《说文解字注》(许慎撰、段玉才注),384页,上海:上海古籍出版社,2004年。

“整整一个多世纪之后，人类学才开始认识到自己在社会科学中的正确位置，是对他者(the Other)的系统研究，而其他所有的社会科学都在某种意义上是对自我(the Self)的研究。只有人类学家敢于宣称通过研究他者能够比仅仅研究自己更深刻地认识自己。通过这样的宣称，人类学得以抢占一片独特的科学领地，而那原是哲学家、文学家和道德家(moralist)们的领地。”①

所谓他者文化，是指与自己文化迥然相异的充满异质特征的文化。他者文化的概念所展现的是文化的差异性。早在人类学诞生很久以前，人们对“文化的他者”便充满了兴趣。与其说人类学是致力于对他者文化的研究，毋宁说，是人们对他者文化的兴趣和知识的积累推动了人类学的诞生。在古代西方，文化接触的结果是人们开始认识到不同的人类群体之间在文化上存在差异性。公元前5世纪，西方“历史之父”希罗多德在其名著《历史》中，记载和描述了西亚、北非和希腊地区许多族体的体形特征、居住环境、语言、习俗、制度和信仰。在中国浩如烟海的中文典籍中，也有大量关于文化差异性的记载。例如，《礼记》描述了周人对不同地区族体的认识：

“中国、戎夷，五方之民，皆有性也，不可推移。东方曰夷，披发文身，有不火食者矣；南方曰蛮，雕题交趾，有不火食者矣；西方曰戎，披发衣皮，有不粒食者矣；北方曰狄，衣羽毛、穴居，有不粒食者矣……五方方之民，言语不通，嗜欲不同。”②

以后，历代中国官修史书、方志，各种私人著述，都不乏对不同文化的记述，如司马迁的《史记》、常璩的《华阳国志》、樊绰的《蛮书》、钱古训和李思聪的《百夷传》等等，记述了大量中国境内各民族的物产、风俗等基本情况。此外，对别国和其他民族的情况，中国古代的史志也有部分涉及。例如，中国东晋高僧法显和唐代高僧玄奘远游天竺、中亚和东南亚所写的《佛国记》和《大唐西域记》，宋代赵汝适的《诸蕃志》和周去非的《岭外代答》，元代汪大渊的《岛夷志略》和周达观的《真腊风土记》，以及明代马欢、费信和巩珍跟随郑和七下西洋所写的见闻录《瀛涯胜览》、《星槎胜览》和《西洋藩国志》等，都包含了大量境外民族的情况介绍。中国的这种史志传统反映的是不同文化密切接触的悠久历史，理应成为中国人类学发展的重要的本土资源。

然而，对他者文化猎奇式的窥探、好奇、胡乱的解释，并不能构成文化人类学对文化差异性的研究。如何符合逻辑地、合理地阐述和解释文化的差异性，是人类学家们首先面对的核心议题。

人类学不同时期的不同流派从不同的认识论出发，对这个核心的议题有不同的学术阐释。例如：

早期(19世纪晚期)的进化论假设了人类文化的单线发展历程，将不同的文化纳入进化的不同阶段进行考察，从而将人类文化的共时性差异巧妙地转化为历时性的阶段差异，达到了为当时欣欣向荣的资本主义文明的优势地位进行辩护的目的。在这种认识论前提下，不同于

①[美]威廉·亚当斯:《人类学的哲学之根》，黄剑波，李文建译，1页，桂林：广西师范大学出版社，2006年。

②《十三经注疏》(上)影印本，1338页，杭州：浙江古籍出版社，1998年。

当时资本主义文明的一切文明或文化形态，都被不同程度地贴上“野蛮”“落后”的标签，变成了用以论证文化单线进化阶段的“文化遗留物”了。例如，泰勒是这样看待“文化遗留物”的价值的：

“在那些帮助我们按迹探求世界文明的实际进程的证据中，有一广泛的事实阶梯。我认为可用‘遗留’(survival)这个术语来表示这些事实。仪式、习俗、观点等从一个初级文化阶段转移到另一个较晚的阶段，它们是初级文化阶段的生动的见证或活的文献。”①

这种对他者文化的进化论阐释，遮蔽了人类文化多样性存在的价值，掩盖了人类文化发展之路的多种可能性，逐渐地为后来的人类学流派所扬弃、超越。

20 世纪 20 年代，功能学派批评了早期进化论“构拟历史”的局限，转而探讨文化满足人们需要这一命题，并以深入的实地调查为人类学的研究注入了新鲜的空气。马凌诺斯基在《西太平洋的航海者》这部奠定人类学基本调查方法的作品中指出：

“在一件稀奇古怪的事物面前驻足观赏、取消它的怪异外表，把它看成一件古董收藏到我们的记忆库或轶闻库里，这种态度是我所不齿的。有些人无力透过不同文化外表上特殊、不易理解的现象，来掌握它的内在含义和心理学真实。这些人天生不能做民族学家。只有真正热爱这些工作的人，或更进一步说，只有真正热爱各种不同文化的丰富性和独立性的人，才能理解、消化一个文化里的所有项目，只有他们才称得上是真正的人的科学工作者。”②

到了 20 世纪 70 年代，随着阐释人类学的兴起，人们对他者文化的研究旨趣，又从“规律”的探索、“功能”的揭示，转为对文化的“意义”的寻求。格尔兹明确阐明了他的观点：

“我与马克斯·韦伯一样，认为人是悬挂在由他们自己编织的意义之网上的动物，我把文化看作这些网，因而认为文化的分析不是一种探索规律的实验科学，而是一种探索意义的阐释性科学。我追求的是阐释，阐释表面上神秘莫测的社会表达方式。”③

上述流派的列举并不足以勾勒出人类学发展的历史过程。对西方人类学学术历程我们将在本书的第十章进行简明的梳理。这里只不过指明了这样一个基本事实：正如文化是多样性的存在一样，人类学的理论框架内包容了不同的学术见解。没有放之四海而皆准的文化的理论。如果说早期的人类学倾向于将他者的文化作为论证文化发展阶段的“活的历史材料”的话，那么，其后许多西方的人类学家则热衷于将他者文化作为反思本文化的工具。1928 年，年轻的美国女人类学家米德发表了她的成名之作《萨摩亚人的成年》，副标题即为“为西方文明所作的原始人类的青年心理研究”。米德以“青春期”为题，通过对萨摩亚岛民的调查研究，进行了一系列的“我们”(美国社会)与“他们”(萨摩亚人)的对比。她的研究反思了当时美国

①[英]爱德华·泰勒：《原始文化：神话、哲学、宗教、语言、艺术和习俗发展之研究》，连树声译，11 页，桂林：广西师范大学出版社，2005 年。

②[英]马凌诺斯基：《西太平洋的航海者》，梁永佳、李绍明译，447 页，北京：华夏出版社，2002 年。

③克利福德·格尔兹：《文化的解释》，纳日碧力戈等译，5 页，上海：上海人民出版社，1999 年。

社会文化对美国青年青春期问题产生的关键性作用，并进而提出对美国教育制度改造的设想："我们一直在逐条对比我们的文明与萨摩亚人的文明，以便从这种对比中获得某些启迪，来改善我们的教育制度。"[①]文化人类学的"通往他者文化之路"在这里转向而变成了"通往自己文化之路"了。这种通过不同文化的跨文化比较研究，特别是与研究者自己的文化进行比较，是文化人类学基本的研究路径之一，至今仍有较强的现实意义。

四、理解文化：学习文化人类学的意义

尽管不同的文化人类学流派在研究路径上各有不同，在具体的研究议题上各有侧重，我们认为，学习文化人类学仍然有一些普遍的意义。我们力图将这些普遍的意义进行如下简要的归纳。

1. 探寻文化的本质

如果说"认识你自己"是一个千古命题的话，那么，对人类自身的认识过程也是对文化本质的认识过程。文化人类学透过对文化的差异性和相似性的了解和研究，正不断地接近对文化本质的揭示。

2. 正确认识文化的多样性及其价值

人类的文化乃是多样性的存在，文化人类学在其发展过程中逐渐积累了关于文化多样性的许多认识。在"全球化"和"一体化"的时代背景下，对文化多样性及其价值的认识显得尤为重要。

3. 促进跨文化对话与交流

不同的文化如何和谐地相处，这是人类社会时常面临的问题。我们只要稍稍回顾一下历史，便可知道不同的文化群体在相处过程中时常为下列问题所困扰，如：(1)文化接触中的"我族中心主义"及其所带来的问题；(2)主流文化对非主流文化的态度问题；(3)不同文化之间如何认识各自的主体性地位问题；(4)"强势文化"与"弱势文化"的关系问题，等等。文化人类学是一门致力于跨文化比较的学科，跨文化比较方法的大量运用使文化人类学服务于不同文化之间的对话成为可能。

上述文化人类学的意义或作用赖以建立的最重要的基础乃是"理解"：对文化的差异性的理解、对文化本质的理解、对"主流""非主流"文化关系的理解，等等，一句话，文化人类学的目标是达成对文化的理解。这也是我们在给文化人类学进行学科定义的时候所强调的观点。诚然，在不同的时期和阶段，文化人类学对文化的理解，其角度、方法、观点是不一样的。但是，文化人类学者的天然使命决定了他们总是在自己认识能力所能达到的范围内去观察、理解和解释自己所看到的文化现象。正是文化赋予了人类社会区别于动物的特征，因此，对文化的理解，也同时构成了对人自身的理解。关注文化，其实也就是关注自己的命运。

---

①[美]玛格丽特·米德：《萨摩亚人的成年——为西方文明所作的原始人类的青年心理研究》，周晓红、李姚军译，185页，杭州：浙江人民出版社，1988年。

1847年，美国著名的人类学家摩尔根由于在法律事务方面对易洛魁人的帮助而被该族的鹰氏族收为养子，并获得一个印第安语的名字——“Tayadawahkugh”，意为“裂缝间的桥。”①或许，这个名字正好注解了文化人类学在跨文化理解方面的桥梁作用。

第二节　如何学习文化人类学

作为一门课程的学习方法，与作为一门学科的研究方法在侧重点上肯定有所不同，尽管二者之间有许多的联系。文化人类学学科的性质和特点内在地规定了对这门课程的学习方法。

一、文化人类学的学科性质和特点

1. 文化人类学的人文取向

人类对世间万物的认知方式是不一样的，由此也形成了不同的学科传统。从大的方面，我们经常讲的“自然科学”“人文科学”(或有时我们扩大一点将社会、人文并称而为“人文社会科学”)分别将自然现象(物质世界)和文化现象(精神世界)纳入到了“科学”的研究视野中。文化人类学属于人文科学的范畴。在这里稍微讨论一下自然科学与人文科学在研究对象和方法上的差异有助于我们深入理解文化人类学的学科性质。尤其是在“科学主义”居于一种强势地位、拥有几乎毫无限制的话语权的时候，我们更应该认真思考二者之间的关系。②

首先，“科学”的含义并不是自然科学的专有名词。就“科学”概念的希腊传统而言，“科学”主要是指广义而言的“学问”。如在亚利斯多德的学问体系中，除了“理论的学问”外，还包括了“逻辑的学问”“生产的学问”“实践的学问”等。而“实践”以下又可细分为“伦理学”“政治学”“经济学”等，这些都是与人类的心智活动息息相关的。在德文中，“科学”(wisenschaft)一词是源于德文“知识”(wissen)的抽象名词。自启蒙运动以来，“科学”一般都用以泛指任何有一定规模的学问。康德明确界说了“科学”的定义：

“任何一门学问，只要能构成为一系统，即一按原则而被组织起来的知识整体，都可称为科学。”③

---

①王铭铭：《裂缝间的桥》，济南：山东人民出版社，2004年。

②例如，我们应该认真关注一下近年中国国内围绕“中医是否科学”“传统文化的再认识”等诸多领域展开异常热烈的论争，其中很多议题涉及了“科学”与“人文”的论辩。

③卡西尔：《人文科学的逻辑》，关子尹译，译者序，11页，上海：上海译文出版社，2004年。

因此，自然科学与人文科学都是基于不同认知对象而产生的系统的学问。不应该将二者截然地对立起来。

其次，二者在研究方法和具体的研究路径上有显著的区别。举例来讲，自然科学的许多具体的研究可以通过反复实验的方式进行论证。而这种方法在人文科学领域中却无法实施。这不是人文科学的“先天不足”，而是由于人文科学研究对象的特点，使人文科学不应该也不可能按照自然科学的研究方法进行自己的研究。例如，文化人类学属于人文科学，其探究的文化和心智大体上属于能感知却无法精确度量的精神世界。对这样一个世界的探索，是不可能通过实验的方式进行论证的。

与自然科学相比，文化人类学致力于探讨人性（如善恶、美丑等），无论是从其传统的主要论题，还是从其现实的关怀来看，这一学科都更具人文取向。它不是一门冷冰冰的学科，它追求的是在理解文化的基础上弘扬属于人类的人文精神价值。这种态度贯穿于人类学研究的基础研究和应用研究两大领域。

2. 文化人类学的实证性

实证是文化人类学的重要特征，并构成了文化人类学研究的重要范式。

早期的人类学家（如“单线进化论”）的研究并不是建立在实证的基础上的，而是企图通过对支离破碎的材料进行拼合来构拟人类社会的普遍进化规律。这种范式被逐渐扬弃。人类学实证研究的范式是在“科学主义”的影响下，通过结构功能学派的实践而确立的。拉德克利夫-布朗 1923 年是这样概括人类学（他使用了英国式的“社会人类学”概念）研究方法的特点的：

“社会人类学将成为对文化现象进行纯归纳研究的名称，其目的是发现普遍规律，将自然科学的普通逻辑方法应用于该学科的特殊内容。”

“如果社会人类学要前进，它就必须遵守所有归纳法的规则。事实必须是观察来的，假设必须看起来能解释这些事实。但是，这只是归纳方法的头两个步骤，并且，还不是最困难的两步。我们发现，研究假设不得不被修改，或不得不被否定，而代之以一个新的假设。这一过程就是如此循环往复，直到我们提出的假设成为具有一定程度可能性的理论。”①

与自然科学进行的实验室的观察和验证过程相比，社会人类学的特点在于：

“这种将观察和假设结合在一起的归纳过程，只能由社会人类学家在田野来进行。”②

可见，文化人类学的实证特点，主要是通过田野调查而得到体现的。在实地的调查中，研究者通过确立社会事实、提出假设、通过实地的田野调查验证假设等一系列程序来完成自己的研究。由于人性的复杂和不可观测等特点，也由于在调查中调查者与被调查者之间的“互为主体”性，使得人类学的实证研究也有其局限性。这一局限在 20 世纪 70 年代以后部分地

---

①[英]拉德克利夫-布朗：《社会人类学方法》，夏建中译，22 页、31 页，北京：华夏出版社，2002 年。

②同上。

被人类学的"意义—互动"的研究范式所弥补。

二、关于文化人类学的方法论

方法论是"关于认识世界和改造世界的根本方法的理论。"①文化人类学在其学科发展过程中积累了一些带有根本性的关于研究文化的基本理念，我们不仅要知道这些基本的理念，更重要的是要将这些基本理念贯穿到具体的文化研究中。大体上，文化人类学积累的带有方法论意义的对文化的认识有"普同论""整体论""相对论"等。

1. 普同论

普同性或普同论(universalism)指的是人类文化拥有的共同性特征。它包含了两个基本的构想。一是指世界上现存的人类都属于同一种属，任何一个人群都不比其他人群更为先进。二是指人类文化在存在差异性的同时也拥有许多共同的文化要素。前者的认识论基础置根于体质人类学的知识系统中，并通过对"种族"问题的认知而发展起来。

文化人类学对人类普同性的认识经历了一个曲折而艰难的过程，并旗帜鲜明地反对一切形式的种族主义思想和行为。种族的分类不过是依据人类的表现型特质(如肤色、脸型、鼻型、毛发、眼色等)的不同而进行的类型区分。18世纪中叶，著名的科学家林耐在1758年的《自然系统》中将人类划分为亚洲的黄色人种、欧洲的白色人种、非洲的黑色人种、美洲的红色人种等四个类型。林耐的贡献在于正确地将人类归入统一的"智人"(Homo Sapiens)名下，然而他也有局限，"林耐在描述人种时，混淆了器质的、精神的、社会的和文化的性质。"②1946年美国著名体质人类学家胡顿提出的系统分类法得到了较为广泛的流行。按照这一划分，世界上的人种大体可以分为三大类型：蒙古人种(或亚美人种或黄色人种)、赤道人种(或尼格罗—澳大利亚人种，俗称黑色人种)、欧罗巴人种(或欧亚人种、高加索人种，俗称白色人种)。③

将人类进行"种族"的划分，部分出于人分类的天性，部分出于科学研究的目的，本无可厚非。然而，将"种族"与"文化"直接挂钩，人为地将人类文化的差异性和由于复杂原因造成的不平等归因于"种族"的生物遗传学基础，却是十分有害的。将这种错误的认识推向极端就有可能形成"种族主义"。种族主义是一种认为人类各种族在智力和道德发展能力上有高有低，种族差异决定人类社会历史和文化发展的反科学理论。种族主义认为：种族有优劣之分，高级种族生来具有创造高度文明的生物本质，负有统治世界的使命；低级种族则无力创造和掌握高级文化，注定成为统治的对象。④

大多数人类学家对人类普同的看法是与种族主义的主张针锋相对的。著名人类学家博厄斯在1928年所写的《人类学与现代生活》一书明确地表达了反对以"种族"划分人类群体的主张：

"这种对种族的错误认识是：它是民族内部某一文化的真正代表。而对种族和文化间共有紧密相连的假设，一直占据着日耳曼人、德意志人和盎格鲁-撒克逊人的思想——无论如何

①《辞海》(缩印本)"方法论"词条，上海：上海辞书出版社，1989年。

②[法]皮埃尔-安德烈·塔吉耶夫：《种族主义源流》，高凌瀚译，13页，北京：三联书店，2005年。

③参见林耀华主编：《民族学通论》第二章，北京：中央民族大学出版社，1997年。

④《中国大百科全书》(民族卷)，北京：中国大百科全书出版社，2004年。

可以说是占上风的；或者也存在于意大利‘种族’赞誉他们往昔的伟大和权威的荣耀。”①

有鉴于种族主义在人类历史上曾经给人类社会带来的灾难，国际社会和一些国际性组织都发表过关于种族主义的声明。1963年《联合国消除一切形式种族歧视宣言》明确宣称：

“鉴于任何种族差别或种族优越的学说在科学上均属错误，在道德上应受谴责，在社会上实为不公，且有危险，无论在理论上或实践上均不能为种族歧视辩解。”②

1995年国际人类学民族学联合会通过《关于种族概念的声明》承认：现今的所有人类属于单一人种，拥有共同的血统，“种族”不是一个科学的概念。③

虽然种族主义早已在世界范围内变得声名狼藉，甚至“种族”一词的使用在西方人文和社会科学研究中变得十分敏感，但是，以“种族”概念作为支撑，将文化的差异、智力的高低、社会地位的不同、贫富的悬殊等等人类群体之间的“相异性”还原为“种”的生物遗传学因素的，仍然有一定的市场。例如，在美国有学者将流行的智商测试用于种族研究。1994年赫尔斯坦和莫雷出版的一本名为《正态曲线——美国生活中的智力与阶级结构》，就宣布说美国欧裔人的IQ分值平均是100，亚裔是103，非裔则为90。④ 而在这之前的1969年，心理学家让桑依据“遗传与智力”的理论在《哈佛教育回顾》上发表了一篇文章，提出了对智商的基因决定论的思考。他对美国白人和黑人进行了一番比较，并得出了如下结论：在两个群体中所进行的大量智商测定表明黑人的平均智商比白人低15个点。通过测试得出的黑人智力低下这一结论表明黑人天生就智力低下，任何改良都不会改变他们的这一特征。让桑的结论在学术界引起了十分激烈的讨论。美国遗传学会甚至专门为此组织了2 600名美国、加拿大遗传学家进行讨论，并分别于1975年、1976年进行了两次民意测验。结论是，大多数遗传学家认同这样的观点：

“尽管在文化和经济背景完全一致的群体内部，影响儿童智商差异的主要原因可能与遗传有关，但是这一假说有待检验；没有任何有说服力的证据能够证明种族之间存在智力的遗传差异。”⑤

这种智商测试及其研究成果受到了人类学家的强烈质疑，其核心点在于：人的智力表现受社会文化的影响，用一套标准检验不同文化中的人群，其结论难免失之偏颇，这种做法只能是倒果为因。

此外，在我们的日常生活中，基于“种”的观念的误解和偏见尚有许多表现。例如，很多人习惯地将英文中的ethnology翻译为“人种学”，将ethnography译为“人种志”等等，便是一种

---

①[美]弗朗兹·博厄斯：《人类学与现代生活》，刘莎、谭晓勤、张卓宏译，53页，北京：华夏出版社，1999年。

②杨候第主编：《世界民族约法总览》，447页，北京：中国法制出版社，1996年。

③转引自林耀华主编：《民族学通论》，56～57页，北京：中央民族大学出版社，1997年。

④转引自庄孔韶主编：《人类学通论》，98页，太原：山西教育出版社，2003年。

⑤[法]阿尔贝·雅卡尔：《差异的颂歌：遗传学与人类》，王大智译，184页，并请参见该书第7章，桂林：广西师范大学出版社，2004年。

对学科的误解。再如，不少人总是企图去寻找“纯粹”的某个“族”，等等。在这里我们应该重申人类学的一个基本知识：民族与种族是两个截然不同的概念，民族与种族无关。

坚持人只有一种的观点是人类学普同论的一方面表现。普同论还表现为另一种认识：人类文化尽管具有多样性，但是，全人类依然共享了许多共同的文化要素。例如，乱伦禁忌（incest taboo）、外婚制原则（exogamy）就是典型的人类共享的文化要素。一些人类学家力图在差异性中寻找相似、共性：

> “如果只把少数几个社会加以比较，会使人觉得其间的差异实在太大，但是一把比较的范围扩大以后，那些差异就变得越来越小。”①

列维-斯特劳斯致力于文化深层的结构分析，探讨“文化普遍语法”，在这个意义上，他的结构主义人类学体现了对人类文化普同性的深刻认识。

2. 整体论

整体论（holism）是指从社会的、文化的角度和生物的、生理的两个角度分析问题，既关注现实的问题，也关照历史的因素。总之，把人类及其所赖以生存的社会当作一个整体来研究。② 整体论观点的确立，是基于人类学对文化整体性的认识，它要求将文化置于特定的时空条件进行全方位的理解，从而力图避免任何一种单一的视角所可能导致的片面。

不同的学者对“整体性”的具体理解是不一样的。威斯勒强调了文化内部诸要素之间的关联性，并提出了一系列诸如“文化特质”（cultural trait）、“特质综合体”（trait-complex）、“文化类型”（cultural type）、“文化区域”（culture area）等概念。③ 马凌诺斯基则是站在文化要素服从于满足于该文化需要的立场出发来理解文化的“整体”的，这种立场也奠定了功能学派民族志对文化进行“全貌式”的描述的传统。而这种“面面俱到”的写作传统又在 20 世纪 80 年代民族志的反思中受到了强烈的质疑：所看到的文化的整体永远只能是“部分真理”，陷入“赫耳墨斯的困境”中。④ 列维-斯特劳斯对文化“整体性”的追求又自有特点：他是立足于“揭示社会生活的各类表现的某种共通形式”而把追求整体性看成是“人类学的第二个雄心”。⑤

对整体论的把握与运用，应当注意以下几个方面。

第一，文化要素之间的相互关联性。文化是一个由诸多相互联系、相互影响和制约的文化要素有机组合而成的整体。对某一个特定的文化要素或文化现象的理解只能放在这种有机的结构关系中才有意义。例如，在集约农耕的文化中，定居生活、家庭园圃业、水资源的管理、父系继嗣、对土地的崇拜及其各种仪式等等，是如此紧密地结合在一起，以至于我们忽略掉其中任何细节都不可能获得对这种文化类型的正确理解。

第二，历时性研究与共时性研究相结合的原则。文化内部各要素之间的相互关联并不是

①[法]列维-斯特劳斯：《忧郁的热带》，王志明译，504 页，北京：三联书店，2005 年。

②庄孔韶主编：《人类学通论》，13～14 页，太原：山西教育出版社，2003 年。

③参见[美]克拉克·威斯勒：《人与文化》，钱岗南、傅志强译，第四章，北京：商务印书馆，2004 年。

④参见[美]詹姆斯·克利福德、乔治·E. 马库斯编：《写文化——民族志的诗学与政治学》，高丙中、吴晓黎、李霞等译，北京：商务印书馆，2006 年。

⑤[法]列维-斯特劳斯：《结构人类学》(1)，张祖建译，400 页，北京：中国人民大学出版社，2006 年。

仅在静态的空间条件下发挥自己的功能，它总是处在一个动态的过程中。因此，我们看到的文化乃是同时在纵向的时间轴和横向的空间轴上得以表现的。这个原则要求我们在观察一个文化的时候，既要仔细观察该文化在现实条件中的具体表现和功能，又要注意理解该文化的动态过程。

第三，微观研究和宏观研究相结合的原则。早期的人类学特别是马凌诺斯基的功能主义人类学更看重的是对一个小型社区的研究。例如，马凌诺斯基本人就是通过对特洛布里安岛的研究而奠定他的学术地位，并开创了人类学"参与观察"的研究方法。拉德克利夫-布朗也长期在安达曼岛上从事他的人类学工作。这种研究在取得许多开创性的成果的同时，也留下了不少缺憾：这种研究假定了所研究的社区是一个封闭的、孤立的、自我发展的世界，从而低估了那些"传统的""封闭的"部落社会与更大规模的社会变迁、甚至全球化的过程相联系的可能性及其影响。这也造成了人们对传统人类学研究的一个充满美感然而错误的映象：人类学家背着沉重的行囊到一个充满异域风情的地方，然后长期住下来做了许多我们不知道的事情，再然后回到他的家乡向充满同样好奇的人们讲述和解释他在那里看到的文化。人类学变成了一种"对我们过分标准化的文化的一种罗曼蒂克式的逃避。"①

文化的传播、接触、相互影响是一个持续不断的过程。越来越多的研究表明，我们过去认为的许多孤立的文化现象其实是一个文化接触的结果，同样，许多表面看起来十分封闭的社会其实早就被纳入到了一个全球化的进程并在这个进程中深刻地重新型塑了自身的文化。例如，理查兹意识到，美洲易洛魁人中的"从妻居"现象可能并不是该族群原生的文化形态，这种看似古老的文化不过是16世纪以来易洛魁人与欧洲人的不断接触，随着皮货贸易的不断发展以及外部势力的不断卷入，男女性别分工加剧的结果。因此，对西方人类学来讲，

"人类学家研究的绝大多数社会是欧洲扩张的产物，而不是过去的进化阶段的原本结果……文化变迁或文化演化不是在孤立的社会中进行的，而始终是在相互联系着的系统中进行的，在这些系统中，各个社会以不同方式在更广泛的'社会场域中处于彼此关联的关系之中'。"②

因此，在进行文化研究时，我们要善于运用整体论的方法，将微观的社区研究与更大规模的外部世界联系起来。在当今社会，由于文化接触比以往任何时候都更加密切，全球化的过程更加深刻地影响到世界的每一个角落，因而文化研究的这种整体性方法显得尤为重要。

3. 相对论

相对论或文化相对主义(cultural relativism)是指这样一种文化观：坚信每一种文化都有其独创性和充分的价值。并且，一切文化的价值都是相对的，对各该群体所起作用都是相对的，因此文化谈不上进步或落后。

---

①见马凌诺斯基给费孝通《江村经济》的序，15页，北京：商务印书馆，2003年。

②[美]埃里克·沃尔夫：《欧洲与没有历史的人民》，赵丙祥、刘传珠、杨玉静译，197页、92页，上海：上海世纪出版集团上海人民出版社，2005年。

斯皮罗定义了三种文化相对论：[①]

(1)描写性的文化相对论(descriptive relativism)。

描写性的文化相对论认为文化自身制约着人类感知世界的方式。一个必然的结果就是，文化的多样性将导致不同的民族具有不同的社会和心理理解，这种立场被称作描写性相对论。事实上，所有人类学流派都不同程度接受了描写性相对论。

(2)规范性相对论(normative relativism)。

规范性相对论进一步认为，文化之间没有一个普遍的评价标准，因为各文化根据自己的内在标准来相互评价。

(3)认识论相对论(epistemological relativism)。

认识论相对论结合了文化多样性实际上是无限的这样一种极端文化决定论，否认人类具有普遍而为人类独有的文化模式，认为人类的天性和思想具有文化差异，强调有关文化的一般规律和普遍理论都是荒谬的。

文化相对论的观点根植于德国理想主义的哲学特别是赫尔德的哲学思想，并在美国博厄斯历史特殊论所形成的学术传统中得到了丰富的展现。赫尔德也许是第一个在复数意义上使用"文化"概念的人，他宣称："一个民族看做是其思想体系必不可少的东西，从来不能进入第二个民族的思想，而且会被第三个民族认为是有害的。"[②]科林伍德这样评价赫尔德的贡献：

> "就我所知道的而言，赫尔德是第一个用系统的方法认识到人与人之间的不同，以及人的本质不是整齐划一的而是各有不同的思想家。因此赫尔德是人类学之父，而人类学也就是区分不同种类的人，并研究不同种类的人的行为和习俗的科学……"[③]

这种文化相对的思想在19世纪末叶和20世纪初期博厄斯所倡导的"历史具体主义"中得到了体现：认为每个民族都有自己独特的历史。这一思想并最终由博厄斯的学生赫斯科维茨发扬并明确提出"文化相对论"的概念。可以说，美国人类学的研究传统中，文化相对的思想自博厄斯以来一直是一种学术团队共享的主流思想。我们在不同的研究中都可以看到这种思想。我们可以通过对本尼迪克特在20世纪30年代关于"文化模式"的分析中了解到这种文化相对的思想。

在《文化模式》一书中，"作者按照一种新的见解去看待一切被视为社会的或非社会的，正常的或异常的事物的相对性。"[④]这本书其实是站在文化相对主义的立场，借助心理学的研究方法，对不同形态文化特征进行分析和概括的优秀作品。她认为，人的个性决定于文化，而不决定于生物学的遗传；文化具有不同的模式；每一种文化具有区别于其他文化的主要特征或主旋律。为了说明她的观点，本尼迪克特分析了普韦部落印第安人的"日神型"文化、与之相反的美洲西北海岸的夸库特耳印第安人的"酒神型"文化，和新几内亚多布人的"妄想型"文化。但是，她并不是想指出不同文化之间地位的高低和优劣，而是力图阐明人类的文明模式有多样性，"不同的文化沿着不同的道路前进，追求着不同的目的，而且，在一种社会中的这些

---

①[英]阿兰·巴纳德：《人类学历史与理论》，王建民、刘源译，108～109页，北京：华夏出版社，2006年。

②转引自：[英]特瑞·依格尔顿：《文化的观念》，方杰译，14页，南京：南京大学出版社，2003年。

③转引自：[美]威廉·亚当斯：《人类学的哲学之根》，黄剑波，李文建译，263页，桂林：广西师范大学出版社，2006年。

④[美]本尼迪克特：《文化模式》，何锡章译，博厄斯绪，北京：华夏出版社，1987年。

目的手段不能以另一社会的目的和手段来判断，因为从本质上讲，它们是不可比的。”①她在《文化模式》一书结束部分充满激情地写道：

“现代社会思考的最重要的任务，莫过于充分思考文化的相对性……对文化相对性的承认，有其自身的价值，这些价值未必就是那些绝对主义者哲学理论所宣称的价值。它向习惯思维挑战，促使养成这些思想的人揪心地痛苦。它激起悲观，是因为它把陈旧的原则完全打乱了，而不是由于它包含着任何内在困难。只要新的观念像习惯信仰一样受到欢迎，它就会成为美好生活可资依靠的另一种屏障。那时，我们将获得一种更为现实的社会信念，还会把人类为自己从生存原料中创造出来的各种和平共存、平等有效的生活模式作为希望之据，成为宽容的新基石。”②

我们当然可以对文化相对主义进行多角度的评判。除了其最核心的内涵之外，文化相对的思想为我们进行文化的研究至少可以提供如下两个方面的方法上的借鉴。

其一，文化相对论符合逻辑地推导出平等主义的文化视角。在文化人类学的研究中，我们会遇到许多不同的文化，以平等主义的视角看待这些文化，可以使我们抛却掉许多关于“落后”“不文明”的固有思想。

其二，在方法上，文化相对论强调对文化现象的评价只有放在该文化内部才有意义，因而这种观点必然要求我们对文化的理解更多地应该基于“主位”的方法，充分理解“当地人的观点”，从而尽可能地避免文化研究中“先入为主”可能导致的片面性。

当然，文化相对论并不等同于各种“道德相对主义”。坚持文化相对并不意味着放弃对各种文化的价值评价，而是要求我们在进行这种评价之前，应该首先深入到该文化当中，认真分析这种文化发生的背景、土壤，然后再实事求是地作出自己的判断。

三、文化人类学课程学习的具体方法

文化人类学是一门涉及面广阔的学科，本课程的目的在于通过一个学期左右时间的学习，初步掌握文化人类学的基本理论和基本方法，为进一步研究该学科奠定基础。

(1)掌握文化人类学的基本概念、基本议题。我们建议在学习过程中要特别注意文化人类学所涉及的一些基本概念。文化人类学在发展过程中形成了一些传统的议题，如文化的生成、语言与文化、婚姻与家庭、文化的传承与变迁、人类的宗教信仰体系等等。对这些传统的讨论议题也应初步掌握。

(2)阅读一定数量的人类学理论经典和民族志作品。我们建议按照人类学发展的不同理论流派进行经典著作的选择阅读。民族志作品在沟通田野调查与理论研究中是重要的环节，对经典民族志作品的阅读是学好文化人类学必需的功课。

(3)了解人类学田野调查的基本理论和方法。田野调查是人类学研究的基础环节，对田野调查的学习将很好地帮助我们了解人类学理论得以建构起来的基础。

(4)注意相关学科知识的融会贯通。文化人类学是一门开放式的学科，涉及如民俗学、社会学、历史学等许多学科的知识，交叉性强。要善于将不同学科的知识融入文化人类学的学习中。

---

①[美]本尼迪克特：《文化模式》，何锡章译，博厄斯绪，173页，北京：华夏出版社，1987年。

②同上，215～216页。

本章要点

本章是全书的导论部分，重点介绍和阐述文化人类学学科的性质、特点，以及方法论的知识。

文化人类学是一门立足于文化差异性和相似性的研究，探讨和理解文化本质的人文科学。

作为人类学学科体系中的有机组成部分，文化人类学与体质人类学、考古人类学、语言人类学等学科分别从不同的角度对人类社会进行了研究。文化人类学的独特性在于它始终是主要站在对“他者文化”的比较、理解基础上来进行文化研究的。在文化人类学的研究中，“文化”是一个核心概念，不同的流派对“文化”有不同的解释。文化人类学的学科历史告诉我们，文化人类学对如下议题充满了执著：文化、他者、意义。

既然是一门人文科学，文化人类学在研究方法上自有属于人文科学研究的基本逻辑。从方法论而言，文化人类学在积累了大量对各种不同文化的理解的基础上，逐渐形成了一些基本的理念，如整体论、文化的普同性、文化相对论等。

基本概念

文化　文化人类学　体质人类学　考古人类学　语言人类学　文化普同性　整体论　文化相对论　种族主义　文化遗留物

复习思考题

1. 什么是文化人类学？
2. 谈谈你对“他者文化”的理解。
3. 人类文化有无普同性？
4. 如何认识文化相对主义？
5. 学习文化人类学有什么意义？
6. 如何运用整体论的观点研究具体的文化？

第二章 符号、文化与人类社会

符号总是表达人们某种观念的媒介。不管是语言的、宗教的、艺术的、建筑的，还是服饰的、自然的，符号始终贯穿于人类文化活动的各个方面。人类学的符号研究，就是要在纷繁复杂的符号表象下，发现一个又一个符号的特殊意义。

第一节 人与符号

一、人的符号性

人是什么？这是一个古往今来不断引发哲学家、思想家和许多普通人思考的问题。古希腊哲学家柏拉图曾经这样界定"人"：人是没有羽毛的动物。于是他的学生买了一只拔去羽毛的鹅，问：这是人吗？留下了"柏拉图的鹅"的著名典故。人们从不同的角度界定了人的特点。例如：人是会说话的动物；人是理性的动物；人是社会性的动物；人是会制造和使用工具的动物；等等。有一个著名的动物学家甚至这样调侃但不无道理地给人下定义：人是会自相残杀的动物！他说：自相残杀"这种行为很难解释，但它至少把人类和其他动物区别开来了。"①

作为灵长目动物大家庭的一员，人类界定自身特点，从而将人与其他动物区别开来，其意义是显而易见的。问题是如何将人类与其他动物相区别。越来越多的动物行为学的研究证明了上述对人的界定都失之片面。要真正从严格的意义上界定"什么是人"还有很多的困难。

对人的界定，大体上是建立在人与自然（包括人与动物）的区别性特征的基础上的。从这个意义上讲，人的最大特征在于人的文化性，因为迄今为止我们还没有发现动物界也存在完备的文化系统。中国先秦思想家荀子有一段关于什么是人的论述，表明了人的文化性特征：

①[英]德斯蒙德·莫里斯：《人类动物园》，刘文荣译，113页，上海：文汇出版社，2003年。

“然则人之所以为人者，非特以二足而无毛也，以其有辩也。”
“辩莫大于分，分莫大于礼，礼莫大于圣王。”①

在荀子的论述中，“礼”是其中的核心概念。而礼在中国的传统文化中，便是一个表达秩序、结构关系等的文化观念。故中国考古人类学的一代宗师李济先生经常将人称为“有辩之荷谟”，即语出荀子。(荷谟是英文 Homo Sapiens——“智人”的音译)

我们可以说，文化是人类的最大的区别性特征。而文化的最根本的属性在于它的“符号性”，从这个意义出发，我们可以将人如此定义：人是双脚直立行走、具有发达大脑，能够自觉地运用各种象征符号的动物。

现代著名哲学家卡西尔论述了人与符号、文化的独特联系，指出：

“对理解人类文化生活形式的丰富性和多样性来说，理性是个很不充分的名称。但是，所有这些文化形式都是符号形式。因此，我们应当把人定义为符号的动物来取代把人定义为理性的动物。只有这样，我们才能指明人的独特之处，也才能理解对人开放的新路——通向文化之路。”②

卡西尔进而将语言、神话、宗教、艺术、科学、历史等基本的符号看成是人性圆周图式中的不同扇面(见图 2-1)：

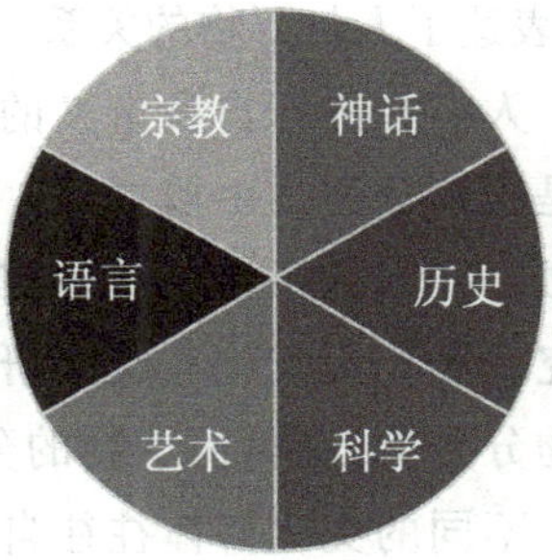

图 2-1　卡西尔的圆周图式

symbol(符号)来源于拉丁语 symbolum，原意是指“向某个目标投掷”，后引申为“符号”“标记”等含义。在汉语中，符号通常是指在人的认知体系中带有一定意义的意象，如图形、文字、声音等等。

人类社会首先是通过应用符号来获得自身的区别性特征，从而建立关于人的自我定义的。例如，颜色的使用就是符号行为。早在旧石器时代，山顶洞人的穿戴，如穿孔的牙齿、石珠等都刻意地用赤铁矿染过，在尸体旁还撒有红粉。③ 我们可以透过这样的细节知道，早在旧石器时代，山顶洞人已经知道赋予颜色(红色)特定的符号意义：

“原始人群之所以染红穿戴、撒抹红粉，已不是对鲜明夺目的红颜色的动物性的生理反应，而开始有其社会性的巫术礼仪的符号意义在。也就是说，红色本身在想象中被赋予了人类(社会)所独有的符号象征的观念含义；从而，它(红色)诉诸当时原始人群的便不只是感观愉快，而且其中参与了、储存了特定的观念意义了。”④

二、符号的功能

人们运用各种各样的符号来表达自己的观念，举凡语言、文字、艺术、音乐等莫不如此，在

①《荀子·非相》篇。
②[德]恩斯特·卡西尔：《人论》，甘阳译，37 页，上海：上海译文出版社，2004 年。
③裴文中：《旧石器时代之艺术》，103～104 页，北京：商务印书馆，2000 年。
④李泽厚：《美学三书·美的历程》，5 页，天津：天津社会科学院出版社，2003 年。

许多民族中，对自然物稍加修饰使得自然物也具备了符号的意义；人的身体不仅可以作为符号的载体（从古老的“文身”到现代的人体彩绘），在一些时候人的身体本身就具有符号性（如“行为艺术”）。

透过观念的表达，符号在人们的社会生活中具体而突出地承载了如下的功能。

1. 自我定义与群体区分功能

如前所述，人类首先是通过各种符号的综合运用，如语言、艺术、神话等，而获得人在自然界中的独特地位的。概括而言，人这种借助符号进行自我定义的过程，是在人们自身如何认识和处理人与自然的关系的基础上实现的。人类社会只有深刻而正确地理解自身在自然界中的位置，才能够真正地理解自身，从而也才能够真正地获得自身的主体性地位。在这对关系中，“人物两分”，将人与自然进行对立的划分，并不是所有文化的普遍法则。从世界范围的民族志来看，不少的文化中都有将人与自然、人与动植物“合而为一”的现象，并丰富地表现在“自然崇拜”“图腾崇拜”等各种符号形式中。我们认为，不能够简单地将这些现象看成是人类社会“未开化”的产物。这些现象深深地根植于自身的生活经验中，并巧妙地以符合自身文化逻辑的形式建立、表达了人与万物的关系。文化人类学就是要研究这些符号背后所蕴含的深刻道理。

人们在进行自我定义的同时，还依据符号对“我群”和“他群”进行区分。例如，图腾符号就是群体分类的手段之一。图腾（totem）一词来自北美印第安人中的奥吉布瓦人（Ojibwa）语，意为“我的亲属”。由于图腾制度在印第安人、澳大利亚土著民中大量被发现，因此图腾的研究一度称为文化人类学研究的传统内容。按照涂尔干和莫斯的理解，图腾是上述社会进行事物分类的依据，而事物的分类“再现了人的分类。”①人们凭借图腾符号相互区别。

不同的文化群体往往自觉地运用各种符号相互区别，从而获得一种“对他自觉为我”的群体认同。一个有经验的文化人类学研究者往往可以通过对某一族群的服饰、建筑、用具等符号的观察而知道该族群与其他族群的区别性特征。不过，我们也要反对将特定的民族与特定的符号僵化地对应起来的倾向。

在等级社会中，符号还经常用来区分、确定不同的等级秩序。例如，在古代中国，黄色是标明皇室身份的特殊符号。其余如服饰、建筑的营造规格等各方面，古代中国都有严格的等级规定。这表明，等级社会中的等级关系常常外化为一系列的符号关系。从人类学的视角看，制度化的等级秩序关系的打破也通常可以通过符号的“共享”表现出来。在现代民主社会中，社会的分层虽然依然存在，但越来越多共同拥有的文化符号却有可能成为弥合不同社会层级中群体之间差异和矛盾的手段。特别是大众文化的普及，使得这种流行的文化符号在一定程度上造就了现代社会中的“单向度的人。”②另一方面，我们也应该看到，由于经济地位在社会分层中的决定性影响，在当前的中国，不同经济地位的人群也开始习惯性地用不同的文化符号来表现这种社会差异了。例如，越来越多的“高尚住宅区”“高档会所”的出现，在一些大都市中已经开始符号性地重新建构不同群体之间的差异和等级。这种现象十分值得我们从文化人类学的角度予以关注。

---

①[法]爱弥尔·涂尔干、马塞尔·莫斯：《原始分类》，汲喆译，上海：上海世纪出版集团，2005年。

②[美]赫伯特·马尔库塞：《单向度的人：发达工业社会意识形态研究》，刘继译，上海：上海译文出版社，2006年。

2. 强化群体认同的功能

群体分类与群体认同是互为表里的两个方面，分类是表现形式，认同是核心。在英文中，认同(identity)来源于拉丁文，指的是“相同”“同一”。文化人类学中所讲认同，主要说的是群体认同。群体认同是一种心理态度，主要是指作为群体成员的个体对本群体的归属感和群体意识。群体认同有很多，例如作为一个族体的民族或族群认同；作为社会文化体系中的亚文化群体的认同等等。这些认同都是文化人类学关注的对象。

群体认同的发生是在与其他群体互动的过程中产生的。换言之，只有在群体互动的场景中，个体对自己的群体成员身份的认同意识才会产生。而这种认同是随着互动场景的变化而变化的。

群体认同的强化离不开文化符号的运用。正是透过具体的与众不同的各种象征符号，人们获得了自身的群体身份，构建了、强化了自己的群体意识。在一个并非同质化的社会中（事实上绝大多数的社会也没有实现高度的同质化），总存在着不少亚文化群体，也有不少的边缘群体，这些群体的成员通常会以特定的文化符号，如特殊的发型、特定的俚语、特殊的服饰等来表达自己的存在、价值或诉求。例如，“海外华人”通常会聚居在“唐人街”，各种具有中国传统文化特征的符号形式成了维系他们认同的重要手段。由于群体认同是在群体互动过程中发生的，因此对认同符号的研究有助于了解不同群体之间的关系，对讨论主流文化与非主流文化、边缘文化的境遇等文化人类学关注的话题也极有价值。

3. 文化传承的功能

人类在繁衍自身的同时也传承自己的文化。不同的文化群体文化传承的途径、内容有可能有很大的不同。但是，所有文化传承都最终表现为各种各样的具体符号。符号固化了特定的文化内容。例如，我们无法看见一个族群的“精神文化”，但我们可以通过各种具体的反复操演的仪式，各种各样的建筑符号、语言符号等具体的符号形式来感知该族群的精神文化。这些符号的代际传递便构成了一个族群的文化传承。

符号不是简简单单的文化的“表现形式”。在文化接触、文化变迁十分频繁和加剧的时代背景下，一个民族应该特别地重视自己文化符号的保护和运用，才能更好地在变迁之中传承自己的文化。

三、文化人类学视野中的公共符号

因为符号是人们文化观念的表达系统，因此文化人类学十分重视对符号的研究，特别是各种各样的“公共符号”。所谓公共符号，指的是一个文化群体中共同拥有、用以表达该群体的集体观念的符号形式。例如，一个政党的党徽、一个学校的校徽、一个俱乐部的特有标志等等，都属于公共符号。

公共符号表达的是集体观念，传递的是集体的价值观，共享的是该群体的集体情感，具有丰富的特定文化内涵和象征意义。人类文化的多样性内在地规定了符号表现形式、类型的多样性以及内容的丰富性。文化人类学要在复杂多样的符号形式的表象背后去探寻、阐释它们所蕴含的意义和精神价值。

公共符号是“形式”和“内容”(象征意义)的统一。没有无一定形式的象征,也没有无象征意义的形式。例如,泸沽湖畔的格木女神山洞中的石笋被奉为男性生殖器加以崇拜,其中石笋这一自然物便是“形式”,而“生殖力”则是其象征意义。再如,中国东部方言苗族社区中常见的土地庙,不仅供奉着“土地公”“土地婆”,而且上方还盖有“外圆内方”的顶,象征的是天地。

图 2-2　自然物一旦被赋予文化含义,便具有了典型的符号意义。图为泸沽湖格木女神山洞中的石笋,在当地摩梭人中有“生殖力”的象征意义。(2005 年 1 月,蒋立松摄)

图 2-3　人的身体也可以成为符号的载体。这对刚参加完一场婚礼回来的苗族妇女,以红色染料涂抹面部,使面部具有典型的符号载体功能。在这里,红色不仅表达的是喜庆,更寓意了企盼子孙绵延不绝的象征意义。(2006 年 1 月,蒋立松摄于贵州东南部某村)

符号的象征意义,总是通过一系列的具体的文化活动而得以展示的。例如,上面所说的摩梭人的石笋,作为生殖符号,其意义是在当地的妇女求子民俗活动中得以展现。再如,在贵州东南部的南部侗族社区中,“鼓楼”是最具公共意义的建筑符号,其所承载的文化意义在不同的季节,通过在鼓楼前举行的“成年礼”“盟誓”、习惯法的宣讲等具体的民俗活动得到了丰富的展示。维克多·特纳是英国人类学曼彻斯特学派的重要人物、象征人类学的主要代表之一。他通过对非洲恩登布人(Ndembu)仪式中颜色分类的研究,进行了不同文化的跨文化比较,提出了在人类社会仪式运用中红—白—黑“三元颜色”的所象征的社会关系意义:

“和这三种颜色相关联的身体体验也是社会关系的体验。白色=精液,它与男人和女人的交媾相联系;白色=乳汁,它和母子纽带有关联;红色=母性的血,它与母子纽带以及群体的补充和社会设置的过程相联系;红色=滴血,它和战争、仇杀、冲突和社会断裂相关;红色=获得和准备动物食物=猎人或牧人的地位、劳动性别分工中男性的生产角色,等等;红色=代际间血的传递=一个合作群体中的成员资格的标记;黑色=排泄物或身体的解体=被看作神秘死亡的由一种社会地位向另一种社会地位的转变;黑色=带雨的云或丰饶的土地=享有同样生活价值观的、被最广泛认可的群体的团结。”①

①[英]维克多·特纳:《象征之林——恩登布人仪式散论》,赵玉燕、欧阳敏、徐洪峰译,89 页,北京:商务印书馆,2006 年。

符号的意义具有多重含义，同一种符号在不同的具体的仪式场合具有不同的意义。文化人类学的符号研究，要求人们把符号置于特定的语境中加以理解。

符号的象征意义具有多样性。相似性的符号形式在不同文化群体中通常具有不同的意义。例如，在建筑物的特定地方挂上一捆柴，在某些汉族社区中可能取"发财"的谐音，意指"发财发富"，而在某些苗族社区，门楣上挂一捆柴，则是典型的镇鬼之物，其柴质的取舍、砍伐、悬挂等细节，均需在巫师的指导下进行。

总之，文化人类学视野中的符号是多种多样的。文化人类学对人类文化的多样性及其价值的理解，在很大程度上是建立在符号的多样性的基础之上的。在西方的文化人类学传统中，对符号象征意义的研究兴趣，最终形成了象征人类学的研究范式。

不同的符号往往具有不同的文化意义。请注意右下图，在门楣上方挂的一捆柴并不代表"发财"的意义，而是该地苗族驱邪除鬼之物。柴的砍伐、制作必须严格按照宗教师的指令进行。

图 2-4 凉山某彝族村寨，2006 年 7 月

图 2-5 贵州某苗族村寨，2006 年 1 月

第二节 文化的差异性和相似性

文化的相似性表现为不同文化群体在文化的结构、形式、内容，以及功能和文化所传递的观念等方面的近似或者相同。文化的差异性表现为不同文化群体在文化的结构、形式、内容，以及功能和文化所传递的观念等方面的不同。

一、文化的差异性及其理解

纵观人类文化，我们会看到不同民族、不同的文化群体往往拥有差别很大的文化特征，表现在物质文化、组织制度，以及精神生活等方面。西方的人类学正是立足于欧洲中心，通过不断地诠释与欧洲不同的"他者"文化而发展起来的。文化首先是差异性的存在。如果对不同文化进行跨文化的比较，这种差异性是十分明显的。梁漱溟在20世纪20年代就以"东西文化及其哲学"为题，讨论了中国、印度、西方文化的不同。[①] 本尼迪克特在她的经典作品《菊与刀——日本文化的类型》(1946年)一书中提炼出了日本的"耻感文化"和西方的"罪感文化"的差异，在国民性研究中独树一帜。[②] 法国早期的人类学家列维-布留尔试图从心理层面解释文化的差异性，他将"地中海文明"民族的思维与不属于"地中海文明"的"原始民族"的思维相区别：前者属于服从于因果律的逻辑思维；后者属于服从于"互渗律"的"原逻辑思维"。他立足于对早期进化论普遍认为的"人类心性一致论"的否定，指出人类社会有可能存在不同的思维类型，而思维类型的不同直接导致了文化的差异。他强调了对思维差异性进行研究的重要性：

"如果实际上存在着一些结构上彼此不同的人类社会，如像无脊椎动物与脊椎动物的不同那样，那么，对集体思维的各种类型的比较研究，其对人类学的必要，并不亚于比较解剖学和生理学之对生物学的必要。"[③]

文化的差异性规定了文化必然是多样性的存在。文化人类学是理解文化的学问，毋宁说，文化人类学是致力于理解文化的差异性、多样性的学问。问题不在于文化有无差异性和多样性，问题在于我们应该如何理解文化之间的差别。

文化差异性的存在，最根本的原因在于不同的文化生成机制。生成机制不同，文化的样式自然各异。例如，中国南方稻作民族中传统的适应定居农耕模式的干栏式建筑，显然与北方适应传统游牧经济转场制度的帐篷在结构、功能等方面有所不同。进而，文化的不同可以反映在观念形态上来。不同的文化在对事物的认知上，在人生的情感体验方面，都有可能存在不同的取向。文化人类学应该正视、尊重不同文化之间的差异。这是实现跨文化理解的前提。

文化的差异性是共时性的存在，不应该以历时性的阶段发展的不同完全取代这种差异。

不同文化之间的和谐相处是一种差异性的共存。在中国的传统思想中，对不同文化的相处之道有着十分有价值的理解。例如，"君子和而不同"。费孝通先生晚年主张"各美其美，美人之美。美美与共，天下大同"，追求的也是这种尊重文化差异的一致。中国的西南是一个文化多样性表现得十分突出的地区，不同的文化之间长期形成了彼此尊重差异的相处模式。例如，在怒江峡谷的丙中洛，不同的宗教信仰(民间宗教、制度化的西方传来的基督教等等)彼此相安无事。在整个中国的西南地区，藏传佛教、小乘佛教、汉传佛教、道教、伊斯兰教、基督教等"外来宗教"，与西南地区原生的民间信仰体系，如彝族的毕摩、纳西族的东巴、白族的本主并行于世。凡此种种，给我们提供了异常丰富的讨论文化多样性及其价值的样本。我们看到的是，文化的差异性是构成和谐社会的基石，而非文化冲突的原因。

二、文化的相似性及其理解

文化人类学在重视文化的差异性的同时，并不否认文化的相似性。就世界范围的民族志

---

①梁漱溟：《东西文化及其哲学》，北京：商务印书馆，2004年。

②[美]鲁思·本尼迪克特：《菊与刀——日本文化的类型》，吕万和、熊达云、王智新译，北京：商务印书馆，2003年。

③[法]列维-布留尔：《原始思维》，丁由译，21页，北京：商务印书馆，2004年。

资料看，不同文化群体之间也有许多文化的相似、相同。了解文化的相似性应该首先明确：(1)文化的相似性特指不同文化体系之间文化上的相似；(2)相似性不仅表现在文化的外显部分(如物质文化)的相似，也表现在不同文化群体共享某种相同或近似的精神价值上。

例如，相距遥远的不同群体中，使用了形式、功能相近的生产工具或物品(举例来说，“牛吼器”在澳大利亚、美拉尼西亚、中非、巴西这些互相隔离的区域都有发现①)；不同地区的社会中有可能拥有相似的习俗，如“文身”的习俗广泛流行于东南亚、东北亚、美洲、非洲及大洋洲等地；“产翁”的习俗(couvade，即“父代母育”)也是在世界很多地方都曾经发现的习俗②；同样，许多民族都有的交表婚的婚姻制度(当然也有平表婚，但似乎没有交表婚那么普遍，关于婚姻制度详见第六章)；对超自然力的相似的解释与信仰；甚至，对人类起源的相似的神话传说，等等。这些现象都说明了人类文化中存在着某些相似的因素。

对文化相似性的理解，不同的流派有不同的解释。美国人类学家威斯勒总结了对产生文化相似性的三种不同解释：

1. 独立的发明创造

可以设想，两个或更多的彼此分离的部落群体如果面临相同的命题，也会找到相同的答案。早期的进化论者主要持这种观点。其思想基础主要是人类进化的路线、阶段以及人类的“心性”一致的观念。

2. 扩散(即传播)

传播论者如格雷布纳尔、史密斯、里弗斯等主要持这种观点。传播论强调了人类发明创造能力的有限性，认为任何一种文化只能发明一次，剩下的便是传播的结果。传播的结果是我们在世界各地都能看到文化样式的相似。

3. 趋同

威斯勒本人持这种观点。他认为文化在其进化的过程中会由于各种原因而“趋于相似”：

> “因为所有的发明都是由一个阶段走向另一个阶段的，我们可以猜测特质综合体的发展是从简单开始的。可以设想，从相距遥远的文化中产生的两种或多种截然不同的特质，在时间的进程中会趋于相似。趋同和趋同进化就是这种解释文化相似性的方法。”③

---

①牛吼器：一种用一根鞭头绳系着的一块矛尖状的木头，缚在短木柄上。用某种方式挥舞会发出低沉的哨音，具有很重要的礼仪意义。在澳大利亚、美拉尼西亚、非洲、巴西等地均有发现。——编者注。

②例如，中国古代典籍《太平广记》记载了中国南方少数民族的“产翁”习俗：“南方有僚妇，生子便起，其夫卧床褥，饮食皆如乳妇，稍不卫护，其孕妇疾皆生焉。其妻亦无所苦，饮爨樵苏自若。”又云：“越俗，其妻或诞子，经三日，便澡身于溪河，返，具糜以饷婿，婿拥衾抱雏，坐于寝榻，称为产翁，其颠倒有如此。”此外，法国南部与西班牙北部比利牛斯山区一带古代的伊比利亚人及其后裔巴斯克人，以盛行产翁习俗著称于世。法国的科西嘉人、非洲西海岸马达加斯岛的一些居民、南非的卡菲尔人、印度的阿萨姆人及部分坎纳拉人、加里曼丹岛的达雅克人、南美亚马孙河和奥里诺科河流域的印第安人，以及火地岛的印第安人中，均有过产翁的习俗。

③[美]克拉克·威斯勒：《人与文化》，钱岗南、傅志强译，98页，北京：商务印书馆，2004年。

三、文化是差异性和相似性的统一

一方面，人类的文化具有多样的表现形式和类型，不同的文化都有其自身的独特价值和生成机制；另一方面，多样式的文化又共同构成了全人类文化的有机整体，同时，人类社会也共享着某些共同的文化要素，分享着某些共同的价值观念。美国人类学家默多克认为，人类的实践活动是多种多样的，但所涉及的具体文化要素，也就是实践的领域和实践的内容则大致相同。他在考察了世界范围内数以百计的文化资料后，曾列出人类共有的 60 余种文化要素。①

表 2-1　人类共有文化要素列表

年龄划分	劳动分工	食物禁忌	遗产继承	音乐	青春期习俗
竞技	梦的解释	葬礼	玩笑	神话	宗教仪式
化妆	教育	游戏	亲属群	数字	性的约束
日历	伦理	手势	亲属称谓	助产术	灵魂概念
预言	族群植物识别	礼物馈赠	语言	姓名	地位差异
烹饪	礼节	问候	巫术	人口策略	工具制造
合作劳动	信任感	发式	婚姻	育婴	居住规定
宇宙观	家庭	好客	进餐时间	怀孕惯习	交易
示爱	末世论	住房	医药	财产权	拜访
舞蹈	火的使用	卫生	谦虚	超自然力解说	断奶
装饰艺术	民间传说	乱伦禁忌	悲痛	天气观测	手术

在上表中，许多人类共有的文化要素，在不同的族群中却有着迥然相异的表现形式，体现了文化的相似性和差异性的统一。例如，丧葬是每个族群都拥有的处理身后事的文化要素，但不同的族群往往具有不同的具体的处理方式，如土葬、火葬等繁多的丧葬习俗。贵州占里侗族的土葬习俗中，还具体变化为颇具特色的“二次葬”形式，即人亡故后，先将遗体放入棺木中，置于该族群坟茔区的缓坡处，过了相当长时间后（时间长短不一，多为数年）再垒坟安葬。再例如，在许多民族中都有关于青春期的特定习俗。他留人的“青春棚”、瑶族的“谈婚洞”、苗族传统的“寮房”等，在功能上颇具相似之处：都是为青春期的男女青年提供某种形式的公共活动空间，从而进一步促成该社区青年社会化的过程。

文化的差异性背后有可能蕴涵着观念的相似。例如，许多民族都有适合自己文化的人口策略。显然，人口策略是特定民族为了使自身人口再生产与自身环境（自然生态环境和文化环境）相适应的制度安排。实施人口控制是人口策略中常见的形式，有的民族是通过“产后性禁忌”的文化机制，有的民族（至少在过去）曾经采用的则是“溺婴”的习俗②。贵州占里的侗族

①转引自庄孔韶主编：《人类学概论》，23 页，北京：中国人民大学出版社，2006 年。

②“产后性禁忌”是主要流行于一些热带地区民族的性的禁忌观念和禁忌行为。该习俗规定夫妻之间在妇女产后有相当长时间（数年）内禁止同房，从而避免妇女很快再次怀孕。通常的解释是这种习俗有利于保证妇女产后给哺乳期婴儿提供足够的人乳。其意义在于通过文化的手段调控人口的再生产。——编者注。

通过长期的实践，形成了一整套控制人口数量和性别比例，从而使该族群长期保持人口相对稳定(700多人口，绝大多数家庭子女为一男一女)的独特机制。这些不同的习俗背后所蕴含的文化观念是：人口的再生产与环境的协调发展。再如，不同形式的成年礼所表达的共同文化观念则是通过特定的仪式确认族群成员的社会性别，从而完成一个个体由生物学意义上的男(女)向文化意义上的男(女)的转变过程。

文化差异性和相似性的辩证关系为理解文化提供了一个辩证的视角。在文化的研究和文化的实践活动中，任何渲染和夸大文化差异的态度，与过分强调文化的一致性以至于天真地憧憬文化的一体、融合的态度一样，都是错误有时甚至是有害的。人类文化的追求，应该是在尊重差异前提下的统一。21世纪，人类的文化应该如何相处？人类文化的发展前景又会怎样？忧心忡忡的战略学家担心的是不同文化之间由于差异而引发的“文明的冲突”①；文化多元主义者鼓励和伸张文化多样性的价值，对多样性在一体化进程中所付出的人文代价表示担忧；充分享受了现代科技成果的乐观主义者则一路高歌“历史的终结”，认定现代自然科学的出现将使“所有人类，不论其历史渊源或文化传统，都必然走上一条不可逆转的同质化道路。”②世界格局的变化促使文化人类学的研究必须具备一种全球的视野，认真剖析在全球化背景下不同文化之间的关系问题。

第三节　文化的特性及其结构功能

一、文化的特性

文化的特性主要表现在以下几个方面。

1.共享性

文化的共享性是指文化总是由某一特定的群体所共同拥有、在群体内部通过共同的媒介传递。

人的群居性决定了文化必然是群体共享的。在文化人类学研究中，文化是一系列为群体内所有人或至少大多数人所共同拥有的观念、价值体系和行为准则等。例如，我们经常讲的“东方文化”“儒家文化”“中国文化”“汉文化”“基督教文化”“伊斯兰文化”等这些类型概念，即表达的是这些文化为特定的文化群体所拥有。但这并不意味着所有群体成员都必须拥有完全一致的行为举止，服从于完全一致的价值观。内部完全同质化的文化群体是不存在的。文化人类学在关注群体文化的共同特征的同时，也同样重视该文化群体内部由于性别、年龄、价值观差异所形成的各种亚文化。

---

①[美]塞缪尔·亨廷顿：《文明的冲突与世界秩序的重建》，周琪、刘绯、张立平、王圆译，北京：新华出版社，1999年。

②[美]弗朗西斯·福山：《历史的终结及最后之人》，黄胜强、许铭原译，北京：中国社会科学出版社，2003年。

2. 习得性

文化的习得性是指文化并不经由生物遗传的机制而形成，它是通过人们的后天的习得行为而获得的。文化的习得就是文化的学习过程。

例如，一个人的头发的颜色是由遗传决定的，但发型、发式却是文化的，因为后者是通过了模仿、训练、学习等习得行为而得到的。同样，吃饭（进食）是一个人的本能，但关于进食的一整套规范，如食物的选择、进食的规矩、仪式、好恶等等，却是在习得行为中逐渐掌握的。

每一个人都是在特定的文化中出生、养育、成长的，文化似乎总是先于每一个个体而存在。人们对特定文化的习得行为，特别是幼年时期的习得行为在一个人一生中往往十分关键。文化人类学因此十分关注在一个特定的文化中幼儿的养育方式。本尼迪克特分析日本人的"国民性"，就十分看重儿童时代的养育方式在成人以后的影响：

"从前所有西方人所描绘的日本人的矛盾性格，都可以从日本人的儿童教养中得到理解。这种育儿方式使日本人的人生观中具有两面性，每一面都不应忽视。"①

文化的代际之间的习得（通常指上代向下代）便构成了文化的传承。人类社会通过生殖行为繁衍后代，生物基因因种的延续而保留；人类也通过文化的代际学习使文化能够传递下去，使得文化具有某种"遗传"的特征。当然，文化的遗传并不像人的生物特征的遗传那样具有稳定性。文化在其遗传过程中，由于大量的文化接触、文化的发明、革新等原因，而不断地变化其形式与内容。但是，文化在遗传的过程中有没有保留、应不应该保留某些最基本的文化核心内容，仍是文化人类学应该关注的一个问题。文化人类学的这方面思考，带有"文化寻根"的意义。

3. 适应性

文化的适应性是指人们可以主动地使自己的文化与外界的自然环境和社会环境相互协调，以获得文化生存与发展的机会。人类的适应性包括了对自然环境和社会环境两个方面的适应。

一方面，人类的文化总是倾向于与周边的自然环境相互协调，但这种适应并不是被动的。它包含了一种文化与自然的互动关系。自然环境内在地规定了文化的走向；文化也主动地利用甚至改造了部分的自然以获得生存的机会。我们认为，人类发明文化来适应自然，首先是通过谋生的手段来实现的。例如，生活在中国广西和贵州交界地带的"白裤瑶"（瑶族的一个支系）的文化中，"绑腿"是其中必要的文化特质，裤裆比较大也是其服饰文化的特点。我们可以将"绑腿""大裤裆"看成是该族群适应当地山地环境的产物，但同时更是该族群为了适应山地环境而形成的山地耕猎文化的产物。古人类学家吴汝康先生认为，直立人发明的狩猎活动既是对环境的反应和适应，也对人类的大脑、身体、社会行为产生了深远的影响：由于直立进行狩猎，直立人的脑容量迅速扩大；为了适应炎热的白天狩猎，人类的体毛减少；由于狩猎的需要而产生了劳动分工、合作；语言的产生；等等。②

---

①[美]本尼迪克特：《菊与刀——日本文化的类型》，吕万和、熊达云、王智新译，198页，北京：商务印书馆，2003年。

②吴汝康：《古人类学》，北京：文物出版社，1989年。

总之，人类通过文化的发明，建立起自身与环境之间的相互关系。这种关系是双向互动的。

另一方面，文化的适应性还表现为对社会环境的适应。人类的文化特征不仅表现在人与自然的互动关系中，也体现在不同的文化相互整合而形成的社会文化环境中。例如，中国贵州中部的“屯堡人”，其历史渊源可以追溯到明代的屯军制度。由于数百年前明王朝对西南的军事行动，而在贵州中部留下了大量的以屯、堡为基本聚落形式的汉族村寨，并形成了汉族与少数民族杂糅相处的住居格局。在特定的历史条件下，这种住居格局又表现为一种民族关系的对立与紧张，从而使屯堡文化在村落布局，住屋的结构、形式等方面都表现出明显的军事防御性特征。这种特征是对族群关系所形成的压力的一种适应性表现。

由于自然环境的多样性，人类的文化与自然环境之间的互动性适应也是多样的；同样，由于不同文化之间的组合关系十分复杂多样，也使得文化对社会环境的适应具有多类型的特征。因此，文化的适应性必然表现为文化的多样性。其根本原因就在于人与自然、人与人之间的组合关系十分复杂。

说文化具有适应性特征，并不表示文化肯定是永远与自然环境和社会文化环境相协调的。当这种协调的机制被打破，新的机制又没有建立起来的时候，文化还有不适应的方面。例如，“刀耕火种”经济是对亚热带山地环境的适应性经济行为。中国西南山区不少的族群曾经长期以这种方式为主要的谋生手段，并很好地处理了这种谋生手段（文化的创造）与自然环境之间的协调（平衡）问题。它依靠了一系列相关的文化要素，如小规模人口、广阔的流动空间、轮歇制度等等来实现与自然之间的协调。而当外界环境发生了变化，如人口增加、被迫的定居生活、流动空间的减少等等，这种变化就打破了原有的平衡。又由于复杂的原因使新的协调机制未能建立，其结果便是操持刀耕火种经济的族群在文化上的不适应，并对这些族群的社会发展产生了若干负面的影响。

二、文化的层次结构及其功能

文化的层次结构是指在一个文化系统内各文化要素之间的有机排列与组合。

通常认为，文化是一个由具有内在联系的若干要素构成的整体。每个文化要素在特定的结构中发挥作用，文化要素的改变最终导致文化结构整体性的改变，从而形成文化的变迁。

1. 文化的层次

英国哲学家罗素认为：“人类自古以来有三个敌人：自然、他人跟自我。”也就是说，人类从最早开始成人一直到现在，都必须要克服限制他行为的三个对象：自然界、他人跟自我。人类学家李亦园用这个比喻划分文化为：物质文化或技术文化（对自然）、社群文化或伦理文化（对他人）、精神文化或表达文化（对自我）①。大多数学者倾向于将文化划分为三个层次。

---

①李亦园：《说文化》，载周星、王鸣鸣主编：《社会文化人类学讲演集》（上），天津：天津人民出版社，1997 年。

表 2-2 不同学者对文化层次的划分①

<table>
<tr><th>马凌诺斯基</th><th>费孝通</th><th>余英时</th><th>李亦园</th><th>冯天瑜</th></tr>
<tr><td>物质设备</td><td>基本(生物)</td><td>物质层次</td><td>物质文化
或技术文化</td><td>物质文化</td></tr>
<tr><td rowspan="2">语言
社会组织</td><td rowspan="2">派生(社会)</td><td>制度层次</td><td rowspan="2">社群文化
或伦理文化</td><td>制度文化</td></tr>
<tr><td>风俗习惯层次</td><td>行为文化</td></tr>
<tr><td>精神文化</td><td>整合(精神)</td><td>思想与价值</td><td>精神文化
或表达文化</td><td>心态文化
(意识形态)</td></tr>
</table>

通常,我们也可以把文化看成一个由物质文化、制度文化和精神文化构成的有机整体。应当注意的是,文化层次的划分只是提供了观察和研究文化的分析模型,是一个由客位构建的理论框架,并不能够代表文化本身。此外,文化的三个层次并不是界限清晰的三个自成体系的单元,而是相互渗透、相互影响的整体结构。例如,我们在研究某个族群的物质文化的时候,并不可能仅仅局限于研究该物质产品本身,我们还必须注意到该物质产品背后的观念形态、审美取向等等属于精神文化的内容,同时还得研究围绕该物质产品生产所形成的一系列劳动分工、社会组织形态等等属于制度文化的内涵。同样,对精神文化的研究,也只能置之于若干具体的仪式、规范、制度、物质产品等所构成的完整的结构中才能够真正理解。

文化层次的划分,其意义在于辨明在一个文化整体内部各个部分之间的相互关系的特点。美国人类学家马文·哈里斯从"文化唯物主义"的观点出发,认为文化是由基础结构(infrastructures)、结构(structures)和超结构(superstructures)构成的整体。其中,基础结构(物质产品的生产与人口的再生产)起着至关重要的作用。在马文·哈里斯的分析框架中,物质产品的生产、人口的繁衍与自然生态之间形成了一个密不可分、相互影响和制约的整体。在他看来,人口的繁衍和增殖所形成的"生殖压力"导致了周期性的"生产强化",从而又与自然资源之间构成了紧张的关系。这种人口、生产与资源之间的张力推动人类不断采用新的生产体制来缓解这种紧张关系,并由此形成了整个文化的一系列特征:

"这种生殖压力、生产强化和环境资源枯竭看来为我们提供了理解家庭结构、财产关系、政治经济和宗教信仰,包括饮食嗜癖和禁忌的进化过程的钥匙。"②

2. 文化的结构与功能

前面我们讨论的是文化的不同层次之间的结构关系问题。如果把文化想象为一张渔网,那么,不同的文化要素就好比这张渔网中彼此相关联的网结。不同文化要素之间的有机联系形成了文化的整体结构。文化的作用或功能的发挥便是以这种整体结构为依托的。

马凌诺斯基从"需要"出发,将文化的要素放入文化的整体中,进而探讨文化整体的功能。

---

①宋蜀华、陈克进主编:《中国民族概论》,143 页,北京:中央民族大学出版社,2001 年。

②马文·哈里斯:《文化的起源》,黄晴译,3 页,北京:华夏出版社,1988 年。

他强调了“文化的意义就在要素间的关系中”“文化是包括一套工具及一套风俗——人体的或心灵的习惯，它们都直接地或间接地满足人类的需要。”①例如，他以“产翁制”为例，指出了文化所具有的社会功能。在他的分析中，产翁的习俗并不是毫无现实意义的“遗俗”，而是在亲属制度结构和家庭制度中扮演着重要的确立亲子关系的社会功能的：

“‘产翁’的功能，和其他的举动一般，是在用象征的方法把父亲同化于母亲，以确立社会性的父道。‘产翁’对我们决非一已死的及无用的‘遗俗’或‘特质’，而是一种建立在家庭制度基础上的有创造性的仪式举动。”②

每个文化要素都有自身的功能。但是，只有将不同的文化要素放在相互联系的关系结构中，文化要素的功能分析才有意义。不能孤立地看待单一的文化要素。例如，服装的基本功能是蔽体（当然包含了保护身体、御寒、审美等意义）。但这种解释回答不了为什么不同的具体的族群，常常有不同的服饰特点。只有将具体的服饰特征放入该文化的内部结构中才可能得到理解。前面所讲的白裤瑶的“绑腿”，其功能在于保护腿部免受荆棘伤害，但必须将其放在白裤瑶的整个经济类型中才可能深刻地理解其意义。再如，在不少地方性族群的狩猎行为中，将猎物在群体成员中大体上平均分配是一种固有的习俗。这种平均主义式的传统习俗在一个缺乏生活保障（每个人不可能保证自己随时能够捕获需要的猎物）的社会中其实很好地扮演了降低社会风险、建立社会保障制度的功能。我们只有将这种习俗放在与之相关的社会关系网络中才能够真正理解。

因此，我们看到的任何一种文化现象，都有其自身内在的联系与逻辑关系。文化人类学便是要深入到这种结构关系中，去分析各个具体的文化。

本章要点

本章从“人是符号的动物”这一基本命题入手，分析了人的符号性特征；文化的差异性和相似性的关系；文化的特征及其结构功能等文化人类学议题。

符号使人获得了区别性特征。人的文化不过是人自觉使用符号的全面展开。因此，符号的研究，是文化人类学探寻文化本质的有效的切入点。文化人类学十分关注人的符号，特别是各种公共符号。符号具有自我定义与群体区分、强化认同、传承文化等重要功能。

文化是差异性和相似性的统一。文化人类学就是要在人类文化的多样性与同一性、差异性和相似性中寻求文化的本质。过分强调文化的一致，与过分强调文化的差异一样，都是错误的文化观。

文化具有共享性、习得性、适应性等特征，并以内在的有机联系构成一个整体而发挥其作用。文化人类学要在文化的要素之间找出其内在联系的逻辑并解释其意义。

---

①[英]马凌诺斯基：《文化论》，费孝通译，15页，北京：华夏出版社，2002年。

②同上，39页。

基本概念

符号　认同　文化的差异性　文化的相似性　共享　习得　交流　适应　物质文化　制度文化　精神文化　文化的结构　文化的功能

复习思考题

1. 谈谈你对人的符号性特征的认识。
2. 试举例说明符号的作用。
3. 为什么说文化是相似性和差异性的统一?
4. 文化的特性主要表现在哪些方面?
5. 如何理解文化的结构与功能?

第三章　文化生成的基础

人类的文化是在自身与其生存环境之间的互动关系中，通过生计方式的选择与适应而逐渐形成的。文化生成基础的多样性内在地决定了文化类型的多样性，也决定了人类文化发展模式的多样性选择。

第一节　生境、适应及文化的生成

一、文化与环境关系的不同界说

人类的活动、人类文化的特征与所处的生态环境之间的关系客观存在。不过，人们对这种相互关系的性质、程度等的解释，在研究视角、研究方法、研究的具体内容等方面并不完全一致，结论也有所不同。这些研究都共同从文化与生态相互关系的角度探讨了文化多样性的问题、人与自然的问题。

1. 地理环境决定论

早在资产阶级在西欧兴起的时候，法国著名政治理论家和历史学家让・博丹（1530—1596年）在其名著《国家论》中就提出了地理环境对历史发展具有决定性影响的看法。后经法国社会学家孟德斯鸠和法国人文地理学家弗里德里希・拉采尔（1844—1904年）等人加以发展，诞生了"地理环境决定论"（environmental determinism）。地理环境决定论认为，某国的国家制度、政体、人口素质与分布、人的生理及心理、民族的道德风貌、宗教信仰、法律的性质和风俗等，都是由气候、土壤及人们居住领土的大小等地理环境所决定的，并认为地理环境在人类社会发展中普遍地起决定性作用。例如，山区居民性格保守，缺乏想象力，酷爱自由，是由山区崎岖隔绝的环境决定的；温带气候决定了温带人具备天生的创造精神和勤劳勇敢、追求民主的性格，而热带居民则由于气候的原因通常懒惰。后来爱伦·丘吉尔、辛普尔在拉采尔等人的基础上指出：地理环境的影响，重要的是地理环境对人类经济活动和社会活动的影响，而并非环境对种族的生理特点和气质的影响，再由这种气质差别确定不同社会发展历史。并进一步指出：地理环境通过它所提供的自然资源性质和丰盛状况，维持人类基本生活的难易程度，环境提供的进行农业、工商业的可能性以及交通环境影响人类和人类社会的本质方面。

地理环境决定论总的来讲是片面的，但在反对神学决定论方面起到一定的历史进步作用，某些观点也含有一定的合理成分，并不能完全否定它，更不能完全认为它是唯心主义的或谬误的东西。

2. 可能论

可能论(possibilism)认为文化产生的根源不在于环境，环境影响和制约文化而非决定文化，特别是不能决定文化的所有细节。可能论的出现与人们对文化特征的深入认知相联系。随着文化人类学研究的深入，人们越来越意识到：文化具有高度适应性；虽然环境形塑了人类，但人类对环境的反应却有多种的可能性；某一文化特征的形成往往和该文化与其他文化的相互影响相联系。

基于这些认识，可能论强调了环境对文化的限制因素而非决定因素。例如，由于环境的限制因素，在阿拉伯半岛就不可能产生类似爱斯基摩人的“雪屋”的建筑，当地环境提供的是其他的可能：如木头、泥土、草等。可能论同时也认识到文化本身也存在此种限制因素。例如，铁矿资源的存在使建筑上采用金属成为“可能”，但如果一个文化中缺少采矿、冶炼、锻造等技术，金属的使用就不可能成为现实的选择(通过贸易、交流等其他形式获得这种技术则另当别论)。

可能论重视文化与环境之间的互动过程：环境为文化提供了多种的可能性，而文化则主动地进行选择。这种文化选择的主动性使得即使是在相同的环境中文化也有可能有不同的生态适应，从而使文化的形态和类型变得十分复杂和多样。例如，在美国西南部的相同环境中共时性地存在了普韦布洛(the Pueblo)印第安人的农耕文化、阿帕切人(the Apache)的狩猎采集文化、纳瓦霍人(the Navajo)的游牧文化。

可能论在文化与自然的关系上同时考虑了环境的影响和文化的选择，与环境决定论相比，这种理论比较柔性地理解了环境对文化的影响。①

3. 环境感应论

这种观点产生于20世纪60年代以后，比较注重环境和人类关系中人的因素的研究，特别是人的心理因素的研究。因为文化决定个人或群体的价值体系，反过来又影响着人对环境的心理评价，并支配着人类行为的动机。因此，环境感应论者不免带上了主观主义的色彩。例如，他们认为不同的文化对周围的天然资源所采取的态度是不同的，同样的环境将导致不同文化的人类的不同态度。

---

① See Mark Q. Sutton and E. N. Anderson, *Introduction to Cultural Ecology*, p. 19, Rowman & Littlefield Publishers, Inc.

4.人类文化生态论

从某种意义上说，这是与环境决定论针锋相对的观点。某些文化理论家观察到人类对地理环境的深刻影响后，开始把人类当作环境的改造者来研究。美国地理学家巴罗斯在1923年美国地理学者协会大会上发表了《人类生态学》一文，主张人类文化不仅不是由环境决定的，相反，人类可以改造自然，按自己的意志塑造自然。在塑造过程中，逐渐总结经验和吸取教训，找出过去改造自然的成败之处，并保护自然，维持生态平衡，以便更好地为人类服务。①

5.文化生态学与生态人类学

美国著名的人类学家斯图尔德②，提出用多线进化的方法来解释文化间的差异和相似的问题。在他看来，用多线进化的方法使得有可能对广泛分布在不同地理环境和生态条件下的文化发展的平行序列进行比较，来解释文化的差异和类似的问题。两个相距遥远互不接触的地区有相似的文化，它们平行发展，两者并无发生学上的关系。它们之所以相似，是因为在同一时间内，这些不同的进化路线受同一原则支配，即利用一切可能的技术条件去适应特定的技术环境。他对各种社会制度的存在解释为在特定的技术条件下，人们对环境的适应。这一观点可以表达为文化—生态适应。即历史上产生的文化被特定的环境所制约，文化变迁的过程就是适应环境的过程。斯图尔德依据他的文化—生态适应理论，创始了文化生态学。他认为，“文化变迁可被归纳为适应环境。这个适应是一个重要的创造过程，称为文化生态学，这一概念是与社会学概念的人类生态学或社会生态学有区别的。”在斯图尔德的文化生态学理论中，文化核心、文化类型、社会文化整合水平等是最关键的几个概念。他认为，“文化核心是基本特征，具有由地方的生态适应和相似的社会文化整合水平而来的相似的功能上的相互关系”。概括地说，他认为在一个文化系统内，有一组文化特征是其核心，当该文化适应环境并形成其特性时，包括经济、社会、政治、宗教等文化因素在内而以经济为中心的相互有机联系的一组文化特征表现出很大的功能，发挥着很大的作用，它是文化系统的决定因素。关于文化类型，斯图尔德认为它是“基于共时的、功能的、生态的因素以及为一个特定的历时的或发展水平所代表的文化特征”，“文化类型由核心特征组成，首先，这些特征为文化生态适应的跨文化规律所决定，其次，它们体现社会文化整合的相似水平”。核心特征相同的文化划归同一类型。例如，他列举了狩猎和采集者的文化类型、父系群队的文化类型、农民的文化类型、封建社会的文化类型等等。例如，布须曼人、澳大利亚土著、塔斯马尼亚人、火地人等代表着父系群队文化类型，这些文化的生态适应和整合水平是一样的。产生相似的因素如环境、食物资源、获取食物的方法、所需要的社会合作、人口密度、人口聚集的性质、社会政治控制、宗教、战争和其他特征的功能作用等，这些因素相互之间有着有机的联系。总之，文化类型是核心

①环境感应论和人类文化生态论，请参见孙秋云主编：《文化人类学教程》，143页，北京：民族出版社，2004年。

②斯图尔德主要的论著有《原始部落的经济与社会发展》(1936)、《波多黎各人》(1936)、《文化变迁理论》(1955)、《南美土著》(1959)及《进化和生态：社会变迁论文集》(1977)。其中《文化变迁理论》一书集中地阐述了他的文化生态学理论。本节中关于斯图尔德的文化生态学的介绍，主要依据黄淑娉、龚佩华：《文化人类学理论方法研究》，300～321页，广州：广东高等教育出版社，1998年。

特征的群集，这些特征产生自环境适应，而且体现社会文化整合水平。关于什么是社会文化整合水平，斯图尔德一直没有给出明确的概念。不过，他列举了家庭、部落或社区、国家的社会文化整合水平，认为各种水平有质的区别，划分社会文化系统中内在的整合水平，可以为发现规律性创造条件。因此，可以将社会文化整合水平理解为各种社会文化系统有不同的层次、水平、级，文化和社会方面的互相作用有不同的水平。

文化生态学新颖的视角促进了人类学生态研究的迅速发展，至 20 世纪 60 年代，又催生出“生态人类学”这个新的理论流派。生态人类学继承文化生态学立足于“适应”的分析方法，并在两个方面大大拓展了适应的研究。第一方面，厘清了人类适应的三个层面，即生理层面、遗传层面和文化层面。三个层面完整地关照了人类的生物属性和社会文化属性。然而许多研究事例又告诉我们，对应于生态环境，哪怕是非常特殊的生态环境，人类的生理和遗传这两个层面的适应均不如想象的那么丰富，而最为丰富和复杂的适应却是文化的适应，这就是生态人类学研究的魅力之所在。第二方面，生态人类学深化了文化适应的层面。文化生态学一般只关心生计和技术适应的层面，生态人类学同样重视这个层面，但不仅停留于此。在此基础上它进一步把分析的触角延伸到制度文化和精神文化适应的深层中去。技术、制度、精神三个文化层面的整合，使得人类学的生态研究具备了独特和更为有效的文化解释功能。①

6. 人类史的研究视角

人类史立足于从一个长时段的研究视角对全部的人类文化进程进行宏观研究。从事生物学研究的戴蒙德从人类史的视角，结合文化与自然生态环境之间的关系探讨了人类文化差异性、多样性产生的根源。他提出了 4 组最重要的环境差异来解释人类社会发展早期，在地球不同大陆之所以有不同进程的原因：

(1)第一组差异是各大陆在可以用作驯化的起始物种的野生动植物品种方面的差异。按照戴蒙德的研究，各大陆在可以用以驯化的野生动植物的数量方面差异很大，因为各大陆的面积不同，而且在更新世晚期大型哺乳动物灭绝的情况也不同。大型哺乳动物灭绝的情况，在澳大利亚和美洲要比在欧亚大陆或非洲严重得多。因此，就生物物种来说，欧亚大陆最为得天独厚，非洲次之，美洲又次之，而澳大利亚最下。

(2)第二组因素是那些在大陆内部影响物种传播和迁移速度的因素，而这种速度在不同大陆之间差异很大。在欧亚大陆速度最快，这是由于它的东西向的主轴线和它相对而言不太大的生态与地理障碍；非洲、美洲内部传播速度由于受制于南北走向的主轴线和地理与生态障碍，而显得缓慢得多。

(3)第三组因素是影响不同大陆之间传播的因素。戴蒙德认为，大陆与大陆之间传播的难易程度是不同的。在过去的 6 000 年中，传播最容易的是从欧亚大陆到非洲撒哈拉沙漠以南地区，非洲大部分牲畜就是通过这种传播得到的。但东西半球之间的传播，则没有对美洲

---

①尹绍亭，[日]秋道智弥主编：《人类学生态环境史研究》，绪言，5 页，北京：中国社会科学出版社，2006 年。

的复杂社会作出任何贡献，这些社会在低纬度与欧亚大陆隔着宽阔的海洋，而在高纬度又在地形和适合狩猎采集生活的气候方面与欧亚大陆相去甚远。

(4)第四组因素是各大陆之间在面积和人口总数方面的差异。更大的面积或更多的人口意味着更多的潜在的发明者，更多的互相竞争的社会，更多的可以采用的发明创造。①

戴蒙德的解释提供了从宏观的历史时空上把握人类文化与环境的关系及其结果的有效的解释框架。这种解释框架并不意味着环境决定论，而是从大的方面看到了环境对人类文化进程的重要影响；同时，这种解释也没有流于欧洲中心主义之蔽。诚如他自己所说："我对人类社会的这种地理差异进行调查研究的动机，不是为了赞美一种类型的社会和贬低另一种类型的社会，而完全是为了了解历史上到底发生过什么。"②

20世纪60年代以来，随着生态人类学的兴起，人类学在文化研究方面已经很熟练地将文化与自然生态结合在一起进行考察。例如，人类学家迈克尔·哈纳从理论上探讨了古代阿兹台克(Aztec)极为普遍的以人献祭、随后又食用牺牲者的习俗，认为它的功能在于减轻人口增长过多、食物中蛋白质匮乏的困难。马文·哈里斯(Marvin Harris)以同样的调子写道：围绕印度"圣牛"的表面上不合理的宗教信仰，如果从生态角度看，就完全具有重要意义。牛对不食肉的印度教来说，绝不是毫无用处偶然碰着的，而是非常有用的牲畜。每一只牛都有主人，牛肉供非印度教徒和下等种姓的人食用，牛皮制成皮革。哈里斯论证道：牛群可以到处觅草，甚至在达城市中间也行，因为农业已使供牛觅食的土地所剩无几。哈里斯把相对食物资源、特别是蛋白质供应的人口过剩当作文化进化的主要因素。③

对文化与生态环境之间关系的深入研究也催生了人类学的许多分支学科，如"民族植物学""民族地理学""民族动物学""民族医药学"等。这些学科力图从不同的角度探究特定的人类群体与特定的生态环境之间的关系，并从中发现过去为主流社会所忽略的"地方性知识"体系的价值。

二、生境与文化的生成

1. 生境的概念及其理解

"生境"是一个生物学、地理学的概念，主要是指自然界中不同的生物物种在特定生态中的位置和特征，如"湿地生境""草原生境"等等。由于生境的概念强调了生物物种对特定生态环境的适应，不同物种必须紧紧依赖于适合自身的生态环境，因此有时又称之为"生态龛"(niche)。文化人类学引入"生境"的概念，意在强调人与自然之间的依赖关系。但是，由于与其他生物不同，人类自身的文化属性使得在与自然生态发生相互关系的时候显示出相当的主动性，因此，在人类对自然生态的适应过程中文化变成了一种影响选择的可变因素。从而，在

①[美]贾雷德·戴蒙德：《枪炮、病菌与钢铁：人类社会的命运》，谢延光译，上海：上海译文出版社，2000年。

②同上，前言，7页。

③转引自[美]罗伯特·F.墨菲：《文化与社会人类学引论》，171页，王卓君，吕迺基译，北京：商务印书馆，2004年。

文化人类学的"生境"研究中，生境不仅代表了自然的生态环境特征，同时也具备了人类活动的文化环境特征。

我们可以将"生境"定义为：经由特定文化与特定的自然环境相互影响而形成的人们生存的外部空间。这一概念同时重视文化对环境的影响（如人类的文化活动对外部环境的改造）和自然环境对人类文化活动的制约力量。

1992年，杨庭硕先生出版的《民族文化与生境》一书将民族与文化、生境三者紧密结合起来进行考察，从而探讨了民族是如何在一个变动着的自然生境与社会生境当中发生变化、发展的。杨庭硕先生认为，围绕着一个民族的外部环境——自然环境与社会环境，是一个纷繁复杂的物质与精神的随机组合。每一个民族要生存，必须凭借其自成体系的文化，向这个随机组合体索取生存物质，寻找精神寄托，以换取自身的生存延续和发展。在这个过程当中，文化成了工具，外部环境则是加工对象，加工者则是民族自身。经过加工后的外部环境，由于是社会活动的结果，原先没有系统的随机组合，自然变成了与该民族文化相适应体系，能够为该民族所利用的有系统的人为外部空间体系。这个经由特定文化加工，并与特定文化相适应的人为外部空间体系，才是该民族的生存生境，一个民族的生存生境当然包括由自然和社会两大组成部分，两者的结合才是完整的该民族的生存生境。进一步说，一个民族的生境，与该民族所处的客观外部环境，两者之间有着原则性的区别。民族的生境具有三个特征。首先，由于一个民族对其客观外部环境并非百分之百地加以利用，而是按照该民族自身的文化特征，去有选择地利用其中容易利用的部分，因而具有社会性；其次，由于生境的社会性是根植于该民族的文化之中，与该民族文化的其他组成部分协同运作，因而一个民族的生存生境必然是该民族文化的组成部分，从而使生境具有了文化的归属性；再次，一个民族生境的文化归属性，又必然导致该民族与其外部环境中各组成部分的关系呈现出层次性的差异，这种层次性的差异就是该民族生境的有系统性。①

2. 生境与文化的生成

所谓文化的生成，是指某一类型的文化特征的形成过程。人类拥有多样性的文化类型，举其大者如"农耕文化""畜牧文化""狩猎采集文化"（不过，该种文化只是一个可以论证的过去的文化，作为大的类型已经消失）。又由于人是文化的载体，我们惯常将人（或民族）与某种类型的文化相联系，并赋予了不同的民族许多带有文化类型特征的称谓，如"马背上的民族"（指的是畜牧文化发达的民族）、"稻作民族"（指的是从事稻作农耕文化的民族）、"赶山吃饭的民族"（多指山地游耕经济发达的民族），等等。文化人类学致力于了解人类社会不同的文化形态是如何形成的。

依据对前面介绍的文化与环境关系的诸多理论解释，我们可以简要地将文化特征的形成放在特定的生境中加以理解并概括如下：文化与自然相互作用所形成的生境内在地规定了文化的基本走向，文化通过主动的适应过程和选择形成相互区别的文化特征。

---

①杨庭硕：《民族、文化与生境》，第6章，贵阳：贵州人民出版社，1992年。

例如，中国的青藏高原特殊的环境内在地规定了生活在青藏高原的以藏族为代表的高山草场畜牧文化的类型特征。以繁殖牦牛为主的畜牧业是这一类型的经济基础。牦牛的奇特生理特征很适应于青藏高原的严酷气候。它那厚重的皮毛和含油脂很高的奶品为这一类型中的牧民提供了理想的衣食来源。由于牦牛善于登山，所以它也被用于运输。通过牦牛与黄牛杂交而产生的犏牛，则因性格驯顺、产奶量高而深为牧民们青睐。同时，这里的牧民也多在海拔较低的地方种些青稞和蔓青等作物，以此作为人畜过冬时的粮草。因此，他们的游牧是季节性的。一般要等到高山化雪长出青草时，才驱赶羊、牛等畜群上山。这个类型中居民住宅也别具一格。作为冬季定居的住宅是永久性的建筑，多建在山下的平坝上，形制为厚重坚固的双层或三层土木平顶碉楼，室内供奉佛像。房屋周围的青稞地里高耸着一排排木架，这是为了贮存冬草而防止牲畜在夏秋季节随意取食。作为夏季游牧的帐篷相当简陋，通常是用树枝支起的几块牦牛毡或牛皮。举家随畜迁徙的现象在这个类型里并不多见。即使是在夏季，也往往是由男女青壮者赶畜群上山，而孺老则留在山下永久性的住宅里料理家务，并负责照看青稞等。这个类型里的牧民不仅嗜茶，而且要在其中掺入大量酥油。这种酥油能产生很大的热量，并且在人的嘴唇上留下厚厚的油膜以防止其干裂。在高海拔、强日照、寒风凛冽的地区，其优点是不言而喻的。遍布各地的寺庙、经房和“嘛尼堆”则能使人充分地意识到宗教气氛在这一类型中是十分浓厚的。①

再例如，北美肖肖尼人的家庭、经济生活、政治组织形式等文化特征与当地自然生态之间的关系十分密切，可以从中看出在特定生境中文化生成的过程。在美国内华达州的中部地区居住着西部肖肖尼人，该地区大部分是高原半沙漠区。一万一千英尺②高，呈南北走向的平行山脉和四千到五千英尺高度之间的谷地决定了全区的地形。气候干旱，降雨量远不敷农业所需；夏天酷热干燥、冬天寒冷积雪，特别是较高的地带更是如此。在长期与这种环境互动的过程中，肖肖尼人逐渐生成了自身的文化类型特征：(1)经济生活上以狩猎和采集经济特征突出。人们主要猎捕的动物有鹿、羚羊、野兔；野生植物包括丛生草类的籽、蕃薮的根茎和山区的某些野果。(2)狩猎采集经济的特征促使肖肖尼人具有极强的流动性。每年的循环往复是从春天时冬季营地解体，分散为由二到四个家庭组成的小型搜寻群体开始的。(3)肖肖尼人的自然资源以及开发这些资源的工具，导致他们个体化的经济努力。妇女的职责是采集草籽、野果和根茎，所有这些工作只需一个人劳动；收获松果以核心家庭为单位来完成。大多数男人的狩猎，都是单枪匹马追踪。(4)政治组织形式的简单化。肖肖尼人缺乏稳定、多家庭的地方群体，也缺乏超出搜寻群体年长男子的简单领导之外的政治结合的形式。没有村庄，没有据有领土的群落，也没有首领。这种状况的原因就在于他们的环境开发系统。首先，野生食物的贫乏分布要求人口分布相应稀少。其次，大多数经济活动只要求个体劳动。包罗了几个邻近地区的人参加的活动很少，而且经常更换地点，因而参加人员也相应发生变动。最后，许多人共居一起的唯一时期是冬季，但同一些人并不是年年在一起过冬。在这种情形下，领导类型是即景式的，社会群体弱小且飘移不定、组成上经常更动。粗陋的肖肖尼技术和原来内华达贫瘠的资源倾向于向个体化的工作类型，并且反映在不定型的个体化的社会系统中。③

---

①林耀华主编：《民族学通论》，92页，北京：中央民族大学出版社，1997年。

②1英尺＝0.3048米

③[美]罗伯特·F.墨菲：《文化与社会人类学引论》，165～167页，王卓君，吕迺基译，北京：商务印书馆，2004年。

我们可以进一步用下面的图式(图 3-1)来解释文化与生境之间的关系：

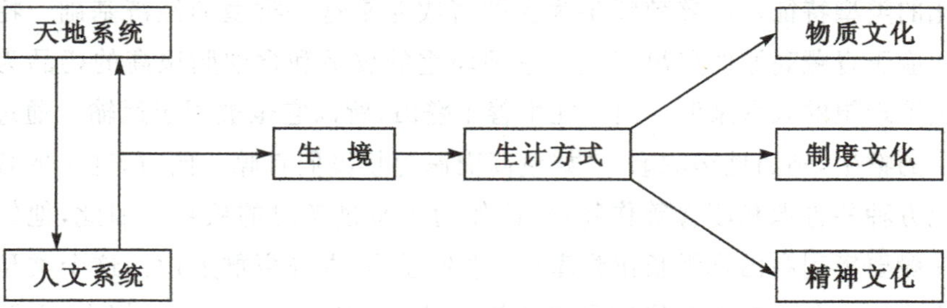

图 3-1

在这一图式中，自然与文化的相互作用所形成的特定生境内在地规定了人们生计方式的选择，进而内在地规定了人们在物质文化、制度文化和精神文化方面的特征。其中，生境是该图式的核心概念。正是由于文化与自然组合关系的多样性和丰富性，人类的生境同样也充满多样性，故人类文化才是多样性的存在。因此，该图式解释了人类文化多样性的基础以及文化变化的途径的多样性特征。

三、经济文化类型理论及其在中国的运用

1. 关于经济文化类型理论

20 世纪 50 年代初，苏联民族学家托尔斯托夫、列文、切博克萨罗夫提出“经济文化类型”理论。按照这一理论，经济文化类型是指“一定的经济与文化特点的综合体，它在历史上形成于处在相似的社会经济发展水平、并居住在同样自然地理条件下的不同民族中。”[①]经济文化类型理论主要是为了探究社会经济发展水平大致相同的不同民族在文化方面出现异同的原因。在民族文化的表现上，有许多操不同语言的民族在文化上十分相似，相反，有许多操亲属语言的民族却在文化上大不相同。这种相似和差异性不可一律按照社会经济发展水平来解释。经济文化类型理论综合了自然地理条件和社会经济发展水平对民族文化的共同影响。

2. 中国学者对经济文化类型理论的运用

1958 年，中国学者林耀华和切博克萨罗夫合写了长篇论文《中国的经济文化类型》，将中国的经济文化类型划分为三组，首次以经济文化类型理论对中国的经济文化类型进行了划分。这三组类型是：“属于第一组的是那些以狩猎、采集和捕鱼起主导作用的类型；属于第二组的则是以锄耕(徒手耕)农业或动物饲养为主的类型；以犁耕(耕耘)农业为主的属于第三组。”[②]第一组的采集渔猎生计虽然在 20 世纪 50 年代的中国各地都已不占主导，但作为人类社会持续时间最长和分布最广的生计方式，其余留特质仍在中国的海南、云南、东北等地有强烈的体现而且有鲜明的地方差别。第二组的锄耕农业与畜牧业在新石器时代仅次于采集渔猎。它本身有锄耕与畜牧两个亚组构成。其间大致以中国的高寒干燥与湿润季风两大地理

①(苏)切博克萨罗夫等:《民族·种族·文化》，赵俊智等译，207 页，北京：东方出版社，1989 年。

②林耀华:《民族学研究》，104～142 页，北京：中国社会科学出版社，1985 年。

板块为界。第三组犁耕农业于西周晚期从第二组的锄耕亚组北方类型此生出来。它以秦岭—淮河线为界，分成北方干冷带和南方暖湿带两个主要类型。可惜的是，这一理论在中国的发展却因随后的政治运动而中断了几十年。

20 世纪 80 年代以后，中国的民族学研究得到了恢复。中国学者重新对经济文化类型理论进行研究，并在中国发展了这一理论。其中最重要的研究成果之一，是对这一理论内涵的认识上的深化。例如，用“生态环境”这一概念取代了原有的“自然地理条件”，反映了学术上对人与自然的认识上的深化。中国学者还用体现谋生手段的“生计方式”(means of livelihood)这一概念取代了原有的“社会经济发展水平”，不仅能明确标示出人类社会经济活动的方向，同时也能容纳社会经济的发展水平这一含义。在这种修正下，经济文化类型被重新定义为“指居住在相似的生态环境之下，并操持相同生计方式的各民族在历史上形成的具有共同经济和文化特点的综合体。”[①]1996 年，宋蜀华先生在此基础上提出了中华民族生态文化区的概念，将中国划分出多民族的八大生态文化区。这八大生态文化区分别是：(1)北方和西北游牧兼事渔猎文化区，以蒙古、哈萨克、鄂温克等族为代表；(2)黄河中下游旱地农业文化区，发展为华夏——汉文化；(3)长江下游及其以南的水田农业文化区，发展为越文化，古代的百越与今壮侗语族各族具有族源关系；(4)湘、桂、滇、黔山区的耕猎文化区，发展为苗、瑶、畲等族文化；(5)青康藏高原以耐寒青稞及蓄养牦牛为特点的农牧文化区，发展为藏文化；(6)河西走廊至准噶尔、塔里木盆地边缘的绿洲人工灌溉农业区，发展为颇具特色的维吾尔等族文化；(7)西南山地火耕旱地农作兼事狩猎文化区，发展为独龙、怒、景颇、佤等适应亚热带山区环境具有一定共性而又各有特点的文化；(8)海南岛五指山区的黎族和台湾的高山族，也都有各具特色的文化创造。[②]

张海洋教授则在“中国人认同的原生基础”上理解并创造性地运用经济文化类型理论，分析了中国的经济文化类型体系的架构。(表 3-3)[③]

表 3-1　中国的经济文化类型体系(简表)

体系	类型组	类型	亚型	地方变体	分布地区
多元一体的中国经济文化类型体系	采集狩猎	山林采集狩猎型			大小兴安岭
		河谷采集狩猎型			三江平原东北角
	畜牧	山林畜牧型			大兴安岭西北麓
		高原盆地游牧型			蒙藏高原及青新盆地
		高山畜牧型			藏东南与新疆西南
	农耕	山林游耕型			滇黔桂粤琼闽台
		山地耕猎型			川滇黔桂粤闽台
		山地犁耕型			青甘川滇黔高原
		丘陵稻作型			川滇黔桂闽浙辽东
		绿洲耕牧型			甘青宁新干燥低地
	平原集约农耕型		北方	(关中次中心)	东南华中东南
			南方	(四川次中心)	华北东北陕甘南部

①林耀华主编：《民族学通论》(修订本)，86 页，北京：中央民族大学出版社，1997 年。

②宋蜀华：《人类学与研究中国民族生态环境和传统文化的关系》，载《社会人类学讲演集》，412～425 页，天津：天津人民出版社，1997 年。

③张海洋：《中国的多元文化与中国人的认同》，181～183 页，北京：民族出版社，2006 年。

该体系含三个类型组，每个类型组中有若干类型、亚型及地方变体。现简单介绍如下。

(1)采集渔猎经济文化类型组。

分布在东北极边的大兴安岭北端、小兴安岭以及黑龙江、松花江和乌苏里江交汇处，主要居民是讲阿尔泰语系满—通古斯语族语言的赫哲、鄂伦春、部分鄂温克和少量达斡尔等民族。这一组内包含着以赫哲族为典型的采集渔捞和以鄂伦春族为典型的采集狩猎两个类型。

(2)畜牧经济文化类型组。

分布在东起大兴安岭，西经准噶尔盆地到帕米尔高原，南到青藏高原中南部的广大地区内。从事这一生计方式的民族众多，略分三个类型：一是大兴安岭北段西麓以鄂温克族为典型的山地畜牧型；二是以内蒙古高原上的蒙古族、准噶尔盆地的哈萨克族、帕米尔高原的柯尔克孜和塔吉克族、青藏高原中、北部的藏族(部分)和裕固族(部分)为典型的高原游牧型；三是以分布在青藏高原东南部的藏族为典型的高山畜牧型。

(3)农耕经济文化类型组。

其分布从帕米尔高原东坡到台湾，从黑龙江到海南岛。主体部分处在大兴安岭—拉萨线以东的湿润地区。改组的分布地区广阔，各种生态环境犬牙交错，经济文化高度多态，人口占中国绝大部分，共分六种类型：

①山林游耕(刀耕火种)型。主要集中在青藏高原与云贵高原结合部的横断山系南端，多在滇西南，同时分散向东通过南岭山脉两侧的丘陵山地直到海南岛和台湾。属于这一型的有南亚语系的佤、德昂、布朗，汉藏语系藏缅语族的门巴、珞巴、独龙、景颇、怒、基诺，苗瑶语族中的部分苗、瑶和畲，壮侗语族黎语支中的部分黎族，南岛语系中的部分高山族等。

②山地耕牧型。集中分布在青藏高原东部和南部斜坡，雅鲁藏布江谷地和云贵高原2 000～2 400米的高寒山区，过渡性分布多在与畜牧、绿洲耕牧或与耕猎类型的接合部。属于这一类型的主要是汉藏语系藏缅语族的羌、彝、白、普米、纳西、傈僳、拉祜和部分藏族。

③山地耕猎型。分布在云贵高原中部以东和华南的丘陵山地。其西端通过语言谱系复杂的土家、仡佬两族与耕牧型毗连。向东则散布在长江、珠江之间的南岭及武夷山地区。从事这一生计的主要是讲汉藏语系苗瑶语族语言的苗、瑶、畲和语族归属有争议的土家和仡佬族。南岛语系的高山族中也有部分人从事此种生计。

④丘陵河谷稻作型。分布地区从滇西南经黔、桂、琼、台、闽、浙、赣到东北东部，构成一个不连贯的弧形带，与分布在西部半月形干燥地带的畜牧生计遥遥相对。从事这一生计的居民如傣、壮、侗、水、仫佬、毛南和黎族等民族，多讲汉藏语系的壮侗语族语言。藏缅语族分布在山间河谷的人口，如一部分彝、白、阿昌等，现在多从事稻作生计。处在东北的朝鲜族不仅种植水稻，而且在文化特征上与壮侗语族和南岛语系的居民多有相似之处。

⑤绿洲耕牧型。分布在塔里木、准噶尔两大盆地周边，向东经河西走廊到宁夏，包括青藏高原东北坡的河湟地区。从事这一类型生计的除回族、俄罗斯族河部分藏族外，多为讲阿尔泰语系突厥、蒙古和满—通古斯语族语言的各民族，包括维吾尔、乌兹别克、塔塔尔、东乡、保安、撒拉和部分达斡尔、锡伯等。

⑥平原集约农耕型。分布在中国东部湿润地区各大平原和关中、四川两个盆地及附近地区。从事这个类型生计的，除了汉族的绝大部分外，还有散居在全国的满、回、维吾尔、蒙古等民族的成员。

第二节　人类社会的生计方式

简单说来，人们获取食物及其他生活资料的方式就是人们的生计方式。不同的文化有不同的生计方式。生计方式的选择与人们生活的特定生态环境关系密切。生计方式的改变与环境的改变、技术条件的改变、社会环境的改变等各种因素联系密切。本节主要介绍前工业社会的主要生计类型。在前工业社会，人们普遍的生计方式大体有狩猎与采集、园圃农业、集约农耕、畜牧业等不同的类型。

一、狩猎与采集

人类完全依靠自然生长的动物和植物的一种经济。

狩猎和采集的生计方式在人类诞生以后直至 12 000～15 000 年之前广泛存在于除南极大陆之外的整个世界，是人类迄今持续时间最长、最普遍的生计方式。现在已经没有一个严格意义上的狩猎和采集民族了。20 世纪 60 年代，澳大利亚土著、昆布须曼人、爱斯基摩人被人类学家认为是少数的以狩猎和采集为主导生计的民族。中国的赫哲族、鄂温克族、鄂伦春族、苦聪人(拉祜西)等民族的生计活动中，狩猎和采集占了相当大的比重。

由于狩猎和采集生计的自身特点，游猎者的群体组成规模多样且形式灵活，在大部分自然条件下，想有效地采集植物和捕获猎物，绝大多数狩猎和采集者都生活在 25～100 人左右的小型流动群中，这种小规模的游猎群体被称为队群(band)。他们按季节的便利在土地上搜寻以便找到食物。居所或者是可移动的、或者是临时性的，工具和人工制品在数量和品种上都很有限。与狩猎生计相适应，队群在文化上呈现出一系列的特点。例如：(1)人口控制的机制(为保持小规模人口，队群通常采用队群分裂、杀婴、保持低生育率)。(2)平均主义。(3)小家庭生活。(4)婚后居住通常是双居制和从夫居。

小资料：昆布须曼人

昆布须曼人主要生活在非洲南部，人口(1996 年)为 50 000 人。布须曼人是主要以狩猎和采集为生的少数人群之一，能够采集到 100 多种植物，猎捕 50 多种鸟类、爬行动物和哺乳动物。为了寻找资源富饶的地区，他们必须在其居住区内经常迁移。当然，游徙的生活并非漫无目的，首要的因素是能否找到水源。因为如果食物供应与水源之间的距离过远，汲水耗费的能量会超过从水中获得的能量，使采集到的食物不足以维持人的生存。其中，人们还要知道何时何地可以获得食物的地方性知识。

二、园圃农业

主要采用简单的技术、不使用灌溉和畜力牵引的农业经济。其主要特征是产量低、广种薄收，需要大面积土地作为基础；经济上的自给自足。其典型为“刀耕火种”。

传统游耕方式中，为了得到可靠收获以及维护生态环境稳定，游耕者发展出特定的耕作技术。热带、亚热带地区的高温高湿环境导致有机体死亡后迅速腐烂，其营养被释放出来后又进入土壤，被树木庞大的根系吸收。为了将植物中的营养成分充分释放供自己种植的作物利用，游耕者在火烧林木后很快播种，以免热带倾盆大雨冲走灰烬。为了避免暴雨冲刷表层土，人们清理林地时会留下高大树木，使硕大的树冠能够遮蔽风雨以保护刀耕火种地。在同一地域中种植多类型作物，是适应环境的另一重要技术。中国云南游耕民族栽培荞、黍、稷、麦、高粱、玉米、薯、芋、水稻、陆稻等十余种作物。

中国境内的游耕民族主要生活在云南省南部海拔 600～1 800 米的亚热带山地和丘陵地区。在与缅甸、老挝、越南等国接壤地区，居住着独龙族、傈僳族、怒族、普米族、景颇族、德昂族、佤族、拉祜族、布朗族、哈尼族、基诺族、彝族、苗族、瑶族等民族。

认真分析一下，毁林烧荒式的“刀耕火种”发生在 20 世纪 50 年代以后。由于硬性划分国有林范围，虽保护了部分林木，却切碎了山地民族的螺旋游耕序列，结果林木难以复生。其后内地重农主义政策的推行，加之人口递增而导致无奈的地方族群开始无序地毁林烧荒，终使从古而今的传统游耕生态系统失序，酿成生计和生活之苦，并由此出现了因生活急剧变动而导致族群心理障碍与各种文化生存问题。今天中国生态人类学所要解决的重大问题便是在这些地方如何恢复生态的问题。[①]

三、集约农耕

是在园圃业基础上发展起来的农业。犁和其他较先进的农具的使用、畜力的利用、肥料的补充，和水利的运用，使这种生计方式表现出一定的优越性。

与集约农耕相适应的是一系列文化要素的组合。例如，在集约农耕条件下，对水资源及人工灌溉的需要所衍生出相应的管理组织；长期的定居生活所产生的永久性住居形式；“入土为安”的观念的产生及其一系列相关习俗，等等。

水资源和人工灌溉工程的管理，是农耕生计体系中的重要环节。围绕水资源的分配、利用、管理，农耕民族衍生出一整套血缘与地缘结合的管理制度，并以传统的地方性力量维护该制度的权威性。

集约农耕的生计类型很直观地依赖土地。这种依赖逐渐形成了对土地神的信仰，它表达的是农耕生计类型的文化观念，并以一种外显的方式永久性地崇拜、供奉着。由于农耕在他

---

①庄孔韶主编：《人类学概论》，210～212 页，北京：中国人民大学出版社，2006 年。

们全部生活中的基础性地位，使得这种信仰符号表达的不仅是对丰收的祈求，几乎所有的人间祸福都寄托在对土地神祇的香火当中。

定居农耕生活的意义也经常透过日常的行为习俗得到表达。笔者的学生在贵州侗族社区（占里）调查期间，在稻田里劳动时不小心摔了一跤，与她同劳动的侗族妇女顺势拾起一把稻穗塞进她的口袋里，以避免“掉了魂”。这个故事很好地注解了在侗族这一稻作民族的观念中是如何认识人与土地的亲密关系的。

四、畜牧业

畜牧业是一种依靠畜群为生的经济，即繁殖、饲养并利用其产品。

在东半球，当代畜牧者大部分分布在西起撒哈拉、东到中亚的干旱地区。这些地区的主要牲畜是骆驼、牛、绵羊和山羊。芬兰北部和瑞典北部的拉普人（Lapps）以及西伯利亚东部的一些群体，也放牧驯鹿。美洲大陆仅有的畜牧者主要是亚利桑那和新墨西哥的纳瓦霍人，哥伦比亚北部的瓜西罗人（Goajiro），他们分别放牧羊和牛，这两种牲畜都是西班牙人带来的，故这种畜牧经济是后起的。

在草原畜牧经济中，为适应草原的自然环境、牲畜习性以及畜牧业生产的规律，同时又保护草场资源及其生态环境不被过度利用，一些游牧民族（如中国的蒙古族、哈萨克族、柯尔克孜族等）创造和形成了按季节分配和使用放牧场的传统，这就是转场制度。在这一传统中，牧民根据不同季节、草场质量、水源条件，合理安排使用草场，有计划地划分冬春、夏秋两季营地，或四季营地，并按照不同季节进入不同营地放牧，具有轮牧或半游牧性质，不会出现滥牧、抢牧与盲目扩大畜群的现象。

畜牧文化和农耕文化所依据的生态条件不同，二者有十分强烈的依存关系。几乎所有的游牧群体都与农业人口共生或相互依存，畜牧者用牲畜和奶制品与农业人群交换谷物和蔬菜。在中国，畜牧文化与农耕文化之间的相互关系长期影响了中国整个的历史进程。

本章要点

人类及其行为与动植物和自然地域的面貌一起，构成了生态系统不可分割的一部分。本章主要介绍在这一生态系统中，人类文化生成的机制是什么。对人类与自然之间的关系，历来是人们研究的传统问题，并形成了不同的视角和流派。生态人类学的兴起推动了文化与生态的研究。我们认为，文化生成于特定的自然与文化互动所形成的特定生境中，特定的生境内在地规定了不同文化类型的基本走向。在特定的生境中，人类主动地选择了符合环境和文化要求的生计方式，并以此为基础形成了不同的文化类型特点。在前工业社会，这些生计方式主要包括狩猎采集、游耕、畜牧、集约农耕等。

基本概念

生境　环境决定论　可能论　感应论　刀耕火种　狩猎采集　集约农耕　游牧
生计方式　经济文化类型　生态人类学　文化生态学

复习思考题

1. 什么是环境决定论?
2. 根据所学知识,谈谈你对"人类是否需要敬畏自然"这一问题的理解。
3. 什么是经济文化类型?
4. 什么是生计方式?前工业社会的主要生计方式都有哪些?

第四章 田野调查与民族志

田野调查是文化人类学获取第一手资料、研究和解释文化的最重要也是最基础的工作。建立在田野调查基础上，民族志作品的撰写与研究构成了人类学研究的重要组成部分。

第一节 田野调查及其历史

一、什么是田野调查

田野调查又称为田野工作（fieldwork），是指经过专门训练的人类学者亲自进入某一社区，在一个相对较长的时段内通过参与观察与居住体验等方式获取第一手资料的研究工作。

由于语言、生计活动、季节与社区周期等因素，成功的田野工作通常需要一年甚至更长时间，以便深入和完整地了解当地社会。

与社会研究的其他方法相比，田野调查强调的是调查者本人"在场"或实地的调查，因此它区别于一般的文献研究，也区别于社会调查中常见的问卷调查的方法。正因为如此，田野调查通常要求调查者本人亲自到一个自己可以经验到的小型社区进行实地调查。

田野调查在文化人类学研究中占有基础性地位，也是人类学研究区别于其他学科的重要标志。

二、田野研究方法的确立

早期的文化人类学家在理论上颇有建树，但大多不亲自进行田野调查，故有"安乐椅上的人类学家"之称。例如，鼎鼎大名的弗雷泽撰写了煌煌12卷的《金枝》，完全依靠的是图书资料来进行研究。他从未去过非洲，但关于非洲的知识使即使在那里生活了20年的人也自叹不如。如此勤奋而博学的学者并不屑于进行实地调查。有一次别人问他究竟调查过哪些民族时，他竟半开玩笑地回答："上帝不准！"早期的人类学家大多持进化论的观点，他们主要依靠别人（如传教士、商人、旅行家、殖民地官员等等）的资料，从不同的材料中加以取舍，建立符合进化论思想的人类进化的阶段。这种做法在日后遭到了严厉的批评。拉德克利夫-布朗曾经批评道："我所注意到的那些老一辈人类学家，根本就不清楚自己是应该构拟文明史呢，还是发现规律，却经常想同时做这两件事情。"①而"安乐椅上的人类学家"所构拟的文明史，主要依靠的是零散的而非整体的材料。

文化人类学田野工作从博厄斯开始。他原是德国人，曾在海德堡大学等处学习物理学和地理学，1883年到加拿大的北极地区做地理考察，接触到爱斯基摩人，发生了浓厚的兴趣，从此把毕生的精力投入到人类学研究工作。他乘皮船和雪橇在爱斯基摩人之中进行长期考察，经常和爱斯基摩人共睡一张鹿皮和同锅吃饭。以后他又研究北美西北岸的印第安人。他批评进化论学派根据少量资料就排列出人类社会发展阶段的轻率结论，主张对一个地区文化历史做认真仔细的研究，强调资料收集的重要性。他在给本尼迪克特《文化模式》一书的绪言中指出：

> "过去那种基于从各个时代和世界各地搜集来的割裂了文化史本质联系的零碎资料来解释人类文化史的陈旧方法，已丧失了其主要支撑点……
>
> 在精细的文化分析法的影响下，对与文化形态有关的事实进行的必不可少的收集，已得到了强烈的刺激。这样收集的材料为我们提供了社会生活的信息，它好像包括了又严格区分的各种范畴：经济生活、技术、艺术、社会组织、宗教，而且其联结的纽带又难以发现。"②

20世纪初人类学田野调查方法的兴起，与当时方兴未艾的科学主义的实验方法是分不开的，并在功能学派的努力之下得以最终确立。早期的进化论人类学假设了人类文化具有普遍的进化阶段，功能学派人类学在批判这种对历史的构拟的同时，则假设人类文化是一个可以从外部进行客观观察的"客体"。对这个文化客体的了解，只需细心而全面地进行调查即可得出结论。马凌诺斯基通过对西太平洋的调查，奠定了"参与观察"的人类学田野调查的基本方法。马氏通过《西太平洋的航海者》的学术实践，既确立了功能主义人类学或科学人类学把田野作业、理论或主题、民族志等三要素相结合的范式，也成为追随者普遍奉行的具体操作规则的来源。这些规则大致包括了：(1)选择特定的社区；(2)一年以上的现场调查时间；(3)对当地语言的掌握；(4)先从本土的观点参与体验，后面要达成客观的认识。

拉德克利夫-布朗曾在大洋洲、非洲等地长期从事调查，对如何搜集原始社会亲属关系及社会结构方面的资料，有不少好的经验。其名著《安达曼岛人》一书反映了他深入细致地从事田野工作的情况。他成名以后在许多场合阐明了实地调查在人类学研究中的作用。他认为人类学（社会人类学）的基本目的是解释社会事实，而对社会事实的解释只能由人类学家通过田野实践来完成。③

---

①[英]拉德克利夫-布朗：《社会人类学方法》，夏建中译，11页，北京：华夏出版社，2002年。
②[美]本尼迪克特：《文化模式》，何锡章译，博厄斯绪，北京：华夏出版社，1987年。
③[英]拉德克利夫-布朗：《社会人类学方法》，夏建中译，北京：华夏出版社，2002年。

其后人类学的发展进一步巩固了田野调查作为人类学研究的基本方法，形成了人类学独特的学术传统和学科特色。不同阶段的不同人类学流派对田野调查的具体理解有可能不同，但作为基本方法本身得到了人类学学术共同体的普遍认同。

三、中国人类学家进行田野调查的历史回顾

1. 中国古代的史志传统及其人类学价值

我们在第一章已经简略地介绍过中国古代的汉文史志传统中对不同文化的描述。这些史志作者或宦游、或留寓、或出使，对当时不同于汉文化的“异文化”进行了许多的记载和描述。其类型可大体分为“述异”和“资政”两种，前者充满了对“异文化”的想象和建构，后者直接为中央政权的“治边”政策服务。其所蕴涵的人类学价值值得我们很好地进行扒梳整理。其一，这些史志作品中包含的民族志资料对研究某一文化事项可提供很好的古今参照。其二，这些史志作品所遵循的基本写作规范值得我们重视。许多作品所包含的内容体现了一种人类学调查所要求的“整体性”眼光。其三，这种史志传统内在地影响了中国近现代人类学家的田野实践。

2. “民国”时期中国人类学的田野实践

在20世纪20年代人类学进入中国之前，人们对人类学田野调查尚缺少足够的认识。虽然已有部分学术作品开始运用了实地调查的方法，如沈作乾的《畲民调查记》(1924年)、杜明铎的《峨马雷屏边务调查记》和《三边屯务调查图说集》、东方杂志社编写的《蒙古调查记》(1923年)等，但大体还是幼稚且非专业的民族志作品。①

1928年以后到抗战之前，中国人类学的田野调查得到了一定程度的发展，并出现了一批比较有学术价值的作品。这一时期的主要成果有：(1)中山大学历史语言研究所1928年进行的民俗学调查尝试；(2)1928—1929年杨成志的云南调查；颜复礼、商承祖的广西瑶族调查；(3)1929年林惠祥的台湾调查，其成果整理成《台湾番族之原始文化》；凌纯声的赫哲族调查，其成果编为《松花江下游的赫哲族》，于1934年发表，该调查报告是中国人类学者所编著的第一部科学的民族志；(4)史图博的华东畲民调查，1931年出版了《浙江景宁敕木山畲民调查记》；(5)1933年凌纯声等进行的湘西苗族调查，主要调查了湘西的凤凰、乾州、永绥等地，后出版《湘西苗族调查报告》，该调查留下了中国最早的影视人类学资料；(6)1934—1936年凌纯声等的滇西调查；1935年费孝通、王同惠的广西大瑶山调查，后编成《花蓝瑶社会组织》。

值得重视的是，20世纪30年代中国人类学家也进行了卓有成效的汉人社区调查，如：1930年起，燕京大学社会学系在北京清河镇建立试验区，进行了长时间的社区调查，特别注意进行社会组织、社会结构、婚姻、亲属关系、文化绵续、市集等方面的参与观察；李景汉主持定

①参见胡鸿保主编：《中国人类学史》，40页，北京：中国人民大学出版社，2006年。

县社会调查7年，成为乡村建设运动"定县经验"的主要内容，《定县社会概况调查》被认为是当时中国"最成熟的社会调查"；费孝通的江村调查；林耀华的"义序宗族研究"和"金翼"；杨懋春的《一个中国村庄——山东台头》。其中费孝通先生的《江村经济》一改传统人类学偏重对"未开化的野蛮人"的研究，转而以本土人类学者的视角研究了一个文明程度较高的民族的情况，从而印证了马凌诺斯基的预言："未来的人类学不仅对塔斯马尼亚人、澳大利亚土著居民、美拉尼西亚的特洛布里恩德群岛人和霹雳的俾格米人有兴趣，而且对印度人、中国农民、西印度群岛黑人、脱离部落的哈勒姆非洲人同样关注"，因此马氏称费孝通先生的研究"将被认为是人类学实地调查和理论工作发展中的一个里程碑。"①

抗战时期，随着国家政治中心的西移，人类学的研究也转移到中国的西部地区特别是中国的大西南。两个因素最终使抗战时期成为中国人类学发展的黄金时期。一是学术中心的西移，使人类学的学科理论恰好与中国西部十分富集的文化多样性结合在一起，从而为中国人类学进行大规模的田野实践提供了天然的"实验场"；二是中国人类学家社会使命感，驱使这一时期的人类学家力图以学科知识研究中国社会，探究解决中国国内问题的途径，从而焕发出强烈的学术责任心和学术研究的积极性。

这一时期人类学的田野调查和研究成果十分丰富。如，李安宅先生的藏传佛教研究。1938年，李安宅与夫人于式玉以拉卜楞寺为调查点，进行田野调查，时间为3年，创下中国人类学田野调查的时间之最。所著《藏族宗教史之实地研究》，在实地调查的基础上，研究了藏佛寺院的功能、寺院教育等议题，是"国内外公认为通过实地考察和社会调研而撰写的有关藏族宗教史的第一部杰作。"②

聚居在川滇"大小凉山"的彝族社会，在当时仍然是一个极有特点、对大多数人来讲充满了异质特点的社会，其家支制度、文化特征、族源、社会结构等各方面情况并不为大多数人所知，以至于被西方称为"独立倮倮。"人类学家林耀华、马长寿等人分别对凉山彝族进行了卓有成效的调查。1943年，林耀华组织调查组深入大小凉山进行彝族社会实地调查，依据亲自搜集的材料，以家族叙述为中心，研究了彝族社会的结构。日本著名人类学家鸟居龙藏称林耀华先生的调查及其作品《凉山彝家》，"实将罗罗社会学上之事实完全网罗无遗，具此书则读者对罗罗之民族、社会、文化等，宛如身临其境。"③马长寿也两次深入凉山，考察记录了彝族的语言、社会阶级、物质文化、宗教信仰、生活习惯等各方面的情况，写成《凉山罗彝考察报告》。该考察报告十分完整系统，体现了科学的民族志作品所要求的整体性。此外，马长寿先生为了完成凉山彝族考察和研究，在坚持长期的实地调查、搜集第一手的田野资料的基础上，还搜集和整理了大量关于凉山彝族的汉文文献，为了深入了解彝族社会，他还掌握了彝语和彝文。因此，他在调查成果中得以综合运用田野考察资料、彝文文献资料和汉文文献资料进行综合研究，大大开阔了研究的视野，澄清了许多学术界的疑虑。④

①马凌诺斯基序，费孝通：《江村经济——中国农民的生活》，北京：商务印书馆，2003年。
②雷洁琼序，李安宅：《藏族宗教史之实地研究》，上海：上海世纪出版集团，2005年。
③鸟居龙藏为《凉山彝家》所作书评，见林耀华：《凉山彝家的巨变》附录，北京：商务印书馆，1995年。
④马长寿：《凉山罗彝考察报告》，成都：巴蜀书社，2006年。

贵州也是一个多民族聚居的地区。1939年，大夏大学社会研究部在吴泽霖的主持下，派人分赴贵州境内安顺、定番、炉山(即凯里)等地进行为期8个月的调查。

这一时期值得重点提及的田野调查成果还有作为社区调查的延续的"魁阁"的学术成果。

1940年，因为日军飞机对昆明的轰炸频繁，费孝通主持的社会学工作室疏散到昆明近郊呈贡县，在当地古建筑"魁星阁"办公，故云大—燕大社会实地调查工作站又称"魁阁"。魁阁学术团队的成员主要有费孝通、张之毅、许烺光、田汝康、李有义、胡庆均等人。魁阁的学术研究在20世纪40年代的中国人类学研究中独树一帜，并形成了独特的"魁阁学风"。魁阁的学风传自伦敦经济学院人类学系，采取理论和实际紧密结合的原则。这里每个人员都有自己的课题，他们先到选定的社区进行实地调查，然后在"习明纳"(seminar)里进行集体讨论，个人负责论文撰写。这种研究方法能兼顾个人创造性的发挥和集体讨论的好处，成效显然。魁阁甚至被视为早期中国现代学术集团的雏形。这里的成员有的关注农村经济生活和基层社区结构，有的关注少数民族历史语文化，也有的更留心城乡关系、工厂与农村的关系的探讨。尽管各自切入话题的角度不同，但是他们的研究毫无例外都是指向乡土中国的现代化问题。1939年，费孝通带着助手张之毅前往云南禄丰县大北厂村进行实地调查，《禄村农田》即是这项调查的结果。随后，费孝通又指导张之毅对易门县的一个村庄的手工业进行调查，写成《易村手工业》。1940年到1941年间，张之毅又到玉溪县镇附近的一个农村调查农业和商业，写成《玉村的农业与商业》。谷苞也曾两次到呈贡县的化城镇做长期调查。该室的研究成果还有田汝康的《芒市边民的摆》《内地女工》，史国衡的《昆厂劳工》《个旧矿工》等。1941年7月至次年9月，许烺光对大理进行了14个月的调查，事后写成论文《滇西的巫术和科学》，以后又据此完成代表作《祖荫下》。李有义研究了云南汉族、彝族杂居区的民族关系。胡庆均于1944年到云南大学工作后，对呈贡地方权力结构的研究也带有功能主义色彩。①

3.20世纪五六十年代的民族识别和"少数民族社会历史调查"

1949年中华人民共和国建立以后，经过20世纪50年代初的学科调整和机构改革，包括社会学、人类学、民族学在内的不同学科和学派，都被纳入到"马克思主义民族学"或"马克思主义民族问题学说"的理论框架之中。这一时期中国带有田野调查特征的大规模活动主要有"民族识别"和"少数民族社会历史调查"。

(1)民族识别。

民族识别，按照《中国大百科全书》的解释，是"指民族成分和民族名称的辨别。这是中华人民共和国建立后为贯彻民族政策而进行的一项工作。"②不过，这个概念之中所包含的命题是如此之多，以至于我们不得不思考如下的一些基本问题。例如，民族识别是指民族成分和民族名称的辨别，那么，进行这种辨别或者分类的必要性和依据是什么？再如，民族识别是中华人民共和国建立以后为了贯彻民族政策而进行的一项工作，那么，这种工作的创新性在什么地方？它

①胡鸿保主编：《中国人类学史》，90页，北京：中国人民大学出版社，2006年。

②《中国大百科全书》(民族卷)，311页，北京：中国大百科全书出版社，2004年。

与中国历史上所进行过的类似于识别的分类工作的联系和区别又在哪里？最后，由于“民族”这一概念是如此的令人捉摸不定，新中国成立以后的“民族”与西方语境中的“民族”(nation)、“族群”(ethnic group)等概念之间的区别也是我们在考察中国的民族识别时应该予以关注的。本节不拟展开对这些问题和反思的讨论，仅就民族识别的调查研究进行一般性的描述。

费孝通先生在回顾中国的民族识别工作时说：

“解放以来，我们的党和政府十分重视民族识别工作。因为，要认真落实党的民族政策，有必要搞清楚我国有哪些民族。比如，在各级权力机关里要体现民族平等，就得决定在各级人民代表大会里，哪些民族应出多少代表；在实行民族区域自治建立民族自治地方时，就得搞清楚这些地方是哪些民族的聚居区。从1953年开始，为了进一步开展民族工作，民族识别被提到了日程上，由中央及地方的民族事务机关组织了科研队伍，对新提出民族名称单位通过调查，进行识别。”①

费孝通的总结很好地说明了民族识别在中国民族工作中的基础性地位。为了开展民族识别工作、确定民族名称，从1950年开始，我国即进行了民族识别的调查。

1950—1952年，中央政府先后派出了西南、西北、中南、东北和内蒙古等民族访问团，分赴各少数民族地区进行慰问，宣传中国共产党的民族政策，初步接触到了民族识别问题。1953年，中央民委派出畲民识别调查小组，分赴福建、浙江等省调查畲民的族别问题。同年，中央民族学院在中央民委的领导下，派出达斡尔族识别调查小组，分赴黑龙江、内蒙古自治区达斡尔族地区进行民族识别调查研究。1954年，中央派出云南民族识别调查组，对彝、壮、傣、哈尼等族的支系进行归并和识别的调查研究。1955年，中央民委派出广东疍民、畲民的识别调查小组。同年，又派出贵州民族识别调查组，对“穿青”等族体进行识别调查研究。1956年，中央派出湖南土家族识别调查组。此外，贵州、四川、云南、广西、湖南、湖北、广东、青海、甘肃、西藏等省区也陆续派出许多民族识别调查组，深入到各个民族地区，做了大量的民族识别调查研究工作。例如畲民的识别经过了1953年和1955年的两次识别调查，并加以综合比较和分析研究，才于1956年确定其为单一的少数民族。土家族的识别，也是先后经过中央和地方五次的识别调查，才于1956年10月作出其为单一的少数民族的决定。云南彝族二十几个各支系的归并以及壮族、哈尼族、傣族支系的归并，都是经历了半年多时间的深入调查研究，才慎重地作出族属的归并和认定。

中国的民族识别工作在进行实地调查的过程中，充分地结合运用了历史文献的分析，注意待识别族体的长期社会历史发展情况、民族地区历史、政治制度、民族来源和民族关系以及民族团结因素和今后民族的繁荣发展，进行综合的科学研究分析，并参考考古学、语言学、历史学、民族学、民俗学、地理学、人类学、经济学等方面的有关资料，从各个侧面和角度为待识别族体的族属认定研究提供了科学依据。

---

①费孝通：《关于我国民族的识别问题》。本文是作者根据其1978年在政协全国委员会民族组会议上的发言改写的，原发表于《中国社会科学》1980年第1期，另见黄光学主编：《中国的民族识别》附录一，328页，北京：民族出版社，1995年。

通过民族识别，中国政府最终确定了我国现今55个少数民族的名称。[①]

(2)少数民族社会历史调查。

1956年开始，为了研究各民族历史和人类原始公社以来的古代史，我国组织大批科研人员进行“少数民族社会历史调查”，一直持续到1964年。

主要成果有：从1958年开始，各个调查组开始编撰“民族问题三种丛书”（后增加为5种）。丛书包括《中国少数民族》(1本)、《中国少数民族简史丛书》(55本)、《中国少数民族语言简志丛书》(57本)、《中国少数民族自治地方概况丛书》(140本)，总计400多本，8 000万字。此外，拍摄了15部“少数民族社会历史科学纪录片”。

为了配合少数民族社会历史调查，1956年7月全国人民代表大会民族委员会还组织编写了《社会性质调查参考提纲》，明确指出了社会历史调查的目标：

“各民族社会历史调查研究工作的任务是在4到7年内基本弄清楚各主要少数民族的社会经济结构和阶级情况，这不仅为民族工作所必需，也可供研究各民族历史和人类原始公社以来的古代史以丰富的史料，即是主要关于原始公社的、奴隶社会的、封建社会初期的和上述各种社会间过渡的具体资料；并尽可能收集社会历史发展的资料和深入了解各民族的风俗习惯，从而对各民族历史做系统的研究。”[②]

就成就方面而言，社会历史调查时期收集到的许多关于民族历史、民族文化方面的资料，对今天从事的研究工作来讲，仍然具有很好的参考作用。有不少研究成果主要依据的是社会历史调查时期的资料。社会历史调查同时也培养、锻炼了一批日后从事相关研究工作的研究人员。

第二节　田野调查的基本方法及过程

一、田野调查的基本方法

1. 主位与客位

主位(emic)和客位(etic)分别源自语音学中“音位的”(phonemic)和“语音的”(phonetic)。美国语言学家派克1947年用这对概念进行语言学分析。

---

①关于民族识别的调查研究、民族识别的过程，以及民族识别遗留的问题等，请进一步参看黄光学主编：《中国的民族识别》，北京：民族出版社，1995年。

②全国人民代表大会民族委员会编印：《社会性质调查参考提纲》，见凌纯声，林耀华等：《20世纪中国人类学民族学研究方法与方法论》，北京：民族出版社，2004年。

1979 年美国人类学家马文·哈里斯在《文化唯物主义》中将这对概念用于人类学分析。

在人类学研究中，主位是指研究对象自己对事情的解释，因此，主位研究强调的是从文化内在的角度分析、理解事件。客位是指人类学调查者从自身出发对事情的解释，因此，客位研究强调文化外部的立场和解释。马文·哈里斯通过对印度“圣牛”的精辟分析，阐述了在人类学调查研究中“主位”与“客位”的不同。马文·哈里斯的在印度南部喀拉拉邦调查中发现，当地的 0～1 岁的公牛死亡率很高，致使和母牛的性别比达到 67：100。这个现象引起了马文·哈里斯的重视。在调查中他了解到当地人的解释（主位）是“体质弱”不容易存活；而基于“客位”的研究，他却发现原因在于当地人在小公牛出生不久，便不许其停留在母牛身边吃奶所致。当地人通过隔离母子联系的方式人为地控制公牛的数量，这种控制又与当地的生态和经济生活密切联系在一起。其实质是在当地禁止杀牛的禁忌下，淘汰雄性保证雌性存活率以便牛群更好繁殖的一种文化机制。①

在田野调查中要注意“主位”方法和“客位”方法的结合。这种结合不是简单的“主位”＋“客位”的方法，不能指望在调查中先将当地人的看法收集起来，然后用一套外在的（通常是“学术的”）知识体系加以整理和分析就可以真正了解一个文化了。对当地人地方性知识体系的全面把握是进行调查时首先要具备的基本素养。在此基础上才可能进行客观的分析，接近真实的当地文化。

2. 参与观察

参与观察是指人类学者长时段参与研究对象的日常和非日常的活动，以获取第一手资料的过程。

参与观察包括对重大事件、活动、仪式的观察，也包括随时随地注意观察当地人的日常生活方式、行为、礼节，以及心理状态、人际关系等一切细节。

参与观察的优点在于：通过参与到当地文化和日常生活中，可以得到别的途径所无法获得的对该文化的体验与深刻理解、把握。因此，参与观察对提高田野工作中所收集资料的质量以及提高对该文化的解释力度，都有很重要的作用。

在田野调查中，参与观察固然应当涉及该社区生活的方方面面，但我们认为，以下一些特定的场合和活动是参与观察特别是初到一个社区进行调查时要特别关注的，我们称之为“重要观察点”。

(1)重要观察点之一：社区布局。

社区布局是指一个社区内部生产、生活在空间的分布特征及其相互之间的关系，大体包括居民点、宗教场所、墓地、生计空间（如耕地、牧场、山林等等）等。社区布局往往反映一个族群对人与自然、社会秩序、等级等的文化观念。初到一个社区进行调查，首先从整体上把握住该社区的布局特征对调查者进入该社区的文化场、进而理解当地文化的发生和运行往往有很大的帮助。

---

①See Mavin Harris, *Cultural Anthropology*, Fifth edition, p. 18, Allyn&Bacon, 2000。

（2）重要观察点之二：公共空间。

公共空间往往是一个族群举行重大活动、操演该族群文化的重要场所。对公共空间的结构、功能等进行观察和了解通常能有效地切入该族群文化的内核。例如，在中国南部侗族地区，鼓楼通常是侗族社区十分重要的公共空间：盟誓、习惯法的宣讲、成年礼、唱歌等等社会活动通常以鼓楼为核心进行。因此，鼓楼便成了研究该支系侗族社会的社会结构、关系、信仰的重要的切入点。在传统的汉族社区，“宗族祠堂”也是十分重要的公共空间。著名的人类学家林耀华先生在他早年对中国福建的汉族社区的研究中，就是以宗族祠堂为重要的切入点，不断地展现围绕宗族祠堂而构建的社会关系、社会秩序、生产关系的。

（3）重要观察点之三：住宅结构。

一个族群家户内部的社会关系、生活习俗、信仰等文化要素经常可以通过住宅的内部结构与摆设而表现出来。在调查中要特别关注诸如家户内部的功能分区、神龛位置、火塘等的特点与内涵。例如，中国的南部侗族地区有的村寨普遍采用一种木质结构的“长房”，以此为依托形成了当地父系大家庭的基本的生产生活关系。再如，有的瑶族地区住房结构中，在堂屋靠外的一侧专门辟有为家中年轻女性居住的闺房，并在对外的板壁上凿有圆孔（汉语俗称“谈婚洞”）。这种形式应该是“寮房”的一种变异或简化形式，围绕这一结构，我们在调查中可以了解到许多当地的特定年龄段的异性交往方式。

（4）重要观察点之四：生境与生计类型。

独特的天地系统与人文系统交互作用的结果是形成独特的生境。在特定的生境中不同族群往往形成并发展了不同的生计方式，并内在地规定了该族群文化的诸多特质。在田野调查中要特别注意当地的环境与生计类型，这往往构成该族群文化的生成基础。

（5）重要观察点之五：物质文化。

作为外显的文化，物质产品本身不仅承载了诸多实际的功能，其制作工艺以及工艺背后的理念也往往反映了该族群的文化特质。例如，中国苗族的刺绣和蜡染工艺十分发达，在其服饰文化中举足轻重，所蕴含的文化内涵十分丰富，研究者经常讲苗族的历史是绣在裙子上的。我们透过对苗族的刺绣、蜡染的研究，可以了解到许多关于苗族历史、迁徙等的细节。同样，中国南方许多少数民族的铜鼓是其社会生活中不可或缺的物质文化，其图案、形制等特征也深刻地反映了这些民族的宇宙观。我们在田野调查中要特别注意收集当地的物质文化产品。

（6）重要观察点之六：宗教场所与器物。

宗教是一个族群重要的生活内容，扮演着慰藉心灵、构建社会秩序、形塑族群认同等作用。宗教场所是构建一个社区文化结构的重要地点，对宗教场所的观察往往可以集中地了解到该社区人们信仰体系的许多细节。例如，中国贵州中部的屯堡人社区中妇女有礼佛的传统，在许多宗教场所我们能深切地感受到该族群妇女的信仰，从而能从女性的视角切入到该族群的信仰体系中去。

（7）重要观察点之七：仪式过程。

一个族群的文化往往在其重要的仪式过程中进行全面的操演。在仪式中，我们看到该族群的信仰、道德、社会关系、社会秩序、历史等众多内容。因此，对一个族群的仪式进行全过程的观察，是田野工作中要十分注意的。在仪式观察中要特别注意观察并记录仪式的各个阶段及其含义；仪式的参与者及其相互之间的关系；仪式举办的时间及其特定的内涵等等细节。例如，"指阴路"是许多民族丧葬仪式中的重要环节，即将死者的灵魂送回祖先居住的地方，从而构成了一个族群迁徙的反向路线。因此，对丧葬仪式中"阴路"的记录完全可以有力地佐证一个族群的详细迁徙路线图。中国彝族丧葬仪式中毕摩所用的"指路经"不仅是研究彝族历史源流有文可稽的原始资料，而且其中还蕴涵了彝族传统社会生活的许多内容，如生计方式、社会风习等等，具有很高的学术价值。①

(8)重要观察点之八：各种民俗活动。

各种民俗活动往往是一个社区小传统文化得以全面表现的重要途径。我们可以透过各种各样的岁时民俗、生产民俗、成年礼、婚丧嫁娶等民俗活动观察到一个族群文化的各个方面。例如，一个社区中礼物的交换是各种民俗活动中的核心内容之一，并集中反映了该社区的各种社会关系。早期的人类学家莫斯、当代的阎云祥等人对"礼物"和"礼物的流动"都进行过很好的分析。

(9)集市。

集市也是一个重要的公共活动空间。在田野调查中，我们不要将集市简单地看成是纯粹的商品交换场所。应当把集市理解为集中展现不同社区社会关系的舞台。集市将人们与一个更大的外部世界联结起来。因此，对集市的调查研究十分有助于我们理解社会结构和社会关系的本质。

3. 访谈

访谈是人类学田野研究中常见的形式。访谈主要是指在田野调查中通过向研究对象提问或与之交谈的方式来获取资料。

(1)关于报告人。

访谈离不开报告人的合作。人类学中通常将访谈对象称为报告人。所谓报告人(informant)是指人类学者在田野调查中结识的能帮他们了解当地文化的当地人。并非所有的当地人都可以成为对调查有帮助的报告人。寻找关键报告人(key informant)是访谈顺利进行的重要条件。

关键报告人应该具备如下的基本条件：对自己的文化十分熟悉；具有良好的与调查者沟通的能力(相应的，调查者也更应具备报告人的沟通能力)；有时间、精力配合调查；最好在当地有良好的社会关系。

(2)访谈的类型。

访谈通常可分为非结构性访谈和结构性访谈两种基本类型。

非结构性访谈(unstructured interview)是指人类学者提供一个开放型的主题或问题，由报告人自由阐述。

---

①果吉・宁哈，岭福祥主编：《彝文〈指路经〉译集》，马学良绪言及编者前言，北京：中央民族学院出版社，1993年。

常见的非结构性访谈包括收集生活史、神话、传说故事、宗教和公共活动等方面的资料。

让报告人进行充分自由的阐述，是非结构性访谈的关键。作为调查者在进行访谈的时候首先学会倾听也许是访谈的一项基本的素质。

结构性访谈(structured interview)是指人类学者根据研究主题事先设计好具体问题，系统地访谈研究对象。

结构性访谈的提问应该具有明确的针对性，提问的方式也应当简明扼要，避免因问题冗长而让人难以回答。同时，问题与问题之间也应有关联性。

(3)访谈的基本原则。

访谈应遵循以下的一些基本原则：应该让报告人明白你的来意，并征得同意；有明确的目的和计划，同时保持一定的灵活性；访谈问题应该简明而准确，使报告人容易理解和回答；访谈问题应先易后难，从描述性问题入手，然后深入到解释性问题；尽可能鼓励并使用报告人自己的概念、术语和分类；访谈者尽可能少提示，鼓励受访者在一个没有限制的环境里，针对访谈主题尽可能谈论自己的意见；在访谈中少说多倾听；注意控制访谈时间；访谈中语言、表情和态度都应处处表示出对报告人的尊重和关注，注意访谈场合，尊重和遵守当地的文化。

(4)访谈过程中谱系法的运用。

谱系法(genealogical method)是收集家谱并编辑成谱系表以确定亲属制形式及其结构性质的研究方法。谱系是有关血缘关系的记录或计算方法，在世系群或以血缘为基础的亲属系统中有着重要的作用。谱系图中常以"△"表示男性；"○"表示女性；"＝"表示婚姻关系；纵线表示亲子关系；横线表示兄弟姐妹关系。

在具体的运用中，调查者要特别注意尽量使用当地的概念和分类来进行谱系的描述，避免用自己熟知的另一套体系取代之。此外，谱系调查通常需要进行谱系的追踪，其间的情况有可能异常复杂，如分支(裂变)等等，因此需要花费较长的时间。故在进行谱系调查时不可能一蹴而就，要与自己的报告人进行长期的合作才能获得较为清晰的谱系图。(见图 4-1)

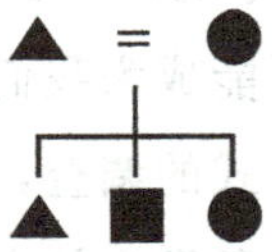

图 4-1　谱系关系示意图

(说明：在人类谱系调查中一般以▲表示男性，●表示女性，■表示"己身"，＝表示婚姻关系，|表示亲子关系，┌┐表示兄弟姐妹关系。)

二、调查课题的选择及提纲拟定

1.调查课题的选择

文化人类学调查一般分为两种类型：

(1)全面调查(holistic investigation)，对一个人口不多的群体或地区进行全面的详细的调查，最后可以写成一本描述文化各方面的民族志。

（2）定向调查（problem-oriented investigation），对一个或几个群体或地区进行专题调查，用以验证或检查某一人类学理论问题，或解决现实生活中某一社会问题。人类学的现实问题调查研究，往往与人类学的实践、应用相联系。在这种实践与应用的过程中，人类学实现了自身参与社会的目标。当前，中国人类学在吸毒、艾滋病的传播与防范、水库移民等现实问题的研究方面取得了令人瞩目的成绩。

2. 调查方案和调查提纲的拟定

调查方案主要包括以下内容：调查地点和对象、调查日期和预计的时间长度、调查课题及其理论意义或现实意义、自己具备的条件及准备如何进行调查。

调查提纲中应列举调查中准备提哪些问题。调查提纲主要供调查者自己看，帮助调查者全面考虑问题，防止调查者中有所遗漏。

三、调查前的准备工作

1. 了解地理和历史的背景材料

调查以前有必要对所去地区的地理情况，如该地区的自然环境（山脉、河流、矿藏、动植物），气候条件、交通情况、物品供应等有所认识。对该地区的历史沿革、重大历史事件等历史情况也应该尽量了解清楚。在中国进行田野调查时，对历史情况的了解，一个很重要的途径是查阅地方志。因此需要调查者对古代文献有一定的阅读和鉴别能力。

2. 掌握前人调查研究成果

对前人调查研究成果的梳理是拟定调查提纲之前必须的准备工作。只有通过对前人的调查研究成果进行文献分析，我们才能更好地知道已经有了哪些有价值的调查成果，存在哪些问题。而发现了前人调查的问题往往可能成为我们进行新的调查的出发点。

对学界前辈的调查点进行回访和重访式的调查，是现代田野调查的一种常见的形式。这种重访可以有效地关照在一个较长时段中所发生的文化变迁问题。

3. 调查队伍的组成

一个好的调查队伍的组成原则应该是：（1）根据调查课题性质而有各方面专家参加；（2）由一个有经验的人类学家为领导；（3）调查人员中最好包括女性，便于调查婚姻或与妇女有关的问题。

4. 装备、物品的购置

（1）地图；（2）摄影设备；（3）录音设备；（4）记录表格；（5）药品；（6）个人证件；（7）仪器设备；（8）生活用品。

这些装备和物品的配备可以根据具体的调查内容、调查性质而灵活选择。

四、进入田野

在进行了充分的事前准备以后，调查队伍开始正式进入田野进行考察。在进行正式的田野调查中，我们建议遵循以下的基本步骤。

1. 熟悉环境

初到一个陌生的地方，首先要向相关人员说明来意，并尽快地熟悉当地的环境。除了在向导人员陪同下熟悉环境外，调查中最好先绘制一份你所在社区的地图。如果你是到少数民族地区进行田野考察，最好尽可能详细记录当地小地名的汉语名称、当地语言的名称及其含义。这有可能给你提供意想不到的调查线索。

2. 查阅地方文献

地方文献主要包括保存在当地未曾发表的文献资料，如地方政府档案、家谱、契约、民间故事、歌谣等等。假如取得许可，应择重要者予以复制。

3. 基本信息采集

基本信息采集是进行深入调查的基础，主要包括该地区的人口(包括性别比、年龄分层等人口统计基本数据)、面积、生计类型、生活状态、物产、自然等各方面的内容。

4. 试点调查

试点调查的目的在于：检验预先设计的调查提纲，发现问题，及时修改调查方案和提纲。

5. 正式调查

正式调查开始以后，也意味着一段比较艰辛的文化理解与沟通之旅的开始。其中充满了各种各样的不适应，也充分享受到了许多文化之旅的乐趣。在调查中我们建议应该准备两个本子，一个用来记录调查内容，一个用来每天坚持撰写调查日志。

五、文化震撼

人类学家在一个异文化的环境下做调查时，除了生存和生活方面的困难之外，其身体、心里和情绪上也会出现种种不适应的现象。这种不适应通常表现为孤独、压抑、逃避、焦虑等，尤其是单独一个人在异地调查时更是如此。

人类学把这种为了适应完全不同的文化而导致的精神压力称为文化震撼(culture shock)。它是由于快速地进入一个不同于自己本身的文化，遵循不同的行为规则及对言谈举止之意义做不同的诠释后所产生的现象。人类学调查中需要认真对待并努力克服文化震撼所造成的问题。

六、价值中立与田野伦理

1.价值中立

价值中立是与价值介入相对应的概念，田野调查中的价值中立是指在调查中要避免先入为主地用调查者已有的价值体系去衡量、观察、评价自己的调查对象。价值中立的原则要求调查者以一种冷静、客观的态度去观察和收集资料，避免过多地卷入当地的社会关系中。不过，价值中立并不要求人们在调查的时候带着一个“空空如也”的大脑去填充资料，事实上也不可能有任何一个调查者能宣称自己可以做到这一点；也不要求人们转换角色变为当地人，按照当地人的思维去观察和思考问题。格尔兹指出：“我们或至少我本人，既不追求将自己转变成当地人，也不追求模仿他们。似乎只有浪漫主义者和间谍才会追求那样做。”①价值中立原则强调的是这样一种操作原则：在调查中坚决避免用现有的理论框架来有意识地收集符合该框架要求的资料。这既是一种操作原则，也是一种伦理原则。

2.田野伦理

田野伦理是指用以指导具体的田野实践的价值准则、道德标准。田野调查的调查对象是有主体性地位的与调查者一样的人，因此，在调查中遵循一定的田野伦理显得十分重要，如平等、关怀、尊重等等。我们将田野伦理具体化为一些在调查中必须遵守的基本原则。

(1)努力克服“我族中心”思想。所谓“我族中心”是指在接触与自己不同文化的时候，一切以自己的文化为出发点，认为只有自己的文化才是最合理的、先进的，凡是与自己不同的风俗习惯、信仰，都将之贬低为“野蛮”“落后”“怪异”。文化人类学是一门特别重视“他者”文化的学问，在田野调查中“我族中心”思想是最有可能不同程度反映在调查者身上的，它既违背人类学平等看待文化的多样性的基本要求，也极大地妨碍调查中获得客观的知识。

(2)平等的原则。应当明白一个基本的道理：调查者与调查对象都是拥有各自主体性地位的平等的人，不能假想调查对象只是纯粹的客观研究实体。有的调查者在调查中习惯于以一种居高临下的态度对待自己的调查对象，这是极不可取的。

(3)尊重调查对象的原则。在调查中应当自觉地尊重调查对象。例如，尊重调查对象的隐私权。通过调查对象获取的资料特别是涉及别人隐私的问题（如肖像、财产、婚姻等等）必须经过调查对象的同意才可以发表。调查者还必须尊重调查对象的知情权，在调查中应明确无误地告知调查的目的，征得调查对象的同意和配合。调查者应当尊重调查地的风俗习惯、宗教信仰。

(4)不扰民原则。田野调查是一项持续时间长、涉及面广的工作，要处理好自己的调查工作与调查对象正常的生活之间的关系。时至今日，有的调查者还习惯于前呼后拥，凡到一地，

①克利福德·格尔兹：《文化的解释》，纳日碧力戈等译，15页，上海：上海人民出版社，1999年。

不断召开各种大会小会，好像当地老百姓的全部工作就是配合自己的调查。调查中应当学会尽量不要干扰别人正常的生活，需要当地人的配合也应当出于别人的自愿并给予合理的报酬。

应当意识到，田野工作的伦理要求渗透到调查者田野实践的各个环节中，它直接关系到调查的合理性、合法性，也影响到调查资料的质量，因此并不是可有可无或小题大做的话题。我们现在还缺少基于调查伦理而设置的田野调查基本规范。相比之下，西方人类学的田野调查的一些基本规范值得我们认真学习。具体可参见1998年美国人类学协会通过的《美国人类学协会伦理法典》(*Code of Ethics of the American Anthropological Association*)。该法典详细规定了人类学者对研究对象——人或动物、学术和学科、公众以及在教学、应用等方面的责任。

第三节 民族志及其反思[①]

一、什么是民族志

民族志(ethnography)是(文化人类学)民族学家对被研究的民族、部落、区域的人的生活(文化)的描述与解释。

民族志研究在人类学研究中基于基础性的地位。列维-斯特劳斯认为，人类学研究有三个阶段：民族志阶段、民族学阶段、人类学阶段。纵观人类学的任何一个重要理论，均是在扎实的民族志的基础上建立起来的。对社会的研究，首先在于确立基本的社会事实。作为现代社会科学的主要奠基人之一，涂尔干强调了对社会事实的把握是学术的基础。社会科学的使命首先是呈现社会事实，然后以此为据建立理解社会的角度，并在这个过程中不断磨砺有效呈现社会事实并对其加以解释的方法。我们可以说，呈现基本的社会事实是民族志的核心价值之所在。因此，科学的有价值的民族志作品应该是对社会事实的客观描写。

要使民族志保持其应有的客观性，其基础又在于扎实的田野调查。因此，田野调查、民族志、人类学研究之间构成了一个密不可分、前后关联的逻辑链条。

二、西方科学主义民族志的确立

早期的民族志是自发性的、随意性的和业余性的。在西方追溯民族志的历史，希罗多德

①本节内容主要依据《写文化》一书高丙中序言改写，见[美]詹姆斯·克利福德，乔治·E.马库斯编：《写文化——民族志的诗学与政治学》，高丙中，吴晓黎，李霞等译.北京：商务印书馆，2006年。

被推崇为最早的民族志作者。在中世纪，一些商人和朝觐者在东方的见闻，如《马可·波罗行记》，是地理大发现之前的民族志的代表。在西方地理大发现之后，大量出现的民族志才主要以无文字的原始部落为对象。探险家因为主要以地理发现为目标，与土著只有短暂的遭遇，又不懂当地的语言，所以对土著的描述都很肤浅。其中一些探险活动与土著的联系受到后世人类学家的关注，如库克船长在1768—1779年对太平洋岛屿的探险。其中一些著述被后世的民族学者所重视，如赫恩提供的关于加拿大西北部帕维安印第安人的知识称为关于这个部落的最早的民族志知识。他描写了他们的季节性活动、超自然信仰体系、对爱斯基摩人的抢掠行动。它触及异族的生活达到了一定的深度，算得上是此类民族志中的佼佼者了。这些都是利用路过异地的见闻撰写的民族志游记。再就是到土著地区居住的西方人所编写的民族志报告。一种情况是作为俘虏或者是作为意外后果而被迫在土著社会生活较长时间，后来侥幸跑回白人社会，把自己的经历和见闻讲出来，写成有较好的资料价值的民族志，它们关于异族生活的记录相当准确、具体而生动。一种更为常见的情况是传教士以多年生活为基础所写的民族志。传教士长年累月与土著打交道，也逐渐学会了土著的语言，可以进行比较广而深入的交流。但是他们的知识兴趣通常都很狭窄，他们的报告和记录主要围绕与宗教信仰有关的方面，很少把笔触伸向当地日常生活的多个方面。他们生活在当地，但是知识兴趣的褊狭使他们无意系统地表述当地社会生活。

科学的民族志的创立是与马凌诺斯基的西太平洋的调查分不开的。1914—1918年，马氏以澳大利亚为根据地，先后三次到新几内亚进行调查，三次调查共花去了他两年半的时间。他的第一次调查依靠翻译，第二次和第三次的调查都是直接使用当地土著的语言。这段经历及所获资料构成了他一系列著作的基础以及他1920—1938年在伦敦讲学的核心。他的这些著述和教学活动作为榜样被后学所追慕，称为现代人类学的学术规范的核心内容。在《西太平洋的航海者》的“导论”中，马氏总结了自己的田野调查经验，确立了“科学人类学的民族志”的准则。科学的民族志必须做到搜集资料的主体与理论研究的主体的合一。这二者在发生学上的分离或者分工，经过许多人多年的努力，终于由马凌诺斯基在自己身上首先完美地达到合一。

《西太平洋的航海者》的文本和马凌诺斯基对民族志和田野作业的科学规则的陈述对人类学作为一门科学被世人所接受发挥了关键的作用。20世纪20年代以后的人类学学业的主流是由马凌诺斯基奠定的规范和规则所构成的。

三、民族志的反思

民族志发展的第三个时代是从反思以“科学”自我期许的人类学家的知识生产过程开始萌发的。知识创新的批判精神在现象学哲学、解释学、后现代主义思潮渗入实地调查的经验方法之后，在20世纪60年代末和70年代催生了人类学的反思意识。人类学家对自己的学术活动作为一种具有政治经济的动因和后果的社会实践的反思和批判是从人类学与殖民主义、帝国主义和欧洲中心主义的密切但却被忽略的联系开始的。民族志研究被置于反思性的审视纬度之中，在1977年产生了影响深远的《摩洛哥田野作业反思》。民族志之前一直是通过田野作业单方面地记叙作为研究对象群体的故事，拉比诺的这本著作的创意把田野作业过程本身作为记叙的对象。民族志在很长的时间里都是记叙异民族的奇特或神秘的现象的，同时，作为保证民族志的科学性的田野作业的过程对圈外人来说也是秘而不宣的。拉比诺用民族志把这个秘制科学性的神秘过程展现出来，让读者看到，他在调查中并非客观的观察者，而是作为一个活生生的人在行动；而那些被研究的人也是复杂的人，并非只是被观察者，他们也在主动利用他。

布迪厄高度评价了拉比诺的工作，他概括拉比诺的创意为"把对对象的研究作为研究对象"。他说，拉比诺把解释者的使命转变为针对他自己、针对他的解释。他以一组"决裂"来提升拉比诺的著作对人类学的划时代意义：

"这种以一种明显的自恋面向自我的转折，本身是一种与文学灵感迸发的那种自我满足的决裂，不仅如此，这远不是导致什么私下的坦白，代之的是对求知主体的一种客观化。但是，它标志着另一种更具有决定性的决裂，即与实证主义对科学工作的观念决裂，与对'天真的'观察的自满态度决裂，与对尼采所谓的'纯洁受孕的教条'的毫无杂念的自信决裂，与不考虑科学家、而把求知主体降低到登记工具的科学所依赖的奠基思想决裂……"

通过民族志方法以及反思人类学学术活动的主体(自我)及其背后所依赖的价值、假设，在拉比诺的《摩洛哥田野作业反思》之后蔚为风气，相继出版的杜蒙的《头人与我》、克拉潘扎诺的《图哈密》、德怀尔的《摩洛哥对话》都在尝试怎样在民族志中把调查对象写成主体、行动者。

对传统民族志的反思与新民族志撰写的思考，集中体现在1984年召开的"民族志文本的打造"学术讨论会上。1986年，该讨论会的论文集《写文化》出版，立即在人类学界产生了爆炸性的反响。在过去的20年中，它成为国际人类学界被引用得最多的一本书。一些资深人类学家因为认为它对以参与观察为途径的经验研究的反省破坏了民族志的学术基础，对它颇为不满。但是这没有改变一个事实，即它在20年的时间里证明自己是民族志进入一个多元发展时代的主要推手。1984年的研讨会文章和会上的讨论主要聚焦于跨文化描述的特殊修辞，作者权威与叙述形式的结合方式，口头话语(包括田野作业的话语)被记录成为代表性的叙述的方式，所描述的对象被分类与组合的方式，权力与知识所处的变化中的历史语境，学科的制约条件，民族志与相互牵涉的一些文体(诸如旅游读物、小说、历史记叙)的边界的变动，以及社会科学、文学和文化批评的现实主义和现代主义的风格。他们尝试去做的，既是对文化人类学的过去进行再解释，也要开启未来的可能性。原来，民族志通常是被看作很单纯(纯科学、客观)的，他们对一些代表作的复杂内容和方法的解析曾经一度被许多学者认为是否定了民族志，但是，后来的发展却显示，他们的努力让后来的学者进行新的探索具有了自觉性和正当性。

本章要点

田野调查是人类学者正确认识社会、文化的基本途径，每个人类学者都必须走进田野，去进行文化的理解与沟通。由于文化的差异，人类学者进行田野调查所遇到的最大障碍是文化震撼，这是一种文化的不适应状态。

田野调查的基本方法有二，即参与观察和访谈。参与观察是指人类学者长时段参与研究对象的日常和非日常的一切活动，以获取第一手资料的方法。参与观察者以当事人的角度观察并理解诸文化事项及其行动的意义，梳理其整个的文化脉络。在观察中要善于寻找重点。访谈是通过向研究对象提问或与之交谈的方式来获取信息和资料的重要方法，分结构性、非结构性、半结构性访谈等。

基本概念

参与观察　报告人　非结构性访谈　结构性访谈　谱系法　田野日志　文化震撼

复习思考题

1. 谈谈你对进入田野点的方式的理解。
2. 进行田野工作的调查者需要预料哪些可能发生的问题？
3. 什么是参与观察？田野观察中有哪些文化事项需要予以特别的关注？
4. 设想你准备进行一次调查，谈谈你对如何选择报告人以及怎样进行访谈的看法。

第五章　语言与文化

第一节　语言的本质和功能

一、语言的本质

语言，通俗地说，就是人们说出来的话。说话可以说是日常生活中最熟悉的事情了，“人说话，和走路一样，是自然而然的，只是比呼吸略次一点儿。”①但是，说话与走路又不一样，走路是人类遗传的生物功能，是一种普遍的人类活动，把一个人置于任何一种环境中，他们走路的姿势差别是不大的；而说话是人类在某一社会集体中习得的，一个刚出生的人一旦被置于某种环境之中，社会就会引导他走向一种社会传统，习得这种社会传统的语言，而将他置于另一个社会传统，他就会习得另一种语言。“走路是一种机体的、本能性的功能（当然它不是一种本能）；言语是一种非本能性的、获得的、‘文化的’功能。”②也就是说，语言是一种社会现象，是一个集体的历史遗产和长期相沿的社会习惯的产物。

仅仅了解语言是一种社会现象是远远不够的，人类参与创造的大量活动都是具有社会属性的，语言从本质上说还是一种符号系统。符号是一种真实的社会存在，在我们生活的世界里，符号无所不在，无所不有。美国符号学先驱皮尔斯曾说：“如果我们不能说这宇宙完全由符号所构成的话，我们至少可以说这宇宙是渗透在符号里。”③符号有很多种，如语言、文字、旗语、哑语、暗号、八卦、交通信号、电报代码、数学符号、化学公式、计算机二进制代码等等，其中语言是最重要的符号系统。说其最重要，一是因为语言使用简便、容量大。语言的外在物质形式是语音，声音是任何一个正常的人都能发出来的，几十个语音单位通过排列组合就可以

①[美]爱德华·萨丕尔：《语言论》，3页，北京：商务印书馆，1985年。
②[美]爱德华·萨丕尔：《语言论》，4页，北京：商务印书馆，1985年。
③转引自吴国华、杨喜昌：《文化语义学》，55页，北京：军事谊文出版社，2000年。

表达整个客观物质世界和主观精神世界，而交通信号、旗语、暗号等都具有很大的局限性，它们表达的信息容量小，只能表达人类最基本的需求，人类丰富的情感和抽象的思维是很难表达出来的。二是语言是成系统的开放符号体系，语言的符号不是杂乱无章的，也不是互不相干的一盘散沙，而是通过语法规则组装起来的，一个儿童只要习得了这种语言的基本规则，他就不仅能够说出大人们曾经教过的话，也能说出大人们没有教过的话。

语言符号有两个重要的关系项——能指(signifier)和所指(signified)。能指是一种带有任意性的、约定俗成的音响形象，而所指是附着在音响形象中的概念意义。能指和所指具有二重性——任意性和强制性，任意性是指语言符号音与义的结合是任意的，由社会约定俗成，即音与义之间没有必然的联系，例如汉语的 rén 与表示“能制造工具并能使用工具进行劳动的高等动物”的意义之间没有必然的联系，我们不能说 rén 这个音就表示“能制造工具并能使用工具进行劳动的高等动物”。也不能说“能制造工具并能使用工具进行劳动的高等动物”就只能用 rén 这个音来表示，也就是说我们没有办法找出它们音义之间的理据。语言符号的任意性是形成人类语言多样性的一个重要原因。但是符号的任意性只是就创制符号时说的，符号一旦进入交际，也就是一种语音形式与某一意义结合起来，表示某种特定的现实现象以后，它对使用的人来说就有强制性，它是很难改变的。所以我们看到尽管世界上很多亲属语言分离时间很长，同一语系语言之间，尤其是基本词汇和语法之间还存在着很强的对应性，这是我们研究亲属语言关系的重要依据和出发点。

二、语言的功能

语言最基本的功能有以下三个方面：

1.当语言作用于人与人的关系时，语言是人类最重要的交际工具和社会黏合剂

每一个社会都必须有自己的语言，它是组成一个社会必不可少的因素。一个社会群体中，人与人之间的联系得靠语言来维持。人类正是依赖语言才得以相互交际，形成社会组织，积累生产生活经验和知识，创造人类的文化。如果没有语言，人类的生产生活就会寸步难行，更不用说飞快发展了。语言的交际功能是语言的基本功能，也是最重要的功能。

2.当语言作用于人与世界的关系时，语言是认知世界的最重要的工具

这里有三个层次的意思：一，人类思维必须借助于语言才能够进行，也就是说，语言是实现思维的工具。日常生活中我们可能感觉不到思维需要语言，但是当我们思考复杂的问题或当我们用另一种语言进行思维时，我们就会感觉到思维离不开语言；二，思维还必须通过语言来表达，人类对外界和内心世界的思考，需要通过语言进行分类和范畴化，客观世界是无序和连续的，人类在认识客观世界时，必须通过语言对客观世界进行分类，从而将一个无序和连续性的客观世界有序化和范畴化；三，语言还是人类思维的贮存所，语言将人类的思维成果外化，形成某种思想，成为人类的财富，后来的人就可以在前人基础上进行再创造，如果没有语言的存在，人类的思维永远只能停留在原始状态中。

3. 当语言作用于人与文化时，语言是文化信息的凝聚体

人是文化的创造者和保存者。人类认知世界、描写世界并利用语言把经验储存下来。由于一个民族的文化发展成果凝聚在语言之中，因此，文化的进一步发展不仅以已有的文化成果为起点，也以巩固在语言信息中的文化信息为起点。语言是文化发展的成果，语言又借文化而得以发展，一个民族的文化发展水平与其语言的丰富和准确程度基本上是平行对应的。语言蕴藏着一个民族的全部智慧和集体记忆，也体现着一个民族独特的情感体验和价值认同。

第二节　语言与文化的关系

一、语言与文化的关系

1. 语言是一种自成体系的文化现象

说语言是一种文化，首先是因为它是人类文明的成果之一。语言是人类在进化过程中创造的，属于广义文化之列，具有文化普遍性的特征。同时文化是各个民族或群体对特定环境的适应能力及其适应成果的总和。语言作为人类适应环境的成果，也是各民族对特定环境的一种适应能力，“语言也不脱离文化而存在，就是说，不脱离社会流传下来的、决定我们生活面貌的风俗和信仰的总体。”[①]语言也具有文化的特殊性。

其次，文化作为人类的创造活动和知识积累，其最基本的特性之一是习得性。所谓习得，就是后天的学习所得，而不是先天就有的，即文化是人类的“社会遗传”，而不是通过生物遗传基因遗传产生的。语言是一个集体的历史遗产和长期相沿的社会习惯的产物，它的一个最基本的特征也是习得性，语言是通过学习获得的，它不是天生的，也不是遗传得来的，而是在人的认识活动中形成和完善的，是必须通过学习才能掌握的，当一个儿童被置于不同的环境中，他所习得的语言是完全不同的，一个中国儿童如果置于非洲某个国家，他完全可以学习非洲国家的某种语言，一个美国儿童如果被置于中国环境中，他也会习得汉语。所以习得性也是语言的一个重要属性。

第三，语言是自成体系符号系统，语言符号系统的各个组成部分都是一种选择和适应的结果。语言都是由语音、词汇和语法三个要素构成。人类语言的语音都是有限的，虽然人类可以发出来的声音有几百个，但是一种语言往往只选择其中的二三十个，这种选择实际上也是一种文化适应；词汇更是对文化具有敏感依赖性，每一次文化变迁、文化接触、文化交流都

①[美]爱德华·萨丕尔：《语言论》，186页，北京：商务印书馆，1985年。

在语言中留下了大量丰富的词汇;语法结构与思维方式密切相关,人的思维活动需要在语言基础上进行,一种语言的句法结构在某种程度上可以说决定了一个民族的思维方式,而思维方式的民族性直接关系着民族文化结构的特点。

第四,语言也像文化一样,也在不断进行分化和整合、变异和涵化。一种语言形成后,由于地理、经济和政治各方面的因素,会形成各种方言。方言形成后,如果社会处于不充分统一或分化状态,方言就会不断扩大差异。如果社会完全分裂成几个不同的社会,那么方言就会失去约束,发展成为独立语言,例如拉丁语随着古罗马帝国的解体,它的各个方言发展成为今天的意大利语、法语、西班牙语、罗马尼亚语、葡萄牙语等独立语言。语言在发展过程中,某种语言与其他语言进行接触时,由于政治、经济力量的不均衡,通常文化上占优势的语言(政治、军事不一定占优势)会成为胜利者,排挤和替代其他语言。例如我国历史上,汉民族在同周边民族进行融合时,不断排挤和取代了周边一些少数民族的语言。先秦时期,汉语曾取代了周边的东夷语、南蛮语、西戎语、北狄语,魏晋南北朝时期曾取代匈奴语、鲜卑语、羯语、氐语等民族语言,唐宋时期取代了契丹语、女真语,清朝时又不断排挤了满语。

第五,语言作为符号体系,属于人类所特有的第二信号系统。它不仅是意义的代码,而且是文化的代码。"语言是文化整体的一部分,但它并不是一个工具的体系,而是一套发音的风俗及精神文化的一部分。"①人类有两大信号系统,一是与高级动物都具有的基于生理基础上的条件反射,叫第一信号系统,如"望梅止渴",第一信号系统是直观的、具体的,只与特定时空联系,它大多数时候表现为一种本能或训练后的条件反射;人类除具有第一信号系统能力之外,还具有第二信号系统——符号,这是人类区别于一般动物的一个重要标志。符号是抽象的、概括的,可以超越时空的,符号的音义是经社会约定俗成的,具有社会属性。

第六,语言是文化的凝聚体,一个民族的文化不仅被贮存在用语言文字记载的书面中,也贮存在语言之中,我们往往可以直接通过语言自身来探索这个文化的属性和特征。

从以上论述可以看到,语言具有文化的五个基本属性,即文化的普遍性和特殊性、文化的习得性、文化的适应性、文化的分化和整合、文化的变异和涵化②;同时语言作为一种符号,它自身的各个要素都具有很强的层次性和系统性,本身就携带着大量的文化信息,所以语言是一种自成体系的文化现象。

2. 语言具有重要的文化价值

文化价值问题,也就是语言与文化的关系问题,由于语言系统中凝聚着大量的文化成果,保存着丰富的文化信息,因此,可以通过语言了解、认识和分析各种文化现象。

第一,我们可以利用语言词汇和文字探索文化史上一些未知的状况。文化史上一些已经消失或变迁的文化现象,语言中还可能保存着。"语言是有关使用它的民族及其史前史的取之不尽的文献资源。"③这是因为语言的发展比文化史的发展要缓慢一些,某些文化现象消失了,反映着这种文化现象的词汇却可能保存下来。如地名,它在词汇中具有较强的稳定性,历史上有的民族从一个地方迁徙了,或是与其他民族融和了,但这个民族的地名却被后来的民

---

①马凌诺夫斯基:《文化论》,7页,北京:中国民间文艺出版社,1983年。

②林耀华主编:《民族学通论》(修订本),392~398页,北京:中央民族大学出版社,1997年。

③索绪尔:《普通语言学教程》,312页,北京:商务印书馆,1985年。

族继承了下来，考证地名的词源和分布状况就可以推测古代民族的分布。如今天的福建和广东的东南部一带，已经没有百越民族，但是在这两个省区许多地方还保留着百越民族最基本的地名词汇“纳（田）”以及倒装式的地名（通名在前），这说明在历史上福建、广东一部分地区曾是百越民族居住区。所以，语言有时候具有文物一样的价值，可以恢复历史文化的本来的面貌。著名的人类学家摩尔根在其《古代社会》中就多次利用语言学资料来恢复已经消失的文化现象，例如在谈到雅利安人发现谷物和种植谷物跟饲养牲畜的先后时说：“雅利安人发现谷物和种植谷物晚于他们之饲养牲畜，这一点可由下面的事实得到证明：在雅利安语系的各种方言中，这些牲畜的名称彼此相同，而谷类或其他农作物的名称彼此不同。蒙森指出在梵语、希腊语和拉丁语中牲畜的名称是相同的（其后马科斯·缪勒又把此说推及雅利安语系其他各种方言上），从而证明：在这些民族彼此尚未分离以前便已经知道这些牲畜，并可能已经饲养它们了。”[①]他还利用农田（ager，原泛指有疆界的土地，现指农田）和园圃（hortos，原指被圈围的场地，现指园圃）两个词汇的原始意义推测农业的发展顺序是：第一步，在漫无疆界的冲积土地上一小块一小块进行耕作；第二步，在被圈围的场地或园圃中进行耕作；第三步，利用畜力拉犁在农田里进行耕作。摩尔根利用语言资料最成功的当然就是他对亲属制度的论述：“血婚制家族的存在必须由这种家族本身产物以外的证据来证明。作为家族制中最早和最古老的形式的这种家族，即使在最低级的蒙昧部落中也已不复存在了。……证据是在一种亲属制中找到的，这种亲属制在产生它的那种婚姻习俗消失了不知多少世纪之后依然存在，它的残存证明在这种亲属制度形成的时候存在过这样一种家族。”[②]

不仅单个词保存了已经消失的文化史，而且词在组合过程中也能反映一些已经消失的文化史。如汉语长期以来存在着男尊女卑的社会习俗，在汉语词语搭配中，凡涉及男女两性的词语时，一般都是男前女后，如“夫妇、夫妻、男女、父母、兄妹、弟妹、男耕女织、夫唱妇随、男盗女娼”等。而在云南丽江地区的纳西语中，“夫妻”这一词组与汉语相反，为“妻夫”，男女为“女男”，且“女”与“大”是同义词，“男”与“小”是同义词。虽然现在纳西族是以父系为主，但从词语组合的特点看，在历史上纳西族曾经历过以母系为中心的继嗣制度。再如独龙族过去叫结婚为“女人买”，从这两个词中，我们也看到过去独龙族男性对女子的看法和独龙族曾存在过的买卖婚姻的遗迹。在哈萨克语中，标志男孩和女孩的词直译成汉语就是“牧羊人”和“有马人”。这就显示出该民族生活里的两个重要特点：一是哈萨克族以牧羊为男子的主要生产活动，二是该民族婚姻中有以马为聘礼的习俗。汉字的偏旁有时候也蕴涵了丰富的文化信息，如“钱”虽经历了从贝壳到金属到纸钞的过程，但是汉语中与财物有关的词语仍然是“贝”字旁，如“贺、财、贡、账、贪、贫、购、贮”等，这一组汉字形象地表达了汉族人的财富观。

第二，我们可以利用词义演变来建构文化演变的过程。文化变迁是民族学一个十分重要的概念，是指由于民族社会内部的发展，或由于不同民族间的接触而引起的一个民族文化系统，从内容到结构、模式、风格的变化。文化变迁往往导致旧的文化成分的消失，新的文化成分的诞生。在表达新的文化成分时，语言一般采用两种手段，一是创造新词语，以表达新出现的事物，二是通过词义的改变来表示与旧词有联系的新事物。“语言学特别重视语义的研究，

---

①[美]路易斯·亨利·摩尔根著，杨东莼、马雍、马巨译：《古代社会》上，21页，北京：商务印书馆，1977年。

②[美]路易斯·亨利·摩尔根著，杨东莼、马雍、马巨译：《古代社会》下，398页，北京：商务印书馆，1977年。

就因为语义的转变是跟着社会环境和经济条件起的，是动的而不是静止的。"[①]如英语单词"fee"的本义是"牲口、牛羊"，但在现代英语中它的意思是"费用、经费"。其他印欧语同源词也有类似的意思，这说明在欧洲的古代社会，人们曾把牲口当成重要的财富和交易手段。英语的"pen"是从拉丁语 penna 来的，原意是羽毛(feather)，后来表示鹅毛笔(quill pen)。后来笔的质料虽发生了变化，但这个词通过词义的演变将历史上的羽毛与现今的笔联系了起来，我们也可以从这个词中了解笔的质料演变过程。英语和藏语中的"针"，都是从"骨头"词义引申出来的，这说明最早的针是用兽骨磨成的，现在针的质料发生变化了，但我们可以从这两个词的相互关联中看出这个变化。再如汉语的"管"，现代意义是"管理、经营"，那为什么是"竹"字头呢？它与我们"管理"有什么关系？实际上它们是同一来源，因为古代钥匙的形状是中空的管子，所以钥匙叫"管"，而谁掌握了钥匙，谁就被赋予了管理的权力。拉法格在《革命前的法国语言》一书中也举了一个有趣的例子，希腊文的 nomos 这个词，其早期的意义是"草原、牧场"，反映的是游牧时期的生活，后来演变为"居留、住处""分配"等意义，反映的是农村公社制度，最后的意义是"习惯、风俗、法律"。"这个词的不同意义表明，一个游牧民族经历了不同的阶段，而变为定居的、农业的民族，并且得到法律这个概念，法律无非是习惯和风俗的规章化。"[②]因此追寻这些词语的词源和演变有助于了解某些文化现象演变的过程。

第三，我们可以利用语言资料了解历史上的文化交流、接触和互相影响的广度和深度。文化发展很少是自给自足的，它通常需要与异质文化进行接触、交流、互相影响，更新文化中的旧质，增强文化中的新质，从而增强文化活力。语言也同文化一样，它也需要从其他语言中借入词汇，甚至语音成分和语法结构。"语言，像文化一样，很少是自给自足的。交际的需要使说一种语言的任何说邻近语言的或文化上占优势的语言的人发生直接或间接接触。"[③]"一种语言对另一种语言最简单的影响是词的'借贷'。只要有文化借贷，就有可能把有关的词也借过来。"[④]世界上任何一个民族都曾经与其他民族文化进行过或多或少的接触，并从其他语言中借入了多少不等的词汇。如英语从法语中借入了大量词汇，汉语从梵语、英语借入了大量词汇，傣语从巴利语和汉语中借入了大量词汇，通过这些词汇我们不仅可以这些文化接触的层次，还可以了解这些文化了解的深度和广度。正如萨丕尔所言："直到如今，每一个文化浪潮都在英语上沉积下一层借词。仔细研究这样的借词，可以为文化史作有意味的注疏。留意各个民族的词汇渗入别的民族的词汇程度，就差不多可以估计它们在发展和传播文化思想方面所起的作用。"[⑤]

第四，语言材料还可以为文化史的恢复，文化的分期提供证据。语言具有很强的系统，语言的演变也具有比较强的规律，所以能够通过语言对应、语法对应及同源词来构拟古音，了解有文字记载以前的人类发展情况。历史语言学的奠基人，丹麦著名的语言学家拉斯克认为："历史和我们告别了。为了知道一些民族的起源，以及他们在远古时代的亲缘关系，没有任何一种工具比语言更重要"[⑥]。18 世纪中叶以前，人们对欧洲语言的起源并不十分了解，人们可

①转引自罗常培：《语言与文化》，88 页，北京：语文出版社，1989 年。

②拉法格：《革命前的法国语言》，2 页，北京：商务印书馆，1962 年。

③[美]爱德华·萨丕尔：《语言论》，173 页，北京：商务印书馆，1985 年。

④[美]爱德华·萨丕尔《语言论》，174 页，北京：商务印书馆，1985 年。

⑤从语言语音对应和核心词汇的近似度上看，南部壮语与傣语、泰语等语言关系更近，而与北部壮语关系稍远。

⑥转引自徐世璇：《濒危语言研究》，8 页，北京：中央民族大学出版社，2001 年。

追溯的历史是古希腊和古罗马历史，而对之前的历史了解并不多。18世纪后半叶，印度沦为英国殖民地后，欧洲人对印度各语言积累了大量的第一手资料。他们注意到梵文、波斯文和希腊文在词根形式和语法规则方面有很多相似的地方，从而猜测它们有一个共同的来源。这一发现，促使了历史比较语言学的发展。之后，德国及欧洲其他国家的语言学家不断扩大语言比较范围，证明了印欧语言之间存在着亲属关系，恢复了欧洲文化在文字产生前的历史状况。历史比较语言学家还提出了谱系树理论，说明各亲属语言之间的亲疏关系。语言好像一棵树一样，各亲属语言就像各个枝杈，距离近的枝杈语言关系密切，距离远的枝杈语言关系疏远，同一枝杈上再分离的语言关系更为密切，各亲属语言就形成了语系—语族—语支—语言的链条。一种语言在谱系分类中的位置一旦确定，使用这种语言的群体的历史渊源和发展演变的轮廓就差不多清晰了。语言谱系树的分叉跟民族的分合具有很强的对应性，它实际上也是一种文化分期，所以它又为各民族的文化分期提供了内在的证据。不仅如此，比较亲属语言之间的同源词和核心词，还可以了解民族上一些文化现象，例如，壮侗语族的"水田"，这个词在壮语、侗语等国内8种语言中都具有同源关系，它们是一个同源词，说明这些民族的祖先——古代百越民族在分化为不同民族共同体前，早已有着共同的农业生活。而且，它们种植水稻的历史至少确定在秦汉之前的若干世纪。壮侗语族的"旱地"在各民族语言中除黎语外，也具有同源关系，说明种植水稻和旱稻是古代百越民族的共同生产活动。但是与"水田"相联系的"田埂"在壮侗语族中却没有共同的来源，只有傣语各方言和南部壮语中具有同源关系，说明"田埂"是在各民族分化后产生的。① 这就告诉我们百越先民是在无疆界的水田和旱地中进行耕作的。这一结论也从侧面证明了摩尔根关于农业发展顺序的正确性。

第五，语言中保存了一个民族的独特的知识系统。分布于不同地方的语言使用者，在长期的发展过程中，积累了生产生活的共同或独特的经验。这些经验和知识体系都凝聚在语言之中。而"各个语言群体对自然界的认识分别在不同的方面达到了不同的深度，形成了认识结构的互补分布，共同构成了人类广博精深的知识体系。"②如蒙古族对马、牛、羊、骆驼和绵羊有着细致精微的观察和分类；达斡尔族对不同季节不同部位的狍子有细致的区分；鄂温克语中对表示"驯鹿"的名词有三十多个，傣语中表示竹子的名词也多达十几个，彝语中仅仅描写火的各种燃烧状况的词也多达十几个，而分布于斯里兰卡的僧伽罗语中有六十多个名称指称香蕉。这些民族对他们熟知的事物的分类，即使连动植物专家也佩服得五体投地。再如汉语中有"稻、谷、米、饭、粥"等多个词项，而英语中只有一个rice，这就表明稻米在两种文化体系中地位相差悬殊。爱斯基摩人表示"雪"的最基本词汇多达十五个，而同雪有关联的词汇却高达几百个。阿拉伯语表示"骆驼"的名词有几十个。汉语古代文献《尔雅》中仅表示"马"的词语就有五十一个。这些名词形成一个系统，体现了这个民族对某种特定对象的分类和认识。这些词语区别之细，令人叹为观止。任何一个其他民族可以从这个民族的语言中学到有关这种文化的许多独特的知识。语言还是其他艺术的媒介，许多艺术都得靠语言进行维系，如傣族的傣剧，藏族的藏戏，汉族的各种地方剧种，如黄梅戏、越剧、粤剧、昆剧，即使用普通话唱出来也是韵味尽无，更不消说用其他语言进行演唱了。

---

①参见张公瑾主编：《语言与民族物质文化史》，2～3页，北京：民族出版社，2002年。

②徐世璇：《濒危语言研究》，19页，北京：中央民族大学出版社，2001年。

第六，我们可以利用语言材料解决一些有争议的问题。利用语言学资料解决有争议的问题一直备受历史学家和考古学家推崇。语言学家也在这方面作出了杰出的贡献，这里举两个例子加以说明。自从英国学者拉古柏利利用语言资料和历史资料提出南诏的主体民族是泰族后，南诏政权王族的民族成分究竟是藏缅语族民族还是泰民族，中国历史学家和泰国历史学界在这个问题上一直争论不休，双方都拿出了一些证据，但都不能完全说服对方。直到语言学家利用"父子连名制"才解决了这一悬案。语言学家发现，父子连名制是藏缅语族的文化特征，而不是壮侗语族的语言特征，而南诏王族采用的是父子连名制，说明南诏王族的主体民族是藏缅语族民族，而不是傣民族。

佛教何时传入傣族地区在南传佛教史上也是一个争论不休的问题。有的人认为在公元前 1 世纪，有的人认为在公元 3 世纪，有的人认为是 11 世纪，而有的人认为在 13 世纪以后。张公瑾先生从建于 766 年的"南诏德化碑"上刻有"大将军赏二色绫袍金带赵龙细利"一语分析认为，其中的"赵龙细利"为傣族将领的名称，今一般写为"召龙细利"，傣语的"召龙"是"大将军"的意思，"细利"为"吉祥、光华"的意思，在梵语中为宗教用语，带有明显的佛教色彩。"细利"汉语翻译一直为"舍利"，而傣语翻译为"细利"。这则材料充分说明，在唐代傣族统治阶级已经接受佛教。也就是说，佛教这时已经传入到傣族地区。①

上面我们以举例的方式说明了语言具有重要的文化价值，实际上语言的文化价值还表现在其他许多方面。正如著名的历史语言学家格里姆所言："我们的语言也就是我们的历史"。"关于各个民族的情况，有一种比之骨头、工具和墓葬更为生动的证据，这就是他们的语言。"②

二、语言与文化结构的关联

语言与文化的关联还表现在语言与其他文化事项之间的联系，诸如语言与文学、哲学、历史、地理、法律、风俗、宗教以至于物质行为、思维习惯、社会制度等文化现象的关系。这些联系是双向的，既有语言对这些文化事项的影响，也有这些文化事项对语言的影响。文化的结构有不同的划分方式，有物质文化和精神文化的二分法，有物质文化、制度文化与精神文化的三分法，还有物质文化、行为文化、制度文化和精神文化的四分法等多种形式。其中物质文化、制度文化、精神文化的三分法最为流行。下面我们就从这三个方面论述语言与文化结构之间的关系。

1. 语言与物质文化

物质文化是人类文化的最基础部分，也是人类最早形成的组成部分。以往人们研究物质文化主要靠文献记载和地下发掘的实物。例如我们知道葡萄、苜蓿、石榴是汉代从西域传进来的，因为葡萄、苜蓿的传入最早有《史记·大宛列传》的记载，石榴的传入最早有《博物志》的记载。同样，我国稻米的起源可推到七千年前，因为有河姆渡出土的稻谷、谷壳、稻秆等实物堆积为证，此外也可以求助神话或民族传说来探寻物质文化的起源。

---

①张公瑾：《社会语言学与中国民族史研究》，载《语言论文集》，北京：商务印书馆，1985 年。

②转引自 В. И. 阿巴耶夫：《语言史和民族史》，载《民族问题译丛》，1957 年 12 月号。格里姆(Grim)实际上就是《格林童话》的作者，语言学通常翻译为"格里姆"，而文学翻译为"格林"。

实际上语言对研究物质文化也具有重要的作用，可为物质文化的起源、发展和传播提供更加可靠的证据。这是因为语言材料是非人为的，又有历史比较法和语言年代学等比较科学的手段。正如英国著名科学家贝尔纳所说："语言是现今仍然活着的古代遗物。研究语言应该是研究各期各地物质文化的一些残存的基本补充工作。研究语言并研究物质文化残迹，再加上目前存在的原始民族来作证，就应该能提供古代社会生活的某些图景。"[①]

语言材料对研究物质文化至少在以下三个方面提供佐证：一是某种物质文化的起源，二是物质文化的传播，三是物质文化的演变情况。水稻栽培地的起源，是世界学术界常说常新的话题。中国许多学者主张中国是世界上主要的栽培稻起源地之一，史学界有"云南说""浙江余姚河姆渡说""长江中游说""长江中游及淮河说""华南说"。不论哪种说法，都与我国百越先民有很大关系。壮侗语族语言材料也证明了这个问题，壮侗语族各语言、南岛语系、朝鲜语之间的"水稻""稻米"二词语音对应整齐。说明操这些语言的先民在分离前已经盛行稻作，时间当在六千年以上（一般认为南岛语系在六千年左右开始分化）。[②]

在古代农业史中，茶的传播问题一直是一个重要话题。中国是茶叶的起源地之一，中外学术界对此没有异议，但茶是怎样传播的，却是一个讨论比较热闹的话题。语言学为此提供了比较好的证据。据有关文献考证，16世纪下半叶，茶及饮茶的习俗开始从中国南部传往中国北部以及西方国家。一条路线是通过我国海路直接传入西方的。因此，凡是从海路接受中国茶的，一般在读音上近似汉语闽南方言茶的读音 te（闽方言的茶读音近似于茶的上古音），反映了茶文化由海路直接传入西方国家的路线。另一条传播路线由中国南部逐渐向北部传播，然后再由我国北方向西传播，语言学家通过对藏语、羌语、独龙语、阿昌语、苗语、瑶语、壮语、侗语、毛南语、布依语、满语、锡伯语、蒙古语、达斡尔语、维吾尔语、哈萨克语、阿拉伯语、波斯语、罗马尼亚语、葡萄牙语中茶的读音演变规律证实了这一条传播路线。[③] 以上茶的读音告诉我们，英语、法语、德语等欧洲大多数语言中的茶是从闽南方言中借入的；而我国少数民族语言及中西亚和罗马尼亚、土耳其、葡萄牙的语言中的茶都是从汉语北方方言中借入的。这就清楚地刻画了我国茶叶的传播范围和传播路线。如果没有语言为我们提供证据，我们即使能推测出茶的传播路线，也无法得知茶传播的具体国家，匈牙利是从海路传入的，而罗马尼亚的茶却是从中国北方传入的，西班牙的茶是从海路传入的，而葡萄牙的茶是从陆路传入的，这是何等有趣的茶文化的传播史。

语言中反映物质文化演变的例子更是很多，如"床"，《说文》曰："安身之几坐也。"可见古时的床主要是一种坐具，相当于椅子，而今天的床主要是为睡觉用的，床的功能的变化反映在床的古今意义的差别上。钟，古代是指祭祀或宴享用的乐器，如《诗经·关雎》"窈窕淑女，钟鼓乐之"。后指佛寺中悬挂的钟，它既有乐器的功能，同时又充当计时工具，后来欧洲的钟表传进来后，就衍生出计时工具的意义，现在这一意义已经成为钟的主要意义。城市的"城"，在古代原指"城墙"，主要用于军事目的，"护城河"中的"城"还保留了这一意义。后来由于商业的发展，"城"与表示卖东西的"市"结合，成为今天城市的意义。罗常培先生在《语言与文化》中也列举了一个很有趣的例子，英语的 wall 和其他印欧系语言中含有"墙"的意义的语词，它

①转引自徐世璇：《濒危语言研究》，10页，北京：中央民族大学出版社，2001年。

②详细论证过程参见张公瑾主编：《语言与民族物质文化史》，10～22页，北京：中央民族大学出版社，2002年。

③以上文字主要根据张公瑾、丁石庆主编：《文化语言学教程》，135页，北京：教育科学出版社，2004年。

们的意义往往和“柳条编织的东西”有关系，而且wall与表示编织意义的动词有同源关系。为什么墙与柳条编织的东西有关系呢？据考古学家发掘史前遗址的结果发现，许多烧过的土块上面都出现了清晰的柳条编织物的痕迹。这就是一种所谓“编砌式的建筑”。它或者用柳条编织的东西作底子上面再涂上泥，或者把泥舂在两片柳条编织的东西的中间。① 考古学的材料充分证明了wall与表示编织意义的动词有同源关系，反过来也说明语言学的同源词具有探索古代文化的重要作用。

“语言是一座文化的宝库，透过语言材料可以揭示物质文化的形成、发展及演化的历史轨迹，也有可能恢复和重建古代物质文明的历史原貌。这将在很大程度上弥补其他学科研究手段之不足，重现人类往日物质文明更加真实的图景。”②

2.语言与制度文化

制度文化是文化总体中的一部分，介于物质文化和精神文化之间，主要包括社会的经济、政治、法律体制及其运作方式，也包括婚姻、宗教等各种制度。它反映着个人对社会的参与形式，具有规范性和鲜明的时代性。等级制度和婚姻制度是人类制度文化中两个重要组成部分，在这里我们以傣族等级制度为例，说明语言与制度文化的关系。

20世纪50年代以前，傣族主要社会形态是封建领主制，其中西双版纳领主制最为典型。在这种社会制度下，土地是建立在农村公社基础上的领主所有制，其最根本的生产方式是农民耕种村社的份地，承担领主分派的官租、劳务、杂派等劳役。政治上以等级制度作为纽带，等级之间存在着界限，农民按等级聚居，只能在同一个等级之内通婚。领主集团内部，属于贵族身份的有两个等级。第一等级为“孟”(原指天灵盖骨，后指宣慰使的血亲)；次于“孟”级的称为“翁”(亲属、宗族)。第三等级叫召庄(领主和贵族的后裔)。贵族集团成员按照与宣慰使的血缘亲疏、政治地位高低以及占有领地的多少，又形成与等级地位相适应的七个田官等级：纳先龙(意为大十万田级)、纳闷龙(意为大万田级)、纳怀朗(百田级)、纳少龙(大二十田级)、纳少囡(小二十田级)、纳西(十田级)、纳西囡或纳哈(小十田级或五田级)。第四等级和第五等级均为平民，傣语分别称为傣勐(最早建立村寨的傣家人)和滚很召(官家的人)，滚很召根据内部来源的不同又分为领囡、洪海和卡召等。等级制度不仅表现在等级名称的命名上，还表现在傣族人名的命名活动中，傣族人名按照贵族和平民两个大的等级，在命名上显示出很大的区别。贵族等级男性前面冠以一个“召(官家)”字，女性前冠以一个“婻(姑娘)”，平民男性前一般冠以“岩”，女性前一般冠以“依”或“玉”。在过去，我们只要问询一个人的名字就可以知道这个人是平民还是贵族。现在，这些等级制度已经被取消，这些名称就成为探索傣族社会制度的一把重要钥匙。

亲属称谓是婚姻制度一个重要组成部分，是社会关系的基本典范。一个多世纪以来，通过语言中的亲属称谓词语研究以亲属关系为基础的社会组织形态及其发展轨迹，一直是文化人类学的一个主题。亲属称谓在反映婚姻制度上，具有两个比较明显的特征——滞后性和系

---

①参见罗常培《语言与文化》，88页，北京：语文出版社，1989年。

②张公瑾、丁石庆主编：《文化语言学教程》，145页，北京：教育科学出版社，2004年。

统性。滞后性是指一个社会婚姻制度消失了，反映这种婚姻制度的亲属称谓仍然保存在语言词汇中，所以它就成为探索古代社会的婚姻制度的化石；系统性是指亲属称谓词语不单独存在，而是与其他称谓相互依存，如父与母相互依存，父与子也相互依存，环环相扣，形成一个完整的语义场。亲属称谓的系统性也成为了解一个社会制度的人际关系的基本工具。

古代汉语中把“公婆”称为“舅姑”。《穀梁传·桓公三年》“礼，送女，父不下堂，母不出祭门……父戒之曰，谨慎从尔舅之言；母戒之曰，谨慎从尔姑之言。”《释名·释亲属》“夫之父曰舅，夫之母曰姑。”为什么称公婆为“舅姑”呢？原来，我国春秋战国时期曾流行姑表婚和舅表婚。从女方角度而言，丈夫的父亲，就是母亲的兄弟辈，所以称为舅，丈夫的母亲，就是父亲的姊妹，所以称为姑，这样公公与舅舅，婆婆与姑姑就统一了起来。在汉代以前，没有公婆之说，只有舅姑的关系。唐诗有著名诗句“洞房昨夜停红烛，待晓堂前拜舅姑”。这一对称谓真实地再现了我国春秋战国时期的基本婚姻制度。

再看亲属称谓中的“嫂”和“弟”。《释名·释亲属》“嫂，叟也。叟，老者称也。”从这个解释中，我们可以看到“嫂”得名于“叟”，是因为年龄稍大的原因(实际上是因为哥哥年龄大)。《释名·释亲属》“弟，弟也，相次弟而生也。”从这个解释中可以看到，“弟”得名于次第，也是年龄的因素。“嫂”和“弟”都得名于年龄因素，说明我国亲属称谓中十分强调长幼之分。长幼之分表面上反映的是年龄的差别，实际上反映的却是人们在实际社会生活中的等级差异，浸透了我国古代伦理的基本精神。与汉语称谓比较，英语中称谓却不太重视年龄的差别，同辈不分长幼，如 brother，sister，uncle，aunt 都不分长幼。嫂子这个词在英语中是个短语，sister-in-law，意为“法律规定的姐姐”，中国古代区别人与人的关系一个重要的因素是年龄，嫂子这个词义，也被纳入了年龄的要素中，而英国古代从法律和婚姻的角度看待嫂子。这两个称谓词可以说生动地反映了中英文化在婚姻制度上的差异。

当然语言与制度文化还表现在其他多个方面，如政治制度、经济制度、法律制度等，我们只要列一个关于一个社会制度的语言清单，就基本上可以了解这个社会制度的大致内容，如果将一个制度的历史列一个清单，我们将可以知道这个民族各项制度的发展和演变的过程。

3. 语言与精神文化

精神文化是人类的观念形态，是人类精神生产的全部成果，是文化的一个重要组成部分。罗常培在《语言与文化》中，专门有一章论述“从形式和别号看民族来源和宗教信仰”，其中论述到姓氏和别号反映宗教信仰的问题，就是利用语言材料追溯精神文化史的经典范例。在这里，我们从佛教对汉语词汇的影响和文字跟着宗教走两个方面论述语言与精神文化的关系。

佛教文化的传入对汉语产生了重要的影响，不仅在汉语语音方面产生了重要影响，也对汉语词汇和语义产生了重大的影响，甚至影响了汉语的基本面貌。在古代，对汉族来说，佛教是外来宗教，一些概念在汉语中没有相应的概念表达，只好借用外来词语，数量达数万之多。汉语词汇库中就增加了各种佛教的词语，有些词语进入了常用词汇中，成为汉语不可或缺的一个组成部分。我们不妨列举一些重要的词语。

(1)佛教专门词语，如佛祖，佛陀，佛海，佛爷，十八罗汉，阿弥陀佛，佛龛，佛堂等。

(2)进入汉语常用词汇的词语，如大众，世界，出世，出现，方便，实际，正宗，正直，影响，因果，因缘，大家等。

(3)进入汉语词汇系统的成语,如三生有幸,道高一尺、魔高一丈,百尺竿头、更进一步,顶礼膜拜,口蜜腹剑,因果报应,对牛弹琴,半路出家,神通广大,僧多粥少,万劫不复等。

佛教对汉语的影响,不仅是汉语从佛教中借入了大量词汇,而且对汉语词汇的发展和句式也产生了重要影响。如在音节结构上加速了汉语双音节化的进程,在句式上,增加了汉语的倒装句和增加了汉语的修饰语,使汉语句子趋于严密化。佛教也对白话文产生了一定的影响,"白话的兴起跟佛教大有关系。佛教里边有很多故事,和尚讲经经常利用这些故事,加盐添醋,像说书似的,很受欢迎。……禅宗的和尚很讲究用言语启发,这些问答的话,听的人非常重视,照实记录下来,流传成为'语录'……这些语录很接近口语。"①赵朴初先生在《要研究佛教对中国文化的影响》一文中说,语言是一种最普通最直接的文化吧!我们日常流行的许多词语,如世界、如实、实际、平等、现行、刹那、清规戒律、相对、绝对等等都来自佛教语汇。如果要彻底摒弃佛教文化的话,恐怕他们连说话都不周全了。

各民族文字的创制通常与宗教有着不解之缘。宗教与文字在发展和传播的过程中总是相互依赖、相互支持的。在人类社会早期,与神灵之间进行沟通和交流是创制文字的第一需要。如我国的甲骨文、水族的水书、彝文和纳西东巴文都与原始宗教有着很大的关系。藏文和傣文一开始也主要是用来书写佛教经典的。文字产生后,对宗教的发展和传播起着巨大的作用,佛教、基督教、伊斯兰教如果仅凭口耳相传,是成不了世界性宗教的。反过来,文字的发展和传播也依赖宗教,如拉丁字母和天主教、斯拉夫字母和东正教、印度字母和佛教、阿拉伯字母和伊斯兰教,形成了"文字跟着宗教走"的局面。汉字和汉族宗教也自成体系,汉字在东方形成了一个广阔的势力范围,在国外包括越南、朝鲜和日本,国内包括契丹文、西夏文、女真文和古壮字、白文、哈尼方块字、方块瑶文、方块苗文等,这些民族也大多信仰儒、道、佛教。而一些民族用拼音文字,也与基督教的传播密切相关,我国过去一些少数民族如苗族、傈僳族等曾使用拼音文字,也是基督教传播的结果。

人类精神文化对语言的影响还表现在许多方面,语言反映着精神文化也表现在许多方面,如语言禁忌、民族心理和语义关系等。上面只是以宗教对语言的影响,举例式简单地讨论了语言与精神文化的关系。

第三节　语言濒危与文化多样性危机

一、世界濒危语言现状

语言出现消亡自古以来有之,而且出现在世界各个地方,其中还不乏一些大的语言,如梵语、巴利语、哥特语、回鹘语、希伯来语、拉丁语、高卢语、贝尔切语、古代埃及语等。在欧洲和

①转引自林宝卿:《汉语语中国文化》,232页,北京:科学出版社,2000年。

土耳其一带消亡的语言，仅在文献中有确切记载的就达 75 种。美洲本是印第安语的故乡，现在印第安语许多已经消亡或处于濒危状态。巴西 500 年前估计大约有 1 200 种语言，现在总数已不到 200 种。澳大利亚 18 世纪以前大约有语言 500 多种，现在只剩下 25 种。非洲大量土著语言也在殖民主义运动中大量消失。

与世界情形一样，在我国，语言消亡和濒危也是一个不可回避的事实。在古代中国，北方就有不少语言不断消亡，如焉耆语、龟兹语、和田语、鲜卑语、西夏语、契丹语、女真语都在历史的长河中消失了。现在我国少数民族语言文字面临着更为严峻的形势，许多少数民族的使用功能不断衰退，使用人口大量减少，语言出现断代。如满语，现在使用人数不超过百人，赫哲语、畲语、土家语、鄂伦春语、仡佬语、羌语等语言也是出现了明显的濒危迹象，如果不加以抢救，估计到本世纪中期，这些语言就会消失。还有其他一些语言也出现了不同程度的衰退，使用人口不断减少的局面。在我国，使用人口在 5 000 人以下的语言达 23 种，如木雅语使用人口仅 1 500 人，格曼登语使用人口仅 200 人，普标语使用人口只有 50 多人。

二、濒危语的成因及抢救

导致语言濒危因素很多，既有外界的因素，如政治、经济、教育、文化、军事、宗教、民族迁徙和融合、疾病、瘟疫、种族屠杀等，也有语言本身的因素，如语言使用人口少，语言群体对母语的消极态度，语言人文生态环境的破坏，语言信息容量小，语言传播媒介匮乏，没有文字和符号系统等。尤其是殖民主义运动和资本主义工业革命以来，由于人口的屠杀和贩卖、科学技术的发展、商业流通面的不断扩大、人口流动的速度和频率的加快，人类语言消亡的速度呈几何级数增长。据有人推测，目前全世界大约有 6 千种语言，大约 97% 的人口使用着大约 4% 的语言，而 96% 的语言则仅由占 3% 的人口使用。互联网时代的到来，更是加剧了人类语言的危机，目前在互联网上的信息，基本都是比较大的语言信息，如英语、阿拉伯语、法语、汉语、西班牙语等语言的信息几乎占据了全部的互联网，而其他绝大多数语言还不能在网络上运行，虚拟空间语言的不平衡越加挤压了少小民族语言的活力，加剧了语言濒危的速度。如果人类坐视不顾的话，到 21 世纪末，将有三分之二的语言会消失，约 90% 的语言有可能被强势语言取代。这一个个数字不仅昭示着一种种语言的即将消失，也昭示着世界文化多样性的基因库中一个个基因的消失。这是一个令人震惊的数据，也是一声敲响在人类心头的警钟。

目前世界上虽有 6 000 种语言，但绝大多数语言只有口头语言，而没有文字，有文字的一些少数民族语言，因为文字的使用面小而在实际生活中发挥作用小。所以绝大多数少小民族的文化知识都是保存在语言之中。作为非物质文化遗产的主要载体，一个民族的民歌、民谣、剧种、民间故事、口传的史诗、叙事诗、表演艺术、原始宗教的祭词，都是由语言建构而成的。如果一个民族的语言消失了，也就意味着这个民族语言承载的文化消失了。“语言种类的减少，限制了我们对语言和人类认知能力的认识。语言与文化习俗有密切的关系，要认识一个民族的文化与宗教习俗，必须认识他们的语言，在一种历史悠久的口头传统文化中，知识、记忆、语言和文化的精髓是不能分割的……”[①] 从这个意义上说，一种语言的濒危或消亡也就是

①徐世璇：《濒危语言研究》，301 页，北京：中央民族大学出版社，2001 年。

一种文化的濒危和消亡，保护了一种濒危语言，也就是保护了一种文化。只有从保护濒危语言或少小民族语言开始，才能增强人们保护文化多样性的信心，如果等到人类只有几种大的语言时，再去谈文化多样性，恐怕只能是一种奢侈。

濒危语言还关系到人文生态环境的多样化。生态环境由两部分组成，一是自然生态环境，一是人文生态环境。由于自然环境给人们带来的损失和灾难，人们已经认识到了保护自然生态的重要性，保护濒危动植物和自然环境已成为全世界人们的共识。可是对保护人文生态环境人们还认识不够，尤其是对保护濒危语言人们还存在不少的误区，认为语言阻碍交际，少小民族语言表达能力差、语言落后，淘汰少小民族语言符合适者生存的原则等。实际上，人类整个社会是一个大的人文生态环境，而一个语言群体既是这个大的生态环境的一部分，又是一个独立的人文生态环境。人文生态环境中各个文化通过各种文化信息流动来达到吐故纳新的目的，即从别的文化中吸收新的、有益于本文化发展的因子，同时，该文化创造出来的文化现象也通过文化信息流动被别的文化体吸收，各种文化相互作用并受环境制约达到某种平衡。文化的多样性和差异性是人文生态环境的重要特征。在人文生态环境中，各种互有差异的文化一方面在不断地竞争生存空间，不断充实壮大自己的文化体系，另一方面各个文化体又需要相互吸收、相互补充，协同发展。如果一个小的人文生态环境遭到破坏，可能是引起那个群体的焦虑，甚至仇恨，如果大量的相对较小的人文环境遭到破坏，则可以引起大的民族冲突甚至战争，而且也会引起那些大的、文化占优势民族文化的焦虑。人文生态环境都不是孤立存在的，少小民族人文生态环境的破坏也可能引起整个人文生态环境的失衡。借用一个著名的比喻“蝴蝶效应”，一只蝴蝶在亚马孙平原抖动一下翅膀，可能导致美国西北部一场暴风雨。语言是人文生态环境中重要一环，一种语言的消失，意味着一个小的人文生态环境的破坏，而大量语言出现消亡可能导致大的人文生态环境的失衡，从而影响整个人类人文生态环境。所以每一种语言都关乎文化多样性的存在，消失一种语言在某种程度上也就意味着一种文化的消失。“每种语言的消亡必然导致其独特的文化、历史和生态知识的消失，这将是无可挽回的损失。每一种语言都独特地表达了人类对世界的体验。因此，任何一种语言的知识都可能成为解答人类未来重大问题的钥匙。每消亡一种语言，我们对人类语言结构和功能的理解方式，人类史前史，以及保持世界多样化生态系统等方面的证据都会有所减少。最重要的是，使用这些语言的人们会体验到，随着自己语言的消亡，他们原有的种群和文化认同也将丧失。”①

濒危语言问题已引起全世界人的关注，各国，尤其是一些发达国家都在积极制定措施抢救濒危语言，例如美国成立了美国濒危语言研究及保护委员会、美国濒危语言基金会、美国土著语言研究所、美国土著语言研究会等。加拿大成立了濒危语言专门委员会，英国成立了英国濒危语言资金筹集委员会，德国成立了德国濒危语言学会，联合国教科文组织成立了国际濒危语言情报交流中心等。联合国教科文组织还把抢救濒危语言作为一项重要的职责，把1993年定为“抢救濒危语言年”，规定每年的2月21日为国际母语日。《教科文组织世界文化多样性宣言》和《行动计划要点》都明确指出，人类语言是文化多样性的重要组成部分和载体。在实施《教科文组织世界文化多样性宣言》的行动计划要点第五、第六、第十条中要求：

①范军军编译：《联合国教科文组织关于保护语言与文化多样性文件汇编》，32页，北京：民族出版社，2006年。

(5)保护人类的语言遗产，鼓励用尽可能多的语言来表达思想、进行创作和传播。

(6)提倡在尊重母语的情况下，在所有可能的地方实现各级教育中的语言多样化，鼓励自幼学习多种语言。

(10)促进网络空间的语言多样化，鼓励通过全球网络普遍地利用所有的共有信息。

联合国教科文组织通过的《保护非物质文化遗产公约》明确提及语言是非物质文化遗产的媒介，“口头传说和表述，包括作为非物质文化遗产媒介的语言”。

20世纪80年代以来，我国也对濒危语言给予了极大的关注，如中国社会科学院民族和人类学研究所录制了大量少数民族语言音档、编撰了20多种少数民族语言文字的词典。出版了《中国新发现语言研究丛书》；香港和内地一些语言学家实施了《中国南方的濒危语言》项目；2000年，《民族语文》杂志社和中国民族语言学会联合召开了“我国濒危语言问题研讨会”等。一些大量的有关濒危语言的项目也得到不断立项。但是与西方社会比较，目前我国濒危语言的保护还主要是语言学家的行为，政府、群众甚至濒危语言母语者和人类学家都还没有真正参与到保护濒危语言的行动中。仅靠语言学家的努力，只能记录濒危语言的语音和语法结构，而不能挽救濒危语言。我们必须唤起公众、政府和濒危语言母语者保护濒危语言的意识，这是我们需要去做的艰巨任务！

但是濒危语言的抢救并不容乐观。在当前经济全球化的形势下，地球变得越来越小，语言求同趋势变得越来越强，濒危语言使用者面临的外来文化压力越来越大，许多濒危语言使用者为了升学、求职、就业和个人的发展，摒弃自己的母语现象越来越普遍。保护濒危语言的关键是使该语言的使用者使用其母语。但是我们面临着一个困境，大多数濒危语言的使用者往往都是经济比较落后，生存面临困难的群体，在生存面前，他们选择生存还是选择语言？

本章要点

语言是一种社会现象，社会属性是语言的基本属性。语言在本质上是一种符号系统，它是人类最重要的交际工具。语言符号具有两重性——任意性和强制性。任意性是人类语言多样性存在的基础，强制性是人类交际的基本需要和亲属语言得以存在和发展的条件。语言具有三种最基本的功能，即交际功能、思维功能和文化功能，其中交际功能是语言最重要的功能，也是思维功能和文化功能的底座，人类的思维功能和文化功能只有在语言的交际功能中得以丰富和发展。

语言不仅是一种社会现象，也是一种文化现象，语言具有文化的所有属性，具有文化属性的基本特点。同时语言具有很强的系统性，是一种自成体系的文化。语言具有重要的文化价值，语言中蕴涵着丰富的文化信息，语言可以勾勒史前文化的某些残迹，了解人类文化史的发展演变，也可以佐证人类文化发展的基本面貌。

语言与文化各个层面都存在着很强的关联，语言与物质文化、制度文化、精神文化之间都有紧密的联系。文化物质文化、制度文化和精神文化的发展成果都凝聚在语言之中。

语言濒危自古有之，但近代以来，语言濒危有加剧的趋势。语言濒危不仅关系到民族情感的价值取向，也关系到人文生态环境的多样化。保护濒危语言是学术界和社会各界的共同责任。

基本概念

语言本质　语言功能　语言的文化属性　语言的文化价值　语言与文化关系　濒危语言

复习思考题

1. 为什么说语言是人类最重要的交际工具？
2. 请你谈谈对语言任意性和强制性关系的认识。
3. 为什么说语言是一种文化现象？
4. 请用你熟悉的第二语言和母语比较，谈谈语言的文化价值。
5. 你怎样认识语言濒危和文化多样性之间的关系？
6. 请你收集各国保护濒危语言的措施，谈谈我国应该怎样保护濒危语言。

第六章 婚姻家庭与亲属制度

婚姻家庭与亲属制度是人类学的基本议题之一，是一种复杂的社会文化现象，并在长期的文化积淀中以符号的形式表现出来，反映出了文化形态的多样性。婚姻家庭与性别实际上又是一种系统的、整体的存在，两性的结合与协调是婚姻家庭存在的基础。特别是20世纪70年代兴起的女性主义人类学中对社会性别的研究，在现代社会中具有重要的理论意义和应用价值。因此，文化人类学的这类讨论不是仅仅停留在“生物学”层面上的，更强调的是文化在其中的构件与传承作用。

第一节 性别与社会性别

一、性别与社会性别

性别是一切两性分析的概念和理论基础，由于社会中的个体存在自然属性与社会属性的区别，因而，性别具有生物学和社会学的双重内涵。一是自然性别（sex），也称为“生理性别”，是指与生殖直接有关的解剖、生理、行为特征，即生理构造上是男是女，也就是我们通常所说的男人（male）或女人（female），一般并不包括人的其他社会特征。二是社会性别（gender），它是一个社会范畴，是性的社会关系的产物，指的是两性生理性别相关的、不同文化赋予男女两性的差异，体现与个体在社会中的性别角色、行为准则、表现形式及象征意义的划定。

有人类学家认为，人类的性别差异是自然选择的结果，正是这种性别差异导致了人类社会最初的分工，因此，生理性别是社会分工的重要基础，在前工业社会尤其如此。人类社会早期就存在着自然分工，比如男性外出狩猎、开垦土地、防御野兽，而女性则从事采集、织布、编织、照顾小孩等活动，这种性别分工有其生理学上的根源。在动物界就存在着自然分工的雏形，在大多数的飞禽中，雌鸟孵蛋，雄鸟在外觅食。人类社会亦即如此，生理解剖上的两性差异为性别分工提供了基础。据研究，由于男女体质的不同，男性力量更大，爆发力更强，宜从事强度大的体力劳动，女性宜从事强度相对较小但需要持久性的劳动；另外，妇女与生育是息息相关的，为了更方便照看孩子，故不适合从事离家很远的劳动，正因为如此，她们的工作还具有间断性。

生理性别并不是性别的社会分工的主要依据，对性别角色的期待和评价是社会文化的产物，文化观念在性别角色的塑造和规范内化的过程中起着非比寻常的作用。“所谓社会分工，就是社会劳动划分为互相独立又互相依从的若干部分，与此相应，社会成员固定地分配在不同类型的劳动上。简言之，分工就是不同种类的劳动的并存。”①这样，男性与女性通过文化的塑造就被固定地分配在了不同的劳动类型上，此时的分工是社会性别制度的产物。不管是在生产还是在经商贸易活动中都存在性别差异，例如在农耕社会里，犁田、耕地几乎普遍是男人的任务，纺纱织布、操持家务才是妇女的“正业”；在农业社会里，大部分经商者都是男性，妇女由于受到财产和身份等文化规范的限制，很少能从事大规模的经商活动。即使在经济发达资本主义社会，也存在着明显的男女分工，诸如秘书、制鞋等传统上由男人负责的工作也逐渐被定义为女性的职业，然而女性所得到的相应报酬却下降了许多。在知识与信息主导的现代社会，仍然存在着性别分工，而且这种分工往往还带有浓厚的性别歧视色彩，不管是在政治领域还是在生产领域，女性都处于从属地位。但是不可否认，随着社会生产力的提高，男女两性的社会分工差异将逐渐减小，整个社会对性别角色的期待也会有所改变，性别角色间的差异也就随之缩小了，所以说，不同社会中男女分工的不同，都是不同文化塑造与传承的结果。

社会文化对男女的不同预期，深刻地形塑了男女不同的社会性别，并使这种角色预期在长期的文化积淀中以符号的形式表现出来，文化观念在社会性别的形塑中起着决定性的作用。著名的女性人类学者——玛格丽特·米德在其经典论著《三个原始部落的性别与气质》中，就有力地证明了角色的可塑性，以及不同文化和社会制度对性别差异的作用。她对新几内亚境内三个相隔不远的民族进行了考察。她发现，虽然这三个原始部落相隔不远，但它们之间的性格特征却相差甚远；阿拉佩什（Arapesh）人，男女的性别差异较小，都表现得十分温和与顺从，攻击性低，较倾向于女性化；蒙杜古马（Mundugumor）人，无论男女都表现得冷酷无情，具有很强的攻击性，更倾向于男性化；昌布利（Tchambuli）人中的男女性格差异较大，男人女性化女人男性化是典型的特征，盛行男主内女主外，女性是生产劳动者，占有绝对的统治地位。根据米德的研究，一定时期内，一个社会对不同性别的不同要求，是该社会中男女性别角色形成的根本原因。② 另一位著名的人类学者本尼迪克特在其《文化模式》中，也论述了文化对性别角色与人格的形塑作用。她对美国西南部新墨西哥的三个部落进行了研究。并指出：普韦布洛人节制、中和、热衷礼仪、不饮酒，拥有太阳神阿波罗型的价值观；夸扣特尔人热衷于个人竞争，嗜好饮酒，爱幻想，是典型的酒神文化类型；多布人具有嫉妒、猜疑、反复无常的性格，感情冲动，把更多的时间放在了仇恨上面，属于偏执狂文化类型。她认为人的性格与行动大部分是受特定文化条件制约的，并提出“文化是人格的放大”的观点。③ 她为人们性格特征与社会性别的研究奠定了基础，充分说明了不同文化对性别角色的塑造作用，并使这种性别角色在长期的文化积淀中以符号的形式表现出来。

---

①刘佑成：《社会分工论》，杭州：浙江人民出版社，1985 年。

②[美]玛格丽特·米德：《三个原始部落的性别与气质》，杭州：浙江人民出版社，1988 年。

③[美]本尼迪克特：《文化模式》，杭州：浙江人民出版社，1987 年。

随着文化人类学的发展，人类学者对社会性别刻板观念进行了研究。所谓性别角色刻板观念，就是一定社会的人们对男女的不同预期，固定不变地认为男人应该具有什么样的气质，女人又应该如何的观点。这些性别特征通过各种文化手段的传播与传承，以符号化的形式被该社会中的人们所接受。就典型的男性与女性应该具有什么样的性格特征来说，一定社会中人们的看法并没有太大的差异。在中国，"男强女弱"的观点已为大多数人所接受，男性的特质往往被认为是：阳刚、果断、理性，支配感与逻辑性强，喜爱数学与科学；女性则是：阴柔、犹豫、感性的，善于表达感情，喜爱艺术与文学等。这些符号化的男女特征通过一定的文化途径得以传播与加强，并且被规范化和制度化，因此，性别角色刻板观念作为一种普遍的社会现象，是社会文化作用的结果。

那么，不同社会中的性别角色观念究竟是通过哪些具体的文化途径得以形成与巩固的呢？首先，性别角色期望的影响是其观念巩固的基础。一个刚出生的婴孩，就被赋予了与其性别相适应的社会角色，然后，这个婴孩就会朝着这一角色预期而不断地成长，直到被社会化为一个"合格的"男人或女人。如果这个婴孩身为男性，那么他只有按男性的角色去发展才算是正常的。又如：当小孩子学走路的时候，如果跌倒的是男孩，他的父母就很可能给他鼓励，让他爬起来继续走；但如果跌倒的是小女孩，她的父母就会把她抱起来，并给以更多的抚慰。这样，男孩往往会形成勇敢、自立的性格，而女孩会形成胆小、柔弱的性格。如此，事实再一次巩固了人们的观点，"男强女弱"的性格特征深入人心。其次是教育对社会性别观念的作用，也是性别角色形成与传播的途径。教育又可分为家庭与学校教育，父母对子女性别角色观念的形成起着不可忽视的作用。父母的观念会在潜移默化中影响到子女，例如，女孩子从小就受到父母的教诲，要文静、善良、勤劳、爱整洁，父母对子女的要求又会反作用于子女，塑造着子女的性别角色观念；学校教育对个体的性别观念也产生着深远的影响，例如，教师在组织孩子的游戏活动时，男孩子往往担任战士、大灰狼等勇敢或凶猛的角色，而女孩子往往担任小白兔、家庭女性等柔弱、温顺的角色，这些无疑对儿童的心理成长产生了深刻的影响。最后，在信息技术发达的现代社会，大众媒介对社会性别观念的形成也产生了不小的作用，不管儿童还是成人对电视、电影、广播、报纸杂志的接触越来越频繁，这使他们的性别角色观念得到进一步的巩固与加强。

因此，我们可以看出，生理性别并不是性别的社会分工的主要依据，不同性别的社会分工是不同性别角色观念作用的结果。对性别角色的期待与评价更是社会关系与文化的产物。这种以符号的形式表现出来的社会性别，通过文化传统、习俗、教育、大众媒介、宗教、政策等机制得到进一步的传播与加强，形成人们共有的对社会性别的看法，并且逐渐被规范化、制度化，成为一整套的社会性别制度。

二、社会性别理论

社会性别理论是随着 20 世纪 70 年代西方女权主义运动的兴起而出现的，最初只是包含在有关政治、经济、文化研究体系之中的，自 20 世纪 80 年代起，将许多项目引入到了专门的社会性别研究之中。人类学的社会性别研究，更多的是关注男女不平等的社会现象。

社会性别作为女性人类学的中心议题，不仅仅研究妇女，更侧重于男性与女性关系的研究，反对性别角色的生物决定论，主张社会性别是文化的建构，强调文化对社会性别的塑造，这种社会性别观念的僵化造成了男女之间的不平等现象。正是因为强调文化观念在社会性别中的塑造作用，“社会性别理论通常认为，自从进入农业社会以来，以往大多数的人类社会都是以男权为中心的，也有人称之为父权社会。这样的社会对男人和女人设置了一整套文化模式、行为规范和评价体系，形成了性别的定轨。”①因此，即便是刚出生的婴儿，也有了由性别决定又由文化向导的社会地位，这就是女性人类学的性别文化决定论。

正是因为男女在经济和社会中的不同地位，在许多社会中就存在着“男强女弱、男尊女卑”的观念。在中国封建社会，女性受到“三从四德”的束缚，贤良淑德、体贴、顺从被认为是女性的特质，而男性的独立自主、大男子主义、自由自在等特征却被社会所推崇。这样，男子通过父权制度将妇女限制在家庭内部，把她们排除在经济活动之外。进入现代社会之后，女性已逐渐从狭小的家庭内解脱出来，参与了不少的社会活动，但女性就业还是受到了不少的歧视，工资待遇较低，在某些领域还受到排斥，体现了就业机会的不平等。传统的性别角色观念仍然发生着作用，“主动、创造、征服”仍然是男性的特质，“被动、接受、服从”是女性的特质。“对妇女来说，参加社会生产劳动，不仅是个人谋生的手段、生活的主要经济来源，更重要的是男女平等的经济支柱。”②社会性别理论认为，这种社会性别观念严重影响了社会个体的权利与发展，尤其是对女性，它造成了男女间的不平等，而且还是维护这种不平等局面的基本工具。

目前，学术界关于男女不平等的社会现象产生的原因有多种解释，但主要有三种“二元论”的解释方法。其一，自然(nature)与文化(culture)二元论。它认为女性是与生育紧密相连的，而女性的这种生育特征是属于生物上的自然，而男性是社会物质生产、社会制度文化的创造者，男性的地位是超越自然的文化，基于此种差异，男性在整个社会中就获得了优势地位。其二，作为内外对立的家庭(domestic)与公共(public)二元论。这种理论认为，由于体质上的差异，女性偏重人类自身的生产且适合从事较轻的劳动，女性的生物特征造成女性被限制在家内，而男人则承担体力支出量大且家庭外部的工作，处于社会公共领域，这种体质上的差异造成了女性对男性的依附。其三，生产(produce)与再生产(reproduce)二元论。它认为社会生产分为物质生产和人类自身的生产两种，女性繁衍后代的再生产活动无法与男性生产建造文明的意义相比拟，强调男性对女性的普遍支配关系。社会性别理论通常认为这几种“二元论”解释是生物决定论，对它们持否定态度，造成男女间不平等现象的根源是社会文化对性别角色的建构。

三、性的禁忌

1. 性禁忌的含义

性禁忌是人类文化中关于性的限制，在不同的文化中，对性的观念和性的禁忌有不同的

---

①郑杭生主编：《社会学概论新修》，185页，北京：中国人民大学出版社，2004年。

②周运清主编：《性与社会》，197页，武汉：武汉大学出版社，2005年。

看法，性的禁忌具有多样化的特征。有很多性行为在历史上被视为全人类的禁忌，这些禁忌属于全人类共同遵守的规则，如乱伦禁忌、贞节禁忌和处女禁忌等，但其中最古老、最重要、影响最深远的是乱伦禁忌，它是人类文化中普遍遵守的。

乱伦禁忌(incest taboo)在世界各民族中都非常严格，它也是婚姻规则中最普遍、最重要的一条。它是指禁止某些亲属之间发生性行为或婚配。在不同的文化中，其中所指的亲属范围也有所不同，但大部分都包括父母辈与子女辈、兄弟与姊妹，在某些民族中还发展出了新的内容与规则，如禁止同姓之间结婚。但大部分的人类学者都认为母与子的性关系是乱伦禁忌的核心。例如“特罗布里恩德群岛的居民禁止男子同其姐妹、母亲有性关系，但这种禁忌却不约束父亲同女儿的性关系。”[①]违反了乱伦禁忌的人们要受到严厉的惩罚，当事人不仅要受到自身良心的折磨，遭受周围人们和社会的谴责，有的还要受到肉体上的处罚，甚至处以死刑。在云南的佤族地区，人们就视乱伦行为不仅伤天理，且为禽兽不如的行为，对违反者的惩罚很严重。随着文化的发展，某些民族对乱伦禁忌的维护还采取了法律的手段。我国《婚姻法》规定：直系血亲和三代以内的旁系血亲禁止结婚。所以无论什么形式的社会，都有一些关于性的规定，只是由于各民族文化的不同而造成这些规定的范围与法则不同而已。

2. 乱伦禁忌的理论解释

(1)近亲婚配有害论。

这是最早的一种解释，由摩尔根等人主张。在生产力水平低下的原始社会，人口的繁殖与体质的增强是原始群生存与发展的关键。实行乱伦禁忌的群体中，成员体质增强，群体生产力提高，在部落与部落的争斗中生存了下来；反之，仍然实行血亲杂交的部落在自然选择的过程中被淘汰了。这样，人们逐渐认识到乱伦禁忌有利于种族的优化，乱伦禁忌也就成为一种制度被保存了下来。随着生产力的进一步发展，人们的认识水平逐渐提高，根据现代科学技术的研究，血统很近的男女携带相同的隐性致病基因的几率较大，他们婚后所生子女的隐性遗传病发病率会增大，子女体质弱，畸形与弱智儿比例大大增加，固有近亲结婚易生出弱智残障儿童的说法。所以，人们就逐渐建立了乱伦的禁忌，限制血亲结婚。

(2)儿童时代亲昵论。

韦斯特马克是这一理论的代表。此理论认为，近亲的男女由于长期生活在一起，彼此之间有的只是亲情，而很难产生性的欲望，这才是乱伦禁忌产生的根本原因，因此禁止族内通婚的外婚制几乎流行于全人类。韦斯特马克认为：“在正常情况下，人们并没有要从事法律所禁止的这种行为的欲望。一般说来，自幼就在一起亲密生活的男女，明显地不存在那种恋情。而且，在这种情况下正如在其他很多情况下一样，性淡漠是与一想到性行为就是产生的实实在在的厌恶感相伴随的。这是我所认为产生外婚制规则的根本原因。自幼生活在一起的人，通常都是近亲，而近亲对彼此性关系的厌恶感，表现在习俗和法律上，就是禁止近亲之间发生两性关系。”[②]学术界也有人称这种理论为性意识淡薄说，它与弗洛伊德等的“恋母情结”说法相抵触，因此，也遭到了不少人的质疑。

---

①周运清主编：《性与社会》，602页，武汉：武汉大学出版社，2005年。

②韦斯特马克：《人类婚姻史》，638页，北京：商务印书馆，2002年。

(3)精神分析理论。

弗洛伊德的精神分析论是乱伦禁忌由来的另一种说法。他认为乱伦禁忌是对人类潜意识中乱伦欲望的一种抑制。男孩天生就有一种“恋母情结”,而女孩子天生也有一种“恋父情结”,因此,儿子对母亲、女儿对父亲天生就有一种性的要求。当一个男孩子将母亲看做自己的情人时,很自然地就将父亲看作是自己的情敌,当然,女孩子也有同样的感受。但是为了避免得罪父母,他们就必须随时压抑这一本能的冲动,乱伦禁忌便是使这种冲动不至于发生而产生的。

(4)家庭瓦解论。

马凌诺斯基最早提出了这一观点,这与他的功能主义理论是联系在一起的。他认为家族亲戚之间的通婚使亲属关系复杂化了,如果不禁止家庭内部成员通婚,那么在同性别的成员之间由于性竞争而引起的嫉妒和敌意,将会使家庭内部的关系十分紧张,从而影响到家庭功能的发挥。另外,父母与子女间的性关系会破坏父母的权威,而父母在家中的权威是维持整个社会正常运行的基础条件。家庭是社会的基本构成单位,如果家庭组织瓦解,整个社会也就难以存在,因此,正是为了维持社会的良性运行与发展,乱伦禁忌便产生了。

(5)社会合作论。

这种理论最早是由人类学家泰勒所提出的,后来,被怀特以及列维-斯特劳斯所继承与发展。这一理论强调乱伦禁忌在促进群体间分工合作的作用,是维持部落生存的手段之一。正如泰勒所提到的,在生产力极度低下的原始社会,很多劳动凭一个人或一家人的力量是无法完成的,需要很多人一起才能完成。为了打破组合在一起来进行生产劳动的群体之间的猜忌和敌意,早期的人类社会就产生了乱伦禁忌以促进不同群体间的通婚,这种由于联姻而结成的纽带关系把不同的群体紧紧地联系在了一起,群体生产力就提高了。列维-斯特劳斯认为,通过婚配关系,即通过女性的婚配使社会关系得以扩大,随着物品与财产的交换,各群体保持着互惠的关系。

第二节　婚姻、家庭和亲属制度

一、婚姻

纵观人类历史发展的长河,婚姻都是人生历程中的大事,它不仅关系着当事人的一生幸福,也是维系一定社会关系的纽带。随着人类文明的发展,婚姻也呈现出多种多样的状态,各民族在无限的创造活动中,形成了自己独具特色的婚俗与规则。因此,对婚姻制度的研究,要注意主客位互换的研究方法。

1. 婚姻的基本概念及理论

(1)婚姻的内涵。

婚姻是人类社会进入到一定发展时期后的产物,各个历史时期对婚姻的理解有所不同,人类学者对婚姻下过多种定义，但婚姻作为一种制度的固有属性是能引起共鸣的。所谓婚姻，就是两个或两个以上的男女在获得社会性别之后的一种制度化的结合，这种结合是为社会所公认的性的和经济的联合，并使其产生的后代合法化，同时在丈夫和妻子之间，肯定一种相互的权利和义务。由于各种原因，当夫妻关系发生破裂时，经由风俗伦理或法律的许可，婚姻关系也随之解除。

婚姻首先是男女两性的生理结合，即婚姻具有自然属性。我们不难理解，婚姻关系的确立是以生理条件为基础的，异性的结合是人口繁衍的生物学基础，假如抛开这一客观存在的条件，那么婚姻关系也就不复存在了。随着人类学研究的深入，我们发现有些民族中存在着死去的男女之间的婚姻，叫作“鬼婚”①，还有部分地区有同性婚的习俗，如两个女子结为婚姻，这似乎违背了婚姻的自然属性。我们不妨将这些现象看做是正常男女婚姻的一种变相与延伸，不能因此抹杀婚姻的生理学和生物学基础。另外，婚姻又反映出了一定的社会关系，具有社会属性。马克思主义认为人的本质是一切社会关系的总和，婚姻是人类两性结合的一种社会形式。因此，我们对婚姻制度的理解不能只停留在表面，它是与经济、政治、宗教、法律、风俗等不可分离的，具有一定的社会属性。有人类学者把婚姻的性质表述为建立在性关系基础之上的异性间的社会契约关系，是人类区别于各种动物的特有的文明，它又是构成社会秩序的基本成分，是保障家庭和亲属群代代延续的重要基础。

(2)婚姻是一种适应性策略。

由于任何已知的人类社会都具有某种形式的婚姻，所以婚姻可以视为人类文化具有高度适应性的一种创造。产生这种普遍性的原因，是因为婚姻能够解决社会中某些普遍性问题。

首先，婚姻是性别分工的需要。由于男女体质上的差异和女性与生育的紧密联系，导致了最初的分工，特别是社会对性别角色的期待，男人与女人存在着性别分工。由于“男主外，女主内”的思维定式，即使是在现代社会，男女还是存在着一定程度的社会分工，女性仍然被排斥在某些工作领域之外，洗衣做饭、奉养老人、照顾孩子仍然是女人的主要责任。为了男女共同分享劳动成果来保障自己的生活，婚姻形式是最好的解决方法。其次，婚姻是抚养后代的需要。人类的抚育期较长，婴儿与母亲需要父亲提供的生活资料，婚姻可以为婴儿的成长提供良好的环境。另外，人是具有社会属性的，人的社会化需要一个较长的时间，随着社会文明的进步，这个时间还有延长的趋势。婚姻家庭正是孩子社会化过程的基本保障，婚姻关系对后代的教化功能不可忽视。最后，婚姻关系有利于排斥性竞争。婚姻形态确定了人类性的占有的规定，为两性的结合提供了制度上的保障，使人们不致因争夺配偶而产生两败俱伤的灾难性后果，从而保证社会关系的协调、种的繁衍和生计的稳定。

2. 常见的婚姻禁忌与规则

(1)婚姻中的禁忌。

婚姻中的禁忌颇多，表现了人们对婚姻的慎重态度，在不同的民族与地区，婚姻禁忌的内容也各有差异。其中，乱伦禁忌在世界各民族中都非常严格，它是婚姻规则中最普遍、最重要的一条，由于有关内容在上一节中已经详细介绍过，这里就不必细讲。

---

①庄孔韶主编:《人类学通论》,271页,太原:山西教育出版社,2003年。

在我国许多民族中,有婚后不落夫家的习俗,也就是不落夫家禁忌。这种婚姻习俗忌讳新娘一结婚就到丈夫家居住。新中国成立前,在我国壮族地区就盛行着婚后女子"不落夫家"的习俗。婚后第三天,新娘就得回到自己的娘家居住,只有在农忙或节日的时候,妻子才到夫家去,但停留短暂的几天后,女子又要返回娘家,直到女子怀孕或生产后才到夫家长期居住。关于不落夫家禁忌的由来问题有多种说法。一种观点认为,在许多民族和地区,人们视男女间的性生活为羞耻的事,因此在很多不落夫家的习俗中,还有婚后验贞的规则;另一种观点认为,部分民族提倡姐妹一同落夫家,忌讳个别人单独落夫家;还有人类学者认为,不落夫家禁忌的产生是出于女子对自由生活的追求,所以女子婚后只在农忙或过节回夫家短住的规定,使她们在婚后有极大的自由活动空间。从今天普遍实行的一夫一妻婚姻制度来看,不落夫家禁忌反映了对偶婚的残余与母系制对父权制的顽强斗争。

在我国的各民族中还存在着许多其他的婚姻禁忌,它们表现在婚姻的各个方面,体现了民族文化的多样性。如在彝族地区,就有"新娘子饿水饿食"的习俗,姑娘在结婚前十天,就开始减水减食,特别是在临近婚礼的前三天,新娘子每天只允许吃一顿饭,每天只喝一口水。这种禁忌的主要目的是避免婚后前三天,新娘子在夫家解大小便,在当地这被认为是伤风败俗的行为,是要被世人笑话的。另外,在一些民族中,忌讳相亲摔碎盆碗,这被认为是不吉利的,说明男女双方无缘,不能结成婚姻。在我国晋南一带,禁止男女双方在结婚当日吃带荤的食物,因为据说吃荤食的话,两人就不能白头偕老。

(2)婚姻中常见的规则。

外婚制和内婚制是一种婚姻中关于择偶的禁止规则。内婚制又成为"族内婚",是指一种在一定的血缘或等级范围内选择配偶的婚姻规则。在不同的民族与文化中,内婚制有着不同的内容,有的与血缘有关,有的与民族有关,有的则与等级或宗教信仰等有关。根据规定范围的不同,内婚制又可分为民族内婚、等级内婚、宗教内婚和氏族部落内婚等多种形式。过去,藏族通婚的原则是实行等级内婚,这种门当户对的观念只允许同等级内相互通婚,但同一宗族的后代是绝对禁止通婚的,谁要是违反了这一规定,就会被装进牛皮袋扔进河里。外婚制与内婚制相互关联,它是指禁止一定范围内血缘亲属成员间的通婚原则。排除了血亲通婚的外婚制有利于人类体质的增强与种的繁衍,同时,也有利于维护不同氏族的友好关系,促进社会的稳定,它是乱伦禁忌的延伸。内婚制与外婚制相互关联,并不矛盾,可以在同一社会或民族中并存,如四川凉山彝族就实行家支(氏族)外婚,同时又实行等级内婚。

在婚姻的规则中,还存在一些关于选择配偶的优先或加强的规则,以延续群体间的亲属关系。

交表婚是世界上流行最广的一种优先婚的形式,一般指就某个人而言,与父亲的姊妹的子女们以及母亲的兄弟的子女们的婚姻关系,它又可分为对称交表婚和不对称交表婚。对称交表婚是指交表之间互相通婚的婚俗,其表现为交表的任何一方对另一方,都是允许或优先的婚配对象;不对称交表婚是与对称交表婚相对的,指仅限于与表兄弟或姊妹中某一方通婚的婚姻形式,例如一个男子可以娶其母亲的兄弟之女为妻,但不可以娶其父亲的姊妹之女为妻,对称交表婚比不对称交表婚有更多的选择权。在中国,交表婚又称为姑舅表婚,在盛行此种婚俗的民族中,有的是舅家男孩有优先娶其姑家女儿的权利,有的是姑家男孩有优先娶其舅家女儿的权利。如我国的苗、瑶、土家等民族中,曾盛行舅家优先娶外甥女做儿媳的婚俗,只有当舅家没有适龄儿子或无意聘娶时,姑家的女儿才可另嫁他人,如果姑家的女儿不嫁舅家的儿子,必须送钱、礼给对方作为补偿。交表婚之所以具有普遍性,是因为这一制度既维持和加强了上一代之间的亲属关系,又巧妙地维护了外婚制的原则。

与交表婚相对的是平表婚,亦称“直表婚”,指同性别同胞的子女结为婚姻关系,例如一个男子应该或必须娶父亲的兄弟之女,或母亲的姊妹之女为妻。平表婚在世界各民族中很少见,在中国,堂表婚一般被视为乱伦,为社会所禁止。姨表婚则因民族而异,有的流行,有的则被禁止,如在景颇、苗、彝、侗等民族中,姨表兄弟姊妹结为婚姻关系则是通例。在阿拉伯等中亚和北非的国家中,这种堂表婚是常见的。实行平表婚有利于巩固父亲大家庭或世系群,防止财产的流失和分散。

夫兄弟婚也称“妻兄弟婚”“转房”等,是指女子丧偶后转嫁给死去丈夫的兄弟,而亡夫的兄弟也有娶其已故兄弟之妻的权利和义务的婚姻习俗。此种婚俗在古今许多民族中广泛流行,在我国西南的彝、壮、布朗、黎、佤族等少数民族中颇为盛行,如彝族妇女转房,如果平辈中无适当的人,还可以依次转给长辈或晚辈。有的民族只允许女子转嫁给亡夫的弟弟,不允许转嫁给亡夫的兄长,例如畲族中就有兄长不能娶寡弟媳的婚俗,据说在该族中有“兄为父,嫂为娘”的说法。夫兄弟婚出现于原始社会母系民族后期,私有制产生后,妻子被当作夫家的财产,因此丈夫死后,寡妇必须留在夫家转嫁,另外,它还与宗教、买卖婚等有关。

妻姐妹婚是指男子丧偶后续娶亡妻的未婚姊妹为妻,而亡妻的未婚姊妹也有嫁给丧偶男子的权利和义务的婚俗。有的人类学者认为妻姐妹婚也可包括几个姊妹同时嫁一个丈夫,即姊妹共夫的婚姻习俗在内。同夫兄弟婚一样,它也有利于维持两个通婚集团之间的关系。有时它与夫兄弟婚并存于同一地区或民族中。

3. 婚姻的形式

婚姻的形式多种多样,在不同的地区,不同的民族,保留了多种形态的婚姻形式,表现了文化的多样性。以婚姻缔结双方的数量划分,主要有两种形式,即单偶婚和多偶婚。

(1)多偶制婚姻。

多偶制婚姻允许一个人有两个或者两个以上的配偶,它又可分为一夫多妻制和一妻多夫制。随着生产力的发展,男子在生产力中逐渐处于主导地位,父权制应运而生,这时候的一夫多妻制便盛行了起来,即一个男子可以同时娶几个女子为妻。但是一夫多妻是与男子的经济实力紧密相关的,它一般仅限于首领或富裕者,妻子的多少,象征着他们的权利与财富。如云南独龙族富裕的父系家族的家长一般有二到四个妻子。“独龙族称妻子为朴玛旺,意即买女人。娶妻的聘礼叫特布加雷,即物品和东西,意思就是好的身价。”[①]这在一定程度上反映了女子通过一定价钱,当作物品被男子买卖的事实。在这种父权制社会中,抢劫妇女、买卖婚姻便出现了。

多偶制婚姻的另一种形式是一妻多夫制,即一个女子可以有两个以上的丈夫。实行这种婚姻形式的地区多流行着一种杀婴习俗,杀害刚出生的女婴,这种风俗导致了男女比例的失衡,女子远远少于男子,一妻多夫是解决当地男女婚配问题的重要手段。另外,实行一妻多夫

①杨知勇主编:《云南民族婚俗志》,11页,昆明:云南民族出版社,1983年。

也是为了防止财产的分散，某一家的几个兄弟娶回共同的一个妻子。在我国的藏族部分地区就曾流行这种婚姻，他们中间的兄弟共妻制就是防止财富分散的手段。

(2)单偶制婚姻。

单偶制也称为“一夫一妻制”，即一男一女结为夫妻的婚姻形式。确立这种婚姻形式，主要是由于私有制的发展。在生产资料私有制的社会里，男子掌握经济大权，女子则属于从属地位。因此，一夫一妻只是对妇女而言的，拥有较多财产的男子可以私下通奸或公开纳妾，而对女子来说，就必须至死不渝地坚持贞操与对丈夫的忠诚，否则会受到严厉的处罚。

当今社会的一夫一妻制已被普遍采用，并得到了不断的发展与完善。他要求男子和女子至少在同一时期内只能有一个配偶，并得到法律的保障，夫妻关系较为牢固，已不能凭丈夫一方随意解除。一夫一妻制极大地改善了妇女的地位，女子也有了自由恋爱的权利。在大力提倡男女地位平等的现代社会，女子多是出于爱情而不是经济的原因去委身于某人，摆脱了以前婚姻制度中相爱却不能结合，感情破裂又不能分离的痛苦，体现了婚配的自由。云南的布朗族就严格实行一夫一妻制，不允许男子娶妾，如果违反是要被撵出寨子的。

(3)走婚。

还有一些婚姻习俗是既不属于单偶制，又不属于多偶制的特殊的婚姻形式，如走婚习俗。走婚的习俗是多偶制的一种变形。居住在泸沽湖畔的摩梭人就存在着这一婚俗。它是通过男子的“走”而实现的婚姻。阿注走婚并非杂乱无章，结交任何一个阿注关系，都必须遵循族外婚的原则。虽然一名女子或男子一生中可能要结交几个或一二十个，甚至上百个阿注，但这些阿注都是临时的，大多数人都有长期阿注，即主要的配偶，他们常年相守，共同抚养下一代。

二、家庭

家庭以婚姻关系为基础，以血缘关系为纽带，是人类生长的摇篮。家庭又是构成社会的细胞，是社会政治经济变革的晴雨表，它要受到社会大环境的影响，同时又反作用于社会，在中国有句俗语“家和万事兴”，因此，家庭的稳定是整个社会安定和谐的基础。在各民族中，家庭结构呈现出多种形态，随着生产力的发展，整个社会生活都发生了重大的变化，家庭为了适应生产方式和生活方式的变化，也发生着相应的变革。

1. 家庭及其功能

默多克曾给家庭下过一个定义：“家庭/家族是一种具有公共居住、经济合作及生育特征的社会群体。它包含男女两性别的成年人，其中至少有两个人维持社会认可的性关系，及他们所生育或收养的小孩。”[①]由此可见，家庭是基于关系密切的亲人组成的社会单位，其核心和基本部分应包括双亲及他们的子女。在中国的传统家庭中，历来是亲子关系重于夫妻关系，“传宗接代”是家庭的最重要功能和存在的依据，随着社会发展，感情因素的影响逐渐上升，是家庭和睦与稳定的重要因素。

①转引自庄孔韶：《人类学通论》284页，太原：山西教育出版社，2003年。

家庭在人类社会中占有重要的地位，正是由于它本身所具有的多重功能所决定的。家庭在人类的社会生产和生活中发挥着不可磨灭的作用，是一个具有多种功能的社会群体，家庭的功能随着家庭性质与结构的变化而变化。但从总体上来说，家庭具有以下几种基本功能：

(1)儿童的养育功能。

家庭是人口繁衍与再生产的基本单位，担负着抚养和教育子女的任务。任何社会形态中的家庭都是生育子女和传宗接代的基础，家庭的这一功能使人类自身得到延续，也使整个社会得到发展。另外，家庭对子女的教育是孩子社会化的重要基础。教育包括家庭教育、学校教育和社会教育几个方面，但就家庭教育的广泛性、基本性而言，是学校教育和社会教育不可替代的。家庭是每个人成长的摇篮，是一所终身的学校，而父母就是孩子的启蒙老师，父母的言行、教育方式影响到孩子的各个方面。随着社会的发展，人们的教育观念，以及妇女的地位发生了很大的变化。很多人一改传统家庭观念中“男尊女卑”“早生儿子早得福”的思想，妇女的初育年龄普遍延后，生育率也有大幅度下降的趋势，从而影响到家庭规模的变化。随着家庭规模的缩小，独生子女的成长与教育问题也逐渐引起了人们的关注，为了克服独生子女的“小皇帝”“小公主”综合症，家庭要努力为子女的健康成长提供良好的环境。

(2)赡养功能。

在不同的民族与地区，对老年人的赡养都是家庭的一项重要功能与责任。特别是在经济还不够发达的农村，社会福利与保障机制还很不完善，因此，老年人的赡养义务基本上是由家庭所承担。在城市，商品经济的发展使得家庭在经济上赡养老人的功能逐渐被不断完善的社会保障制度所替代，虽然如此，对老年人生活上的照料与精神上的安慰仍然是家庭养老的主要内涵。然而，现代社会的家庭结构不断地向着小规模发展，主干家庭向核心家庭转变，老年人单独居住或老年夫妇二人居住的老年“空巢”家庭将大量增加，这对老年人的家庭养老无疑是一个冲击。

(3)经济的合作功能。

在人类社会，女性除了具有人口的繁衍与养育功能外，一般还要从事与她们的性别角色相适应的经济活动。这些经济活动可以作为男性生产活动的补充，从而使男人与女人之间可以共同分享劳动和经济的成果。在我国农村实行家庭联产承包责任制，每个家庭都是一个基本的生产单位，家庭成员的分工合作是家庭生产的基础。在城市，随着国有企业改革的深入，大批国企的职工下岗待业，许多夫妻经营着各种服务业、商业以及手工业等，家庭成员之间又成了一个生产单位，发挥着经济生产的功能。

(4)控制性关系与休息娱乐的功能。

家庭的产生，以及家庭规则的建立，就从一定程度上规范了男女双方的性行为，从而控制了整个社会的性关系，维系着社会的稳定与秩序。家庭除了经济上的结合，也是家庭成员之间感情上的一种结合。随着社会的发展，生活节奏的加快，人们的压力越来越大，家庭是人们交流感情，寻求安慰的一个理想场所。现代社会中，随着人们生活水平的提高，家庭的休闲娱乐功能得到进一步加强，多方面的家庭生活使家庭成员娱乐了身心，又充实了各自的生活目标。

2. 家庭的分类

家庭的类型在历史上经历了很多变化，没有一个固定的模式，呈现出了家庭的多样性。根据家庭规模与组织的不同，人类学中通常把家庭分为下列几类。

(1)核心家庭。

核心家庭(nuclear family),亦称"自然家庭"或"基本家庭",在我国又俗称小家庭,是指由一对夫妇及其未婚子女,包括正式收养的子女所组成的家庭。它可被视为人类社会中最古老,也是最基本的社会组织。核心家庭中包含着两种最基本的家庭关系,即夫妇关系和血缘关系,它对亲属网络的依赖性较小,独立性和灵活性较大。这种核心家庭规模小,家庭关系简单,是一种较为稳定的家庭结构。目前世界上大部分地区家庭的基本形态普遍地以核心家庭为主。"费孝通先生在《生育制度》一书中把这种夫妻及子女构成的基本关系称为稳定的家庭基本三角。"[①]但在另一方面,核心家庭削弱了两代人之间的关系,在赡养老人和抚育儿童方面的问题越来越突出。在人类学研究中,还把单亲家庭(one parent family)划入核心家庭的范畴。单亲家庭是出于家庭中夫妻离异或有一方死亡而造成的,是由一个父亲或一个母亲与未婚子女共同生活的家庭。

(2)主干家庭。

当核心家庭的一位男性子嗣已婚,在亲子联结系列上的这一家庭结合,称为主干家庭(stem family),简言之,主干家庭就是由父母与已婚子女组成的家庭。这种家庭形式是与嗣子单独继承制相结合的。构成主干家庭各代中的夫妻,都有可能因一方死亡或离婚而只剩一方,从而构成多种多样的主干家庭,甚至还有因中间断代造成的由祖孙组成的主干家庭。主干家庭在一定程度上加强了代际之间的联系,有利于对老人的赡养和对子女的抚养。但主干家庭中成员较多,关系较为复杂,有比较难相处的婆媳等关系夹杂在里面,易引起家庭成员之间的矛盾与摩擦。在中国传统的主干家庭模式中,父母处于主干地位,他们掌握着家庭中的各项大小事务,是家庭的权威。在现今的社会中,主干家庭作为扩大家庭向核心家庭的过渡,仍然具有一定的生命力,在农村地区尤为普遍。

(3)扩大家庭或组合家庭。

如果一个核心家庭的夫妇在他们的直系或旁系的家庭扩张方面,总共有两个以上的核心家庭,这类家庭称为扩大(扩展)家庭(extended family)或组合家庭(joint family)。有人类学者强调扩大家庭常见的结构是由父母及其配偶、子女组成,而组合家庭是由诸同胞兄弟及其配偶、子女组成。传统汉族的父系大家庭即为这种扩大家庭,在汉语中又通常用家族来表示;而这种组合家庭常见于游牧社会和农业社会,因为这些社会中,家庭对劳动力的要求远远超过一个男性和一个女性所能提供的量。扩大家庭或组合家庭都具有以下的特点:规模大,累世同堂,人口多;重血缘关系,重传统的伦理道德;有严格的家长制和家族主义思想,家长是家庭中各项事务的权威,家庭成员等级森严。

传统汉族中的父系大家庭,即宗族,就是扩大家庭模式的典型,宗族在汉族的社会中扮演了十分重要的角色。"宗族是指分居异财而又认同于某一祖先的亲属团体或拟制的亲属团体。"[②]宗族作为具有集团功能的群体是祭祀祖先的基本单位,成员之间共同拥有并经营宗祠和墓地或作为基本财产的族产及刊行宗族谱系等。"宗祠又成为祠堂或祖庙,是为纪念有名望的祖先和谱系上所记载的对统一整个宗族较有贡献的祖先而设立的。"[③]宗祠的修建不仅表

---

①王恒生主编:《家庭伦理道德》,62页,北京:中国财政经济出版社,2001年。

②庄孔韶主编:《人类学通论》,290页,太原:山西教育出版社,2003年。

③胡起望主编:《文化人类学辞典》,691页,北京:远方出版社,2000年。

达了族人对祖先的敬仰，还展现出了每个宗族的统一与稳定，有利于提高其声望。“宗谱以一族的谱系为主体，并由有关来历、传记、家训、墓地、宗祠和排行字等的记录构成，大致一代人编集一回。”①传统汉族社会的宗族内部并不是等质的，它包含了地主、农民、商人以及官僚等不同性质的成员。那么宗族为什么会显示出如此强的凝聚力呢？首先，宗族内部实行长老制，宗族内部的问题由族内长老协商解决。长老的人选，除了具有较高的年龄和辈分外，还要具有一定的学识与威望以及作为权力基础的政治经济实力。另外，还可依据同样的条件，在构成宗族的分支中选出房长，在宗族长老的控制下组成执行机关。其次，中国传统社会的宗族所具有的强大凝聚力是与宗族财产分不开的。这种宗族财产不断的地域集团化，在抵御其他宗族或外敌的入侵时，显示出了关键的作用。

上述几种家庭类型时社会中较为常见的，在不同的民族和地区还存在着这几种模式的变形，它们很难简单地划入上述家庭类别之中。如在中国某些地区就存在着一种轮值家庭，也称作“轮伙头”家庭，它就是老年父母在已成家的诸儿子之间轮吃住的家庭形态。另外，还有一种与此相反的反哺家庭，即诸成年的儿子结婚后，所有儿辈平均分担供奉父母的口粮以及赡养费，并为父母轮流耕种田地。

三、亲属称谓

任何一个人类社会，均有一定的名词来标示亲属的类别，这些名词就是我们所说的亲属称谓。具体来说，亲属称谓就是指反映人们之间的亲属关系，并体现他（她）们之间的权利与义务的称谓体系。该制度随婚姻家庭制度的产生而产生，并以一定的家庭形式为存在的前提。从表面上来看，亲属称谓制度是一个生物学范畴的问题，但实际上生物学仅仅是提供亲属关系的基础，它包含了大量有关社会组织的信息，在不同的社会中采用不同的标准来划分亲属的称谓，因此，对亲属制度的比较研究一直是文化人类学的焦点问题。

最初对亲属称谓进行研究的是摩尔根。他在1871年所著的《人类家庭的血亲和姻亲制度》中，将各种社会亲属称谓概括为两大系统——叙述式亲属制和类分式亲属制。叙述式亲属制亦称描述式亲属制或说明式亲属制，这种制度用描述性的、各自不同的名称来称呼一些最基本的亲属，如父、母、子、女、祖父、兄弟、姊妹等。其余的远亲则不一定有专门的名称，而可以将这些基本名称组合起来使用。类分式亲属制又分为马来亚和图兰尼亚两种形式，它对亲属关系不加说明，而是按若干范畴加以区分，即同一范畴的人皆用同一亲属称谓相称，用同一名称去概括某一代的亲戚，这样直系和旁系亲属就合并在一起了。如把父辈的男人都称为“父亲”，对同胞兄弟和父亲兄弟的儿子都统称为“兄弟”，对同胞姐妹和母亲姐妹的女儿都统称为“姐妹”。

1949年，美国人类学家默多克归纳了一种六分法，对亲属称谓进行了分类。他在《社会结构》一书中，收集了丰富的世界性资料，并根据堂（表）兄弟姐妹名称，把名称体系分为了六大类型，每一类都使用该制度的典型民族来命名，是目前比较权威的分类法。“他主张，亲属称谓的决定因素是多元的，而且与社会行为的模式有着密切的关系。一种亲属称谓并不是一个

①胡起望主编：《文化人类学辞典》，692页，北京：远方出版社，2000年。

单独的因素运作的结果，而是确实地反映了社会组织。当社会及文化状况改变时，亲属称谓也随之改变，这种改变同样是受内在外在因素交互作用的结果。”①(见图 6-1)

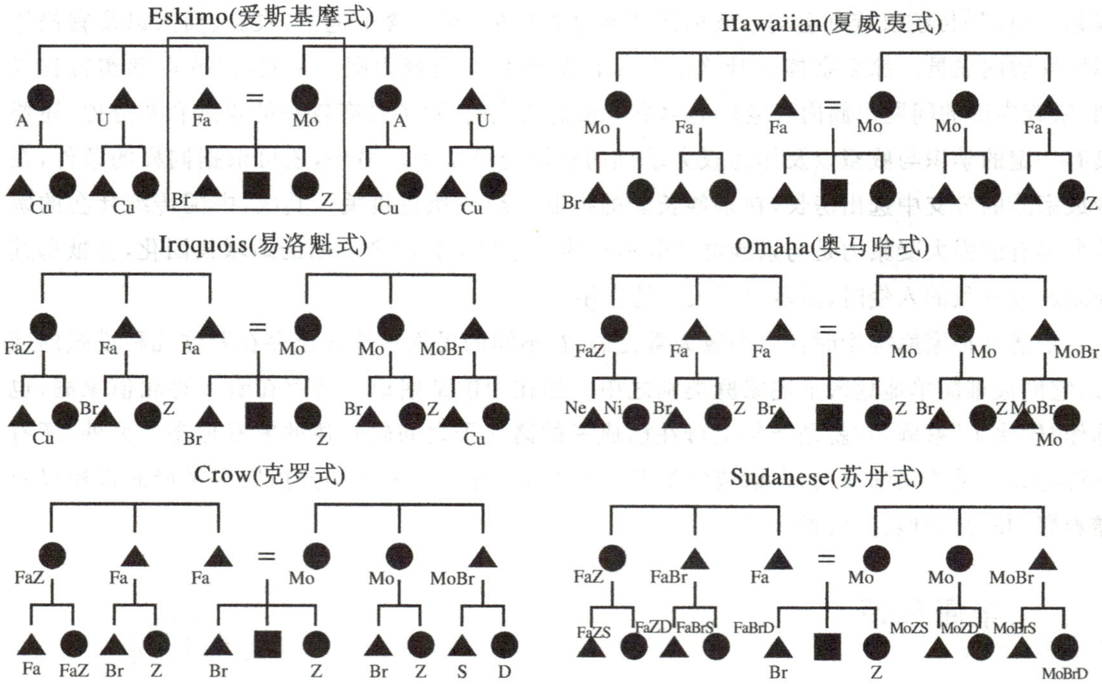

(说明：■代表自身，一般未作性别区分；▲代表男性，●代表女性。

＝表示婚姻关系，|代表亲子关系，┌┐表示兄弟姐妹关系。

Fa：父，Mo：母，A：父亲的姐妹和母亲的姊妹，U：父亲的兄弟和母亲的兄弟，

Cu：父表和平表，Z 姊妹，S：儿子，D：女儿）

图 6-1　六种亲属称谓制的简单图示

1. 爱斯基摩式亲属称谓制(Eskimo)

它是以北美爱斯基摩人命名。其特点是区分核心家庭以内和以外的亲属。在核心家庭以内，亲属称谓是描述性的，因为在这种群体中，核心家庭的成员被认为是最亲的亲属。而在核心家庭以外，亲属称谓则是概括性的。父方的亲属与母方的亲属并没有区别。这种亲属称谓制度盛行于两可系继嗣制度的社会，在这种社会里，由于经济活动的影响，核心家庭与其他的亲属关系表现得较为松弛，或更易于变化。

2. 夏威夷式亲属称谓制(Hawaiian)

它又称为“马来式亲属制”，以大洋洲夏威夷人种流行的亲属制度最为典型。相比较而言，这种称谓制度是最简单、使用亲属名称最少的一种。在这一体系中，只有两种分类，即辈分和性别。所有同一性别和同一辈分的亲属均使用同一称谓，如同胞兄弟和父母亲兄弟的儿子皆称为“兄弟”，同胞姐妹和父母姐妹的女儿统称为“姐妹”，父母的所有兄弟同称，父母的姐妹也同称。实行这种称谓的社会中，一般是核心家庭的地位不显著，淹没于大的亲属集团中，

①林耀华：《民族学通论》，372 页，北京：中央民族大学出版社 1997 年。

以至于在个人交往中，核心家庭成员与其他亲属的重要性基本相等；同时，这种制度是与双系继嗣相关联的。

3. 易洛魁式亲属称谓制(Iroquois)

它因首先发现于北美易洛魁印第安部落而得名。其特点是己身的父亲与父亲的兄弟不加以区分，母亲与母亲的姊妹也用同一种称谓，但要区分父方和母方亲属。同时也要区分平表兄弟和交表兄弟，也就是说，堂姨表兄弟姐妹与同胞兄弟姐妹同称，但与姑舅表兄弟姐妹异称。这种区分是与单系继嗣相关联的。因为单系继嗣入母系，则父方的亲属与己身的关系必然较母方远；如果是父系继嗣，情况则相反。

4. 奥马哈式亲属称谓制(Omaha)

它因首先发现于北美奥马哈印第安部落中而得名。它是将亲属分为了两大类，即父系与母系亲属。在父系亲属中，父亲与父亲的兄弟用同一称谓；在母系中，最突出的特点是母亲与母亲的姊妹、母亲兄弟的女儿均使用同一种称谓；同时，母系亲属中任何一辈的男性成员也使用同一称谓，如母亲的兄弟与母亲兄弟的儿子使用同一称谓。这种称谓制度是父系继嗣制度占绝对优势地位的反映。

5. 克罗式亲属称谓制(Crow)

它是奥马哈式亲属称谓制的镜像反映，它注意区分母系亲属中代与代的区别，而忽视父系亲属中代与代的区别。如父亲的姊妹之女与父亲的姊妹同称。这种称谓制度一般与母系继嗣相关联。

6. 苏丹式亲属称谓制(Sudanese)

它是以北美苏丹人而命名的。这种亲属称谓制与其他各种亲属称谓制都不相同，它属于描述制亲属称谓制，即对任何一个亲属都使用不同的称谓，在己身和父母的两代中，基本上不将父方和母方的两类亲属概括称呼。使用苏丹制的通常是父系社会，但这种社会与使用奥马哈制或易洛魁制的大多数父系社会不同。一般而言，采用苏丹制的社会均有着比较复杂的政治体制，有高度的社会分层及职业分工。它甚至在近亲中也强调区别，这可能是亲属集团内部阶级分化和经济分化显著的反映。它和我国汉族的称谓制较接近。

四、继嗣群

人类为了开展大规模的协作，共同分享资源，抵御外来力量的入侵，不得不结成较大的亲属群体，继嗣制度由此而产生。它不仅仅是一个人类文化符号的象征，在实际的社会生活中也扮演着重要的角色。继嗣(descent)有“世系”“血统”的含义，作为文化人类学的术语它常常是与亲属关系联系在一起的，是指两代以上的亲属关系，而且这种关系为社会所认可。在许多社会中，继嗣制度是一个群体赖以延续的基础，通过继嗣，一个人的亲属关系由父母兄弟的狭小范围扩展开来。个人继嗣在亲属集团中的地位、权力、义务以及继承关系等。

继嗣群(descent group)是由继嗣关系组成的亲属团体,根据一定的继嗣法则构成。继嗣群不仅是一个有着血缘关系与亲密感情的亲属群体,而且在一些非工业社会中,它还是组织严密的工作单位。根据不同的继嗣规则,文化人类学通常把继嗣群分成几种不同的类型。一个族群采取何种继嗣原则不仅取决于亲属关系,还与该社会的婚姻制度、生态环境、财产继承与分配等因素有关。

1. 单系继嗣(unilineal descent)

它是指只依男性或只依女性血缘单一的线索来计算的继嗣制度。常见的单系继嗣有父系继嗣(patrilineal descent)和母系继嗣(matrilineal descent),它们分别体现了父系氏族和母系氏族的特点。父系继嗣是指只通过男性把个人与其所属亲属群联系起来的继嗣规则。在实行父系继嗣的社会里,每一代的儿童通常都属于其父亲的亲属群,他们的继嗣是以其父亲一方的血缘关系来计算的,群体中的财产继承等权利只属于儿子,并依次传给下一代,而女儿的子女则没有这种继承权。中国传统的大家族和宗族就属于这种父系继嗣群,它们在汉族社会中扮演了十分重要的角色。与之相反,母系继嗣是以女方的血统关系来计算世系者的。

2. 两可继嗣(ambilineal decent)

它是一种有选择性的双系继嗣,指继嗣群体不强调亲属关系只能追溯到单一的性别,身份归属也并非一出生就指派好,而是根据这一群体或那一群体所能提供的机会进行选择,即个人可以选择父或母任何一方的族群来确定其隶属关系。这种制度与两可制婚后居住类型有关,在我国西南的傣族等地区就能发现这种继嗣制度的存在。

3. 双边继嗣(bilateral descent)

它又被称为"双重继嗣"或"双系继嗣",指同时可从父系和母系两种方向推算的,各在不同领域实行的继嗣制度。如尼日利亚东部的雅科人实行的就是双边继嗣,他们的土地、名分按父系继嗣规则继承,而牲畜等流动产和一些宗教职务则按母系一方来计算。

本章要点

从民族志的材料看,任何社会对生理上的男人和女人都有不同的社会期待,因此,"性别"的过程实际上是一个社会文化过程。相较而言,生理性别指的是人类身体的二元生理结构特征,而社会性别指的是生理性别的不同社会文化建构。

婚姻是制度化的结合。人类婚姻的缔结与人类生物、文化和社会适应的策略相联系,具有双方利益上经济、政治意义。家庭是一种具有共同居住、经济合作及生育等特征的社会群体单位。

用于亲属关系的各种称谓中,划分了包含自我的血亲和姻亲的亲属位置范畴。但亲属关系是人类文化的一种创造,它并不简单地相对应于生物学意义上的遗传关系。

继嗣群实际上是一种根据某种继嗣规则限定的、具有共同祖先的血亲。其中既包含血缘的遗传基础,也包含文化的传承和规矩。

基本概念

性别　乱伦禁忌　婚姻　内婚制与外婚制　交表婚与平表婚　夫兄弟婚与妻姐妹婚　家庭　核心家庭　主干家庭　扩大家庭与组合家庭　宗族　轮伙头家庭与反哺家庭　亲属称谓　继嗣　继嗣群

复习思考题

1. 谈谈性别与社会性别的区别与联系。
2. 什么是自然与文化、家庭与公共、生产与再生产二元论？
3. 什么是婚姻？
4. 什么是家庭？如何理解常见的家庭类型及其变体？
5. 如何认识人类的亲属称谓制？

第七章　族群与族群认同

在人类学界，族群与族群认同两个概念虽非人类学传统的、核心的研究领域，但自20世纪70年代以来也成为一个热门话题。

“族群”并不等同于“民族”，其所涉及的情感与认同并不完全是传统意义上的群体性。本章在回顾族群理论诸流派的基础上，重点论述不同流派之间承袭与补充的关系，试图使读者对族群与族群认同有一初步的认识。

第一节　族群概念

在20世纪50年代中期以前，人类学中还很少使用“族群”一词，而到了20世纪60年代，在社会人类学中开始使用族群一词替代“种族”和“部落”概念。[①] 究其原因，主要在于全球化、现代化的发展，使得不同的人群聚集在一起，或者是不同群体的接触更为频繁，族群与其他各种组织和群体交织在一起，构成了复杂的、多元的文化；在这种复杂而多元的格局下，族群内部成员的适应，族群之间的协调不仅影响了局部地区，甚至波及全球。[②] 族群冲突成为当今世界最全能的政治力量，它不仅威胁着许多国家的政治稳定，而且还可能威胁到全球经济。族群问题已经成为非常重要的问题。可以说，族群与族群关系是当代人类学、社会学、政治学等学科研究的主题。

一、西方族群概念的认知历史

追溯其历史，族群 ethnic 源于希腊文 ethnos 的形容词形式 ethnikos。据说它是在14世

①兰林友：《论族群与族群认同理论》，《广西民族学院学报》（哲学社会科学版），2005年第3期，26～31页。

②周大鸣：《论族群与族群关系》，《广西民族学院学报》（哲学社会科学版），2001年第2期，13～25页。

纪中期才成为英语的。在很长一段时间里,它的所指是“非基督教的”,“非犹太教的”,或“异教的”。19 世纪,随着科学主义兴起,宗教式微,“异教徒”一词在西方用语中被“种族”(race)一词替代,ethnic 几乎成了与“种族”同义的赘词。然而,在美国这样的移民国家,ethnic 不时也被用来委婉的指称犹太人、意大利人等所谓的白种人内部的“亚种族”。

这是因为中世纪的欧洲主要是以宗教信仰来划分人类群体,把“异教徒”看做是落后的野蛮人。因此,ethnic 最早是具有歧视性含义的。ethnic 是一个形容词,长期没有发展出合适的名词形式,最通用的是复合名词“ethnicgroup”。19 世纪,随着科学主义和民族主义的兴起,宗教意义上的他者“异教徒”逐渐被科学意义上的他者“种族(race)”所取代,ethnic,也就成了 race 的同义词。在我国的一些英语词典中,至今仍把 ethnic 解释为“种族的、人种学的”,把 ethnology,翻译为“人种学”,把 ethnography 翻译为“人种志”等。这些解释反映了 19 世纪以来 ethnic 一词的含义,但未能反映其近几十年来的意义变化过程。

在 20 世纪 30 年代学术界才开始较普遍地试图在概念上把“种族”和“族群”区分开来,认定前者是用于研究人类体质变异所用的概念,后者是研究人类社会文化变异所用的概念。然而,在此后较长一段时间里,族群 ethnic group 实际上仅仅是被用来指称一个较大社会中具有不同起源和文化传统的亚群体,或“少数民族”;ethnic 一词往往是被用来形容那些不入主流,或与主流文化不同的东西。

到第二次世界大战以后,族群一词被用来取代英国人的“部族”和“种族”,运用也就更为广泛。族群意指同一社会中共享文化的一群人,尤其是共享同一语言,并且文化和语言能够没有什么变化地一代代传承下去。有关族群的概念是多种多样的。

到了 20 世纪 50 年代,利奇认真质疑对族群的定义方式。根据他对缅甸北部卡钦人的研究,认为以客观文化描述整个人群的传统,无法解释田野研究中所见的一些族群现象。他指出,卡钦人与掸族的分别,是因为卡钦人主观认为有此区别,而非他们与掸族间客观的种族或文化差距。利奇指出了一个关键的问题:社会人群的界定与分类,应该根据外来观察者的客观角度,或是以这些人的主观认同?这个问题在比较社会研究上有相当的重要性,因此受到广泛的注意与讨论。族群研究的缘起,是由于第二次世界大战以后,美国人类学界想将全球各人群文化、经济生态、社会组织的民族志资料建档、编目,以为文化比较研究之用。但是困难在于,族群这个人群单位的分类标准何在?这个问题也激起对族群定义的广泛讨论。

20 世纪 50 年代,韦伯作出族群的另一定义。他将族群位于阶级、地位、政党相对的一个概念,认为族群就是那些因体质类型,或习俗,或两者的相似性,或因殖民或移民的记忆,而对共同的血统享有主观信仰的人群。首先,他将族群与生物学的种族区别开来,认为构成族群的并非只是生物差异,而是自身与他人对这些特征的主观感受。其次,并不认为共享的族性本身就会导致族群的形成。第三,强调历史在形成族群中的作用。拥有共同的记忆,对明确地域和某些传统或生活方式的依恋这些要素就构成群体的集体意识。第四,认识到族性用来划分与内婚群体不一致的社会圈,通过神话和象征符号,将族群特征扩展之更广泛的社会圈,实质上就构成族群。

关于族群，科威特人类学家穆罕默德·哈达德给出的定义是：族群是指在社会上具有独特的因素，因文化和血统而形成不同的群体。可以说，它是因体质或文化上的特点而与社会上其他群体区别开来的人们共同体。他认为可识别性、权力差别以及群体意识是族群的三个基本特点。这是从广义上给族群下的定义。社会人类学界比较常用的是马克思·韦伯的定义："某种群体由于体制类型、文化的相似性，或者由于迁徙中的共同记忆，面对它们共同的世系抱有一种主观的信念，这种信念对非亲属社区关系的延续相当重要，这个群体就被称为族群。"族群不仅为人们提供了自我认同的可能性，而且也为个体在面临新的情景时的自我调适准备了场景，从而克服了个体的社会孤立状态。[①]

挪威的巴斯后来从群体的排他性和归属感来界定族群。他认为"族群"是由其本身组成成员认定的范畴，造成族群最主要是其"边界"，而非语言、文化、血缘等"内涵"；一个族群的边界，不一定是地理的边界，而主要是"社会边界"。在生态性的资源竞争中，一个群体通过强调特定的文化特征来限定我群的"边界"以排斥他人。

《哈佛美国族群百科全书》在定义族群认同时就考虑到边界和内涵的总和；族群是一个有一定规模的群体，意识到自己或被意识到其与周围不同，"我们不像他们，他们不像我们"，并具有一定的特征以与其他族群相区别。这些特征有共同的地理来源、迁移情况、种族，语言或方言，宗教信仰，超越亲属，邻里和社区界线的联系，共有的传统、价值和象征、文字、民间创作和音乐，饮食习惯，居住和职业模式，对群体内外不同的感觉。

二、中国学术界对族群概念的界定

国内学者在对族群的研究中也对这一概念作出了自己的界定。徐杰舜对族群的概括是：所谓族群，是对某些社会文化要素认同而自觉为我的一种社会实体。这个概念包括三层含义：一是对某些社会文化要素的认同，二是要对他"自觉为我"，三是一个社会实体。而在吴泽霖主编的《人类学词典》中"族群"是这样的：一个由民族和种族自己集聚而结合在一起的群体。这种结合在其成员中是无意识的承认，而外界则认为它们是同一体的。也可能是由于语言、种族或文化的特殊而被原来一向有交往或共处的人群所排挤而集居。因此族群是个含义极广的概念，它可能用来指社会阶级、都市和工业社会种族群体或少数民族群体，也可以用来区分居民中的不同文化的社会集团。族群概念就这样综合了社会标准和文化标准。

纳日碧力戈认为，族群兼具"种族""语言""文化"含义，本质上是家族结构的象征性扩展，它继承了家族象征体系的核心部分，以默认或者隐喻的方式在族群乃至国家的层面上演练原本属于家族范围的象征仪式，并且通过构造各种有象征意义的设施加以巩固。

潘蛟指出，20 世纪 60 年代末到 70 年代初，与殖民时代的结束相吻合，"族群"概念取代了"部落"在人类学研究中的重要地位，这实际上反映了西方意识形态和人类学研究取向的转型。这种转变就是从巴斯的论述开始的。从此以后，ethnic 的基本含义已演变成为指在语言、文化、历史、血统、族源上有共性的群体或次群体的，或与这样的群体、次群体有关的，eth-

---

①穆哈默德·哈达德：《科威特市的民族群体和民族等级结构》，《民族译丛》，1992 年第 5 期。

nic group(族群)也就成为一个含义宽泛的概念。大约在 20 世纪 50 年代的美国,从 ethnic 又派生出一个名词 ethnicity。70 年代这个词汇开始在欧美学界普及使用。[①]

"族群"这个词进入中国并非近 20 年的事情,但是对"族群"这个人类学术语的定义到目前为止,还是见仁见智,没有定论。中国人民大学的陆煜、胡鸿保在 2001 年的"族群理论与族际交流"国际学术研讨会上提交的论文中指出:因为现代汉语中的"民族"的概念在不同历史阶段和不同文化背景下具有不同的所指和意义,汉语的"民族"一词还缺少一个贴切的英文对译词。虽然完全的共识并不能达成,但是大多数人基本认同,在人类学界族群有着极为广泛的含义。

经过多年的讨论,虽然分歧不少,但社会科学家对族群研究已经达成一个有意义的共识:即"族群"并不是单独存在的,它存在于与其他族群的互动关系中。简单地说,没有"异族意识"就没有"本族意识",没有"他们"就没有"我们",没有"族群边缘"就没有"族群核心"。这样,族群边界成为我们分析族群的一把钥匙。也就是说我们必须从族群互动中研究族群内涵和族群关系。

第二节　族群与民族的关系

一、族群与民族的学术论争

族群和民族在概念上是什么关系?这两个概念之间有什么区别?族群这个概念究竟是比民族大还是比民族小?"族群"是否是仅次于"民族"的族体?或者只是一个民族内部的支系?是否应该把 ethnic group 译作"民族",或者是否应该把"56 个民族"该称为"56 个族群"?等等一系列问题相牵连。

这两个词均来自西方,"民族"过去对译的英文为 nation 或 nationality。Nation 的基本含义是双重的:国家或民族。"国家"层面的含义应用更广泛,即多指"国民国家",如"联合国"就是其中典型的例子。英国学者 A. D. 史密斯的 nation 定义也是国家层面上的:nation 是一个在横向和纵向联系上一体化,拥有固定领土的群体,它是以共同的公民权利和具有一种(或更多)共同的集体意志为特征的。

与族群一样,民族(nation)一词实际上也是个舶来品,非汉语所固有,约在 19 世纪末 20 世纪初从日语中借来,此后被不断认识和接受。然而民族是什么?这个看似不是问题的问题,却始终没有在理论上得到解决。[②]

---

①潘蛟:《"民族"的舶来及相关的争论》,中央民族大学博士学位论文,2000 年,74 页。

②潘蛟:《"族群"及其相关概念在西方的流变》,《广西民族学院学报》(哲学社会科学版),2003 年第 5 期,54～61 页。

实际上,汉语中的“民族”概念与西方的“民族”概念不尽相同。在汉语中“民族”这一概念的内涵十分丰富,往往包含着多重含义:(1)广义的民族概念,含义相当于“人类共同体”,接近于英文中的 people;(2)与国家概念紧密相连的民族,“国族”一词可以准确地表达这层含义,如中华民族、美利坚民族等,相当于英文的 nation;(3)狭义的民族,即作为国族组成部分的民族,如中国的 56 个民族,部分学者主张用“族群”(ethnic group)概念表达;(4)小民族或不发达民族,“部落”可能更加确切。

我国民族学界对民族的定义及使用实际上一直是以斯大林的民族定义为理论基础,然而围绕这一定义的各种争议也一直不断。关于如何界定民族这一概念的争论,王东明认为,从国内情况看,实际上沿用了三种标准:(1)“四个共同”论,即以斯大林的民族定义为准绳,这种观念在中国甚为风行。事实上,在苏联,20 世纪 80 年代已有一批论著对斯大林的观点进行修正,认为斯大林的观点有很大的历史局限性;目前,我国学者也开始对此进行反省。(2)西方民族观。这种观点在整个世界民族学界和国际关系学界占有绝对优势,具有十分普遍的学术影响。我国 20 世纪 70 年代末、80 年代初的思想解放潮流,为西方民族观扩大影响提供了机遇,影响日甚。(3)当代中国学者的民族观。在我国国际政治研究领域,一批现代学者通过对西方民族观及四个共同论的反思,联系国际现实,逐步建立起新的民族观,其核心是从文化角度去理解民族。为此,学界在 20 世纪下半叶曾进行了 5 次讨论。然而,近十年一次的讨论还是始终没有理清“民族”的概念问题,可见问题之复杂。①

马戎在谈及这段历史时认为,当时讨论的核心是围绕如何理解斯大林提出的“民族”定义及相关的民族理论,许多观点的出发点和理论基础是“经典著作”的条文,而不是立足于对中国几千年来民族群体的形成和民族关系的演变的实际过程的客观分析。他提出:世界上各种人群之间存在着各种不同程度的差异(包括体质、语言、宗教、风俗习惯、社会组织形式等等),我们在研究时可以将这些差异看作是一个多维度的“连续统”,每个维度从一端的没有差异到另一段的巨大差异,是一个长期的过渡进化过程,中间存在着无数的过渡阶段,中间的若干“量变”逐渐积累而出现“质变”。当我们用族群或民族概念去定义时,实际上是在这条“连续统”上去寻求分界、寻求质变点,这就意味着我们在划分族群或民族时不可避免地带有主观性,同时由于客观事物也在不断的变化过程中,因而我们划定的分界点往往与客观实际不太吻合,甚至存在一定的距离。从这个角度看,斯大林的民族定义、我国 20 世纪 50 年代的民族识别工作同样如此,都要受到当时具体社会历史背景的限制,也包含着一些主观意愿因素(政治的、经济的等)在里面。因此,我们今天所谈到的民族概念实际上十分复杂,包含了社会、政治、经济、文化等各方面含义及人为因素在内,是一个“复合型”概念。同时,世界各地出现、使用的“民族”“族群”概念,因其发展历史、社会经济、文化等方面的不同,因而内涵必然有所差异,我们研究时更重要的是研究、理解其内涵,在交流时不致出现太大歧义,而不必孜孜以求一个放之四海而皆准的“标准”定义。对经典理论的观点,尤其是斯大林关于民族的定义,马戎认为应该承认其所确定的四条标准对理解现代中国的民族具有一定的参考价值,但关键是

---

①王东明:《关于“民族”与“族群”概念之争的综述》,《广西民族学院学报》(哲社版)。

不能将这些标准看作是一成不变的教条。①

潘蛟对民族、族群等概念在西方的发展进行了研究，认为直到19世纪末人们才开始真正地定义民族，这个时期也正是那些过去在欧洲不曾被看作是“民族”的人群（如芬兰人、斯洛伐克人等）诉求自己的民族—国家的活跃期，此时的问题是哪些人可以成为民族，进而可以成为自决的单位，建立自己的主权国家。斯大林的民族定义不仅是一种学理，更是一种技术，一种有关民族自决，进而关及无产阶级革命的权力技术。同时，有关民族定义的讨论，不仅是认知上的求真，而且是就变化中的权力关系作出的某种应对。

关于民族定义方面的文献还有许多，这里不再赘述。但总体上看，“民族”一词不仅包含着历史、文化、经济等因素，更蕴涵着强烈的政治色彩。

中国的学者为了避免“国民国家”的含义，常用 nationality 而不用 nation 表示民族。其实 nationality 的准确含义为“国籍”。对这种状况，许多学者均有所认为，林耀华曾作为详细的探讨，他认为“民族”的许多含义中，当今最常用的有两条：民族相当于族群 ethnic group，或相当于 nation，汉语中仍译为“民族”。他又进一步指出“族群”（ethnic group）专用于共处于同一社会体系（国家）中，以起源和文化认同为特征的群体，适用于一国之内；民族（nation）的定义即“民族国家”，适用于各国之间。林先生的这种区分基本上反映了族群与民族的区别。基于这种观点，我国的少数民族和汉族中的不同支系皆可称作族群，而在国家层面上，则可使用民族，如中华民族，中国人。许多学者支持这一观点，如张海洋就认为在中国“族群概念适用于民族的文化定义，民族概念适用于族群的政治含义。”

费孝通认为 Ethnicity，Nationality 都是英国的概念，不是中国的东西，中国没有这一套。说过去他将“民族学院”翻译成 Institute of Nationality，这是不通的。因 Nationality 是国籍的意思，这样就成“国籍学院”了。费先生主张一些概念直接用英文。王明柯主张以“民族”对应 ethnos，以“族群”对应社会人类学家所称的 ethnic groups。族群指一个族群体系中所有层次的族群单位（如汉族、客家人、华裔美人）；民族则指族群体系中主要的或最大范畴的单位（如汉族、蒙古族、羌族等）。②

由于民族依次进入中国后被赋予了新的内容，无西文的适合词汇相对应，有人建议用汉语拼音“Minzu”。斯蒂文·郝瑞也认为民族无法转译，在英文中索性保留中文音译。

二、族群与民族的区别

斯蒂文·郝瑞作为长期在中国从事彝族地区田野工作的美国人类学家，对西方人类学的“族群”与中国背景下的“民族”两个概念的区别有较深的体会。西方人类学家在接触到彝族这样的“民族”时，复杂的支系和认同自然让他们觉得无所适从。郝瑞举四川攀枝花市米易县横山镇和麻隆乡的亚拉人为例：他们只有600人左右，在自己的语言里自称尼洛，在当地汉语

①马戎：《民族关系的社会学研究》，周星、王铭铭：《社会文化人类学讲演集》，天津：天津人民出版社，1996年。

②费孝通：《关于我国的民族识别问题》（一九七八年九月在政协全国委员会民族组会议上的发言），《中国社会科学》，1980年第1期。

中自称亚拉，在民族识别中被划为彝族，但他们对此保持异议。他们顽强坚持自己的语言，内部通婚或与汉族通婚，而绝不与当地的彝族主体诺苏通婚。在郝瑞看来，亚拉人显然是一个“族群”，但在中国的分类体系中却不可能是一个“民族”。郝瑞指出，“族群”和“民族”无论从前提上或是原则上而言，都毫无共同之处，除了它们所指称的对象是相似的以外。他用下面的表格来区分这两个概念。（见表 7-1）

表 7-1 Ethnic group 和民族两个词语的基础

Ethnic group	Minzu
族群	民族
西欧/北美的概念	中国/俄国的概念
地方语境	国家语境
平民百姓	精英
主位	客位
主体性	客体性
流动性	固定性

郝瑞认为，“族群”这一概念代表着这样一种认知，即客体性与主体意识间并不存在简单的对应性。正如利奇在其经典著作《缅甸高地的政治体制》中所指出的，那些共享相似的文化、相似的起源、相似的语言的人们，可能是、也可能不是一个政治或经济实体，他们也未必认为自己是一个统一的群体；而在政治和经济上集结在一起的群体却未必享有共同的文化与语言。总之，“族群”是在地方性语境中被界定的、强调群体成员的主体性和主观认同的概念。与族群相反，“民族”则是被框定在国家(state)的民族主义语境里的概念，强调的是人口和文化这样的客观事实。正是这种主观与客观、主位与客位的不同立场和思维模式，使得族群与民族两个词在意义上无法对接。①

族群与民族的区别主要在于它们所处的政治状态或地位的不同，民族 nation 一般是指被政治疆域化或国家主权化了的族群，它不仅构建在世系、文化认同上，还必须构建在共同的地域和共同的经济联系上。它既以共同的地域和共同的经济生活做其权力诉求的基础，也以共同的地域和共同的经济生活做其权力诉求的目标。民族 nationality 也是被疆域化或政治制度化的族群。但与民族 nation 不同，它是未被主权化，但被赋予了某种区域自治权利的族群。在今天，族群也会有这样或那样的政治诉求，而且这些诉求也可能会得到这样或那样的承认。但是，与民族不同，族群的政治诉求一般不涉及疆域、自治或主权承认。当然今天世界上有不少族群正在做这种诉求，但是这种诉求一般是在现有或曾有的共同地域的基础上提出来的。例如，提出这种诉求的一般是某一地区的原住民，而很少是那种由外来移民构成的族群，而且，这种诉求常常表现为诉求者宣称为民族 nation 或 nationality，反对把自己混同于一般的

①斯蒂文·郝瑞：《田野中的族群关系与民族认同——中国西南彝族社区考察研究》，260～263 页，南宁：广西人民出版社，2000 年。

族群 ethnic group/ethnicity，当然，一个人群究竟是族群还是民族，这并不完全取决于这个人群的诉求，而且还取决于这个人群所得到的国家的承认。当然，并不是所有具有共同地域和经济联系的族群都会要求政治上的疆界化，或得到了政治上的疆界化。而且，一个散居在世界各地，彼此缺乏共同地域和共同经济联系的族群，例如犹太人，也可能来寻求一块地域，创建共同的经济生活，实现自己的政治疆界化，成为一个民族。总之，民族并非一种单纯的、不以人们意志为转移的客观存在，而是一种浸含着人们意愿的社会政治构建，一种政治商榷和对话的结果。

综上所述，族群 ethnicity 和民族 nation 的区别不仅在于，前者可以泛指存在于一切社会发展阶段上的"民族"，后者仅限指"现代民族"；也不仅在于，前者可以用来同时泛指任何形式的"民族体"和"民族社会机体"，后者仅限指"现代民族社会机体"；而且还在于，两者着附着不同的、较为复杂的政治含义。与 ethnic 不同，nation 在过去没有那种专指"他者"(the Other)，或一个较大社会中的少数民族的含义。在今天，它则往往是指那些已获得国家主权、或在一个国家政治—经济权力结构中已获得某种自治地位的族群，或具有某种政治自觉和要求的族群。而族群 ethnic group，ethnicity 却没有这种较为明确的政治含义。在科恩看来，族群基本上是指一种非正式的组织，它尚未成为一个国家内部的正式政治—经济权力构架中的一个组成部分。如果在一个联邦框架内，一个族群已被正式承认为一个自治领或单位，那么，它也就不仅仅是一个族群(ethnic group 或 ethnicity)，而且同时也是一个"民族"(nation 或 nationality)了。

第三节　族群认同研究现状

一、族群认同的基本特点

族群认同被认为是族群研究中的一个主要内容。"族群认同是社会成员对自己族群归属的认知和感情依附"。孙九霞认为，族群认同涉及以下四个方面。一是族群认同产生的前提是族群间存在互动关系。二是族群认同的要素包括主客观两个方面。客观要素包括基础的要素，如共同的历史和遭遇；一般要素，如语言、宗教、地域、习俗等文化特征。三是认同具有多层次性，如存在对家庭、世系、邻里、社区、族群、国家等多层次认同。最后，她指出，移民带来了族群认同的复杂性。在 20 世纪七八十年代，国外有关族群认同的理论有两派，一是根基论或原生论，一是情景论或工具论。根基论认为族群认同主要来自天赋或根基性的情感联系，指群体通过来自亲属传承的既定资赋，如血缘、语言、宗教、习俗等根基性的联系而凝聚在一起。根基论者注重主观的文化因素，认为造成血统的传承，只是文化解释的传承。情景论者强调族群认同的多重性，以及随情景(工具利益)变化的特征。原则上，当我们与别人交往时，会用最小的共同认同来增加彼此最大的凝聚。近来，一些权威学者把两派理论综合起来，如凯斯等学者就认为只有在可行的根基认同与可见的工具利益汇合时，族群认同才会发生。[1]

二、族群认同的基本理论

族群理论自20世纪70年代以来是不断变迁的，没有形成主流范式；族群理论诸流派也似乎缺乏明显的界限。我国学者对族群理论进行研究和梳理的文章尚不多见。纳日碧力戈较系统地谈论到族群和族群理论，他把族群理论划分为族群原生论、族群现代—想象论、族群神话—符号丛论、族群边界论和马克思列宁主义的族群理论等五种。潘蛟则把族群理论归纳为文化说、族界理论、原生论、工具论、辩证阐释理论、民族—国家及其意识形态构建说等六种。台湾学者王明坷指出，近30年来族群研究著作汗牛充栋，但人类学者关注的是族群本质(ethnicity)问题，即“究竟什么是一个族群？为何人类要组成族群？族群与人类其他的社会结群，如家族、国家、党派，有何不同？为何个人的行为常受其族群认同左右？”他从客观与主观之争、工具论与根基论(原生论)之争的角度回顾了族群理论的发展历史，对我们有重要的参考价值。正是对王明坷所列举的上述问题的不同回答，构成了族群理论的不同流派。

对人类群体，人类学家感兴趣的是他们的族群性，或族群性(ethnicity)。想探讨一个族群为什么认同自己，是如何认同的，以及如何区分“我们”和“他们”的区别，如何表达自己的“本族意识”和“异族意识”的。在众多理论探讨中，主要有原生论(primordialism)、工具论(instrumentalism)以及建构论(constructionlism)几种主要的争论。针对族群关系与认同研究，现在有以下研究成果，可总结如下。

1.“原生论”

原生论是英文primordialism的翻译，有人译为“根基论”。作为一个族性理论流派，原生论缘起于对这样一个问题的反思：族群意识为什么如此难以化解；关注于这样一些事实：族籍一般是根据人们的出身来推定的，族群构建在人们对他们具有共同世系或起源的信念上，大都仅挑选那些据信能够反映其世系和起源的文化特质来做自己的族界标志；倾向于认为：族群认同是亲属认同的一种延伸或隐喻，它是人性中某种非理性的原生情感的外化，或某种植根于自私基因中的生物学理性的表现。最先在目前的含义上使用这个术语的人是希尔斯。他为了解释家庭中的亲属关系的情况，于1957年首先使用这个术语。他辩称家庭成员之间的属于某家庭的感觉，并不是来源于家庭成员互动，而是来源于当然的血缘联结的感情。

一般认为，原生论又可以进一步被区分成两个流派，即文化历史学派和社会生物学派。前者以格尔兹为代表。他指出，对个人来讲，这种原生的情感联系是被给予的。那是社会经验的给予，如他们对移民的认知，对亲属的联系等。一个人被生在有特殊宗教信仰，说特殊语言或者方言、遵循特别的社会实践的社群，他因此得到一些既定的血缘、语言、宗教、风俗习惯

---

①孙九霞：《试论族群与族群认同》，《中山大学学报》(哲社版)，1998年第2期。

等，他因此就从该群体的其他那里获得了原生的情感联系。后者以范·登·伯格为代表。他认为这种表面上看来非理性的原生情感是有其生物学基础的，它是自私的基因追求包容性适存的表现。

近几十年来，社会生物学的兴起导致了一些社会学家新的民族基因理论产生。这种理论与多元理论不同的是强调生物性作为族群性的基础。早期社会生物学的基础是自然选择的单位是基因而非个人。按照社会生物学的观点看来，个人仅仅是基因库生存所需要的作为基因暂时的房子或容器。这样，基因被视为"自私"的并且趋向于极大的健康，或者是保存在基因库中的能力。关于族群性的社会生物学理论也是基于这种假设，认为基因是族群性产生和维持的驱动力。

依据巴赫和大部分生物学家的观点，社会结构仅仅是维持基因健康存在的"生存机制"。他们并用"亲缘选择"和"互惠利他"两个概念来解释为什么自私的基因创造了社会结构或"生存机制"。

社会生物学家引进了两个概念来解释为什么"自私"的基因创造了社会结构或"生存机制"。一个概念是"亲缘选择"或"极限健康"，即家庭结构是一种策略，使得男性和女性的基因能极大地将健康基因物质保存在基因库中。然而，当家庭成员互相帮助时，他们保证一部分基因保存在基因库中。这样家庭成为基因保存在库中的策略。另一概念是"互惠的利他主义"，用于解释非家庭成员为生存的相互帮助；假使最大限度的健康是基因的目标，那么就必须对那些互相帮助的、并不共享任何基因的人们作出解释。当那些非亲缘的人们互相帮助时，互惠的利他主义就发生了，这些人知道这种利他行为将是互惠的。这种互惠推动健康和使个人能够生存并不需要传递他们的基因，从而保持他们的基因库。

巴赫利用"亲缘选择"和"互惠利他"这两个概念来解释族群性。他将亲缘选择的概念扩展到次级群体。从历史上看，亲缘群体（包括宗族）构成了相近和远亲的血缘团体，这种团体维持了群体内的信任和稳定以及对别的血缘团体的不信任。巴赫用"族类"代替"族群"。一个族类是一个扩展的血缘团体，是由于族内婚（以男性选择构成的特别群体）和领地（成员之间的物质距离和相对隔离）创造的不同亲属构成的环形圈群体。一个族类的再生产策略远比一个亲属群体保持更大化的基因健康，因为一个族类的构成甚者超过一百万人，个人创造了能帮助保存他们健康的团体，不论是否共享基因，更特别的是与其他族类有互惠的利他行为。一个族类可以形成一种"推动力"帮助那些与其类似的人们。尽管一个族类会由于其成员的增加而淡漠和屈从于社会和文化的范畴，但是族类是自然选择的结果，显示了共享基因和互相帮助的人们的生物性生产的趋势。巴赫解释了族群是怎样产生的，并运用这一理论建立起基因进化的原则。

原生论认为族群与人类社会共始终，族群认同来自原生性的情感联系，族群认同是亲属认同的一种延伸或隐喻，甚至是根植于人类基因中的生物学理性的表现。主张原生论者包括希尔斯、格尔兹，以及撒克、查里斯·凯斯、范·登·伯格和菲什曼等人。潘蛟认为，原生论又可以进一步划分为两个流派，即文化历史学派和社会生物学派。以格尔兹为代表的文化历史学派偏重分析人们附着于自己历史和文化上的"原生情感"或赋予自己历史和文化的象征意义，以及这种原生情感在现代国家政治生活中的作用。原生情感几乎是非理性的，源自某种自然的或精神上的同源关系，而不是社会互动。把族群认同原生化、美学化，在一定程度上与格尔兹文化观中的反唯理主义倾向是一致的。该派强调主观的文化因素，如格尔兹认为原生情感来自主观认知的"既定资赋"，查里斯·凯斯也认为造成族群的血统传承的只是文化性解释的传承。以范·登·伯格为代表的社会生物学派则把族群认同归结到人类基因中的生物学理性的外化或表现，是人类自爱或自恋的延伸。此派理论受到爱德华·威尔逊的著作《昆虫社会》(1971)和《社会生物学：新的综合》(1975)的强烈影响，而把族群内的最小单位不是划分到家庭和个人，甚至也不是机体和器官，而是划分到基因：自私的基因及其生存需要给族群提供了原动力和生命力。这种极端的原生论把族群研究从文化领域倒退回了生物学领域，从而引起了众多学者的批评。

2. 工具论

工具论者强调族群认同的多重性，以及随情景变化的特征。这在我们的日常生活中是常见的。在工具论看来，人是有理性，无时不在算计和优化自身利益的。族群认同生成于权力对峙中。族籍不过是人们为追逐集体利益而操弄的一种工具，只要能够增进利益，族群纽带就会有巨大的感召力。族籍并不是什么原生的、不可缺省的身份，在追逐、优化利益的过程中，跟随互动场景的变换，它事实上不时也被职业、阶级、乡籍、性别等身份替换，从而它是具有情景商榷性的(situational and negotiable)。由于认为族群意识的兴衰是由具体的政治、经济场景变换来决定的，工具论不时也被称作"场景论"(circumstantialist approach)。

对族群认同的情景商榷性的揭示和讨论，实际上可以追溯到美国芝加哥学派在20世纪20～30年代对外来移民在美国城市中经历的文化涵化和英国曼彻斯特学派在20世纪40～50年代对非洲罗得西亚北部土著经历的社会变迁和城市化进程的研究上去。芝加哥学派的帕克等人曾注意到了族群范畴的流动性。在城市流动无常的生活环境中，族籍的重要性会发生变化。一个人可以被归属到不同的群体范畴中去，从而具有各种不同的"自我"，不同的身份，那种被称为原生的、与文化的根相连的族籍只是其诸种身份中的一种，而且常常被这些移民有意识地操弄来参与现代社会的经济竞争。

工具论关注的是那些导致族群认同兴衰的经济、政治原因。尽管它并不否认族籍、传统对人们具有感召力，但是，它认为，只有在能够增进或获得某种经济、政治利益的时候，这种所谓的原生纽带才会具有感召力，在本质上，族籍和传统不过是人们为获取经济、政治利益而操弄的一种工具而已。应该说，就族群意识的兴衰而论，工具论是具有一定解释力的。但是，也应该指出，任何族群内部事实上也存在着这种或那种利益上的分层或分歧，工具论并没有认真解释为什么那些有关族源的神话和传统具有如此大的神力，以至可以被少数精英竞相操弄来迷惑、动员大众，掩盖、转嫁他们与大众之间的阶级利益分歧和冲突。而且，要证明人们固执于自己的族籍仅仅是因为它具有某种工具效用同样也是困难的。事实上，并不是在任何社会和任何历史时期，人们固执于自己的族籍都是因为这样做比改宗接受同化更为有利。人既是经济/理性的人，也是道德/象征的人。他们并不仅追求物化利益，同时也追求自尊、荣誉、信仰、忠诚等象征意义。真正地试图把族群认同的原生性和工具性综合起来考虑的是凯斯。凯斯认为，族籍是人与人之间的一种原生关系。所谓的原生关系是指那些根据既定、或被认为是既定的事实(assumed givens)来确定的关系。而所谓的既定事实则是指那些在人们出生时便已被确定了的事实。这些实际上已被文化修饰了的事实包括性别、籍贯、生日、被当作生物遗传标志的体征，社会世系或与其祖先的联系。人类学家哈兰德对苏丹的福尔人(Fur)的研究是工具论的典型例子。他的研究表明，福尔人本来是一个定居的农耕部落，他们与另一个以游牧为生的巴嘎拉人(Baggara)之间的族群界限的维持，是建立在个人对牧场的选择与利用与否。当一些福尔人拥有了大量的牲畜需要放牧的时候，他们为了获得草场资源，于是逐渐认同巴嘎拉人。

族籍是人们对世系所做的一种文化解释。人们的世系事实上是由他们的文化，而不是他们之间生物学上的联系来定义的。人们并不是真正在按照他们的家谱来追溯他们的共同祖先。而且，由于那些生活在不同历史时期的不同祖先可以被当作是人们追溯世系的不同起点，人们既可以根据父母双方的世系，也可以根据其中任何一方的世系来追溯他们的起源，从而，就像一个人具有属于数个亲属群体的可能性一样，一个人也具有属于数个族群的可能性。还应该看到，族群也是在人们对利益理性化压力做出反弹的过程中得以延续或复兴的，而利益的理性化则是与那种人们在其中只有客观的共同利益的"正式组织"相关联的。

场景/工具论(circumstantialist/instrumentalist approach)与原生论相对，工具论认为族籍并非原生的、不可或缺的身份，而是在功利性的互动场景中变化的，不时会被职业、阶级、乡籍、性别等身份替换，从而基本上将族群认同看做是一种政治、社会或经济现象。工具论的代表人物有德斯普莱斯、冈纳尔·哈兰德、阿伯乐·库恩、保罗·布拉斯等。一般认为阿伯乐·库恩是工具论的最早倡导者。他承认族籍具有象征或情感上的召唤力，但族群认同在本质上是一种政治现象。族群之所以强调传统文化，是因为传统文化能够增强和调动一个族群的政治内聚力。保罗·布拉斯强调的是族群意识是如何被唤起和操弄的。总之，该派强调族群认同的多重性与多变性，对研究族群意识的兴衰具有重要的参考意义。

3. 文化说

"文化说"是一种较为古典的族群理论。它不仅曾在20世纪60～70年代以前的西方学术界，以及斯大林以后的苏联族群理论界占据主导地位，而且至今也是我国"民族"理论界中的主流话语。

在西方，特别是在美国，基于"文化说"的上述基本设定，族群关系研究曾一度成了涵化研究，而所谓的族群理论实际上一度也成了"同化理论"。罗伯特·帕克将同化视为群体和个人相互渗透和熔合的过程，即个人与群体从其他群体获得记忆、情感、态度，并且共享他们的经历和历史，逐渐融汇成共同的文化生活。近来，同化的理论有更多的解释：(1)主体社会和文化的本质是移民群体必须与之适应的。(2)同化的类型、层次和程度会有不同，同化理论从族群关系看开始可能是痛苦的，残酷的，但是指出了一条族群通往主体文化的不通方面的道路：这包括文化的、结构的、通婚的、认同的、认同的、态度的和信仰的、行为的和政治的同化。确实，有许多不同程度的同化提供了歧视的类型是怎样反族群从属群体的。虽然同化理论不能解释歧视力量的运作,可提供了其后果的情况。移民群体必须与主体社会的文化本质相适应。这正如戈登(1964)所强调的,来自不同文化背景的人们,经过美国社会的共同生活,最后会变成具有美国文化特质(以盎格鲁一萨克森民族的传统文化为中心)的美国人。

一般认为,“涵化”和“美国熔锅”等概念的流行与帕克及其美国社会学芝加哥学派在20世纪二三十年代对美国城市中的族群关系研究有密切关系。

“涵化”(acculturation)是从人类学界借用来的概念,它的所指是“当具有不同文化的各群体进行持续的、直接的接触之后,双方或一方原有的文化模式因之发生的变迁”。然而,在就帕克等人的实际使用来看,它主要是指外来移民对新文化环境所做的适应。他们相信,涵化会最终导致这些外来移民完全同化或失去他们的族群特征。他们认为,每个社会或多或少都是一个成功的熔锅。在这个熔锅中,不同的人群被混杂在一起,被涵化,以至最终被同化。至于被涵化和同化的不同速度和方式,则是由这些人群在不同政治、经济制度中所处的具体位置来决定的。

同化(assimilation)是指“一个相互渗透和融合的过程。在这个过程中,个人和团体获得了其他个体或群体的记忆、情感以及态度,并通过分享他们的经历与历史而与他们整合进入到一种共同的文化生活中”。与同化不同,民族融合(amalgamation)的所指已不是一个文化融合过程,而是“一个生物学过程。它通过杂交和族际通婚而达成民族融合”。

文化论是一种客观特征论,即认为族群的本质在于客观的文化特征。纳若尔被认为是文化论的代表人物之一。他于1964年发表的论文《论族群单位的分类》中倡议建立一个新的文化单位——族群单位,借以将世界文化和人群分类;他提出族群单位可由客观的特征如语言、文化、社会组织等来定义。他的论文发表前曾被送给64位学者评论,并连同23篇评论一起刊发,可见其受重视程度。但他的观点在当时和以后都成为反对者的众矢之的。新中国盛行一时的斯大林民族定义和据此而进行的民族识别,实际上也是一种客观的文化论模式。斯大林论述了民族所具有的共同地域、共同语言、共同经济生活和表现在共同文化上的共同心理素质四个基本特征,其最终的落脚点仍在文化差异。20世纪70年代以前的传统的人类学田野工作和民族志撰写就建立在这种文化论的基础上,那时候人类学家使用的不是“族群”而是“部落”的概念。潘蛟认为这种族群理论具有以下含义:族群是在遥远的过去、在相对隔绝的地域中形成的;族群之间的根本差别是文化,族群认同的客观基础也是文化;族群之间的矛盾和冲突主要是文化差异造成的;由于现代化的发展、隔离的消除、文化趋同的加剧,族群问题及族群本身会最终消解。但族群问题并没有随着全球化、现代化的浪潮而消解,反而愈演愈烈,这促使了对文化论的反思和批评。

4. 互动/“族界”理论

一般认为,是巴斯所编的《族群与边界》(*Ethnic Group and Boundaries*)一书中,“文化说”才遭到了较为彻底地清算和批判。

社会人类学家越来越聚焦于社会族群认同和边界在不同条件和时间中的稳定性与渗透性及其变迁和消亡。巴斯认为族群边界确定一个群体,而他的研究显示族群的有界性具有极大的动态性。在认同过程中，族群成员并不是以大量集合观念与行为上的“文化材料”（如语言、宗教、习俗和法律、传统、物质文化、烹饪等等）来划分族群边界，而仅是选出“某些特定的文化特征”作为本族群的“确凿的归属标准”。这些作为标准的文化特征是“认同的基本内容和特征”，也极有动态性，在历史中经常被族群成员更改，如此也导致产生了新的族群边界样式和定义。族群之间的边界不一定是共同建构、均匀的，而经常是由单方构建或强加的。其他族群面临边界时，在反应过程中力图拆迁、穿透、绕行产生阻隔的边界，也有可能建立归自己控制的对应的边界。边界不一定是完全不渗透的，根据每个不同群体边界的操作作用与成员资格的标准，当群体成员选择加入或离开，成员人数与范围会相应收缩或扩张，结果是“会有人员从某种身份转入另一种身份”。有人员穿越边界，但边界的存在始终维持，而且“稳定持续性的至关重要的社会关系就在如此被横过的边界上得以维持，而这些社会关系经常正好基于族群身份的二分法”。就是说，“族群”是在与周边族群的互动过程中实现的，因为有“异族意识”的存在才能有“本族意识”的存在，因为有“族群边缘”的存在，才能有“族群核心”的存在，而正是边界的存在才给予“族群”存在的条件，边界是族群之间的关系和交流产生的基本条件。“文化生态”是决定群体之间的关系和边界性质的一个因素，而不同地理位置、生域（niche）和资源会产生不同性质的边界、关系与竞争。①

但巴斯在近几年对于族群与边界的思考中，不断反思与强调一点，即族群边界自从建立开始，本身就起到在文化、社会和族群上的其他作用：“边界的在场本身就会启动其他过程，而伴随这些过程就有随之发生的结果”，而“人们在与其他群体成员亲身经历文化差异时，此经历在划族群界限的时候就得以系统化，因此在实际分布范围很广的文化变异上就强加了一个虚伪的、概念化的同质性顺序。相对应的，边界概念反而会建构族群内部共享的统一性质的假定，以及族群之间的文化差异的假定，而这可能会对更大社会团体和区域的社会生活产生重大的结果。如此的社会边界能为群体之间进行劳动分工创造条件；但认知对边界的想象也被用来对所界定的族群成员之间容许产生的社会交往与关系进行限定。”

每套边界都会引起各个参与的群体的不同反应，而边界结构和内容可能会被重新分析和再评估，重新被赋予新的价值和意义，或重新被建构——这一切都基于认知过程——而都反映着“……在某边界上实际所发生的事情，即人们在行为中所织成的关系网以及行为所产生的结果”。

虽然巴斯把边界及其运作视为社会和物质过程的产物，但同时他也认为，要真正了解边界，必须更深一步从认知角度去补充：“……作为对边界的文化分析，我们必须展示论证某个边界的概念建筑确实被某群体实际运用了；为了加深我们的理解，需要对某个边界概念的来源加以识别，即边界对该群体的意义的来源与其显著性。仅仅从某群体的行为表现中推测他们建构了边界，这还不够……我想展现人们自己实际所运用的概念，以及人们在行动中所作的联系与联想。”巴斯在追求对族群与边界更深的了解时，“尽量精深钻研并精确地去发掘人们用来思考行为、社会组织、与环境的认知领域的操作与想象”。

---

①弗雷德里克·巴斯：《族群与边界》，《广西民族学院学报》（哲学社会科学版），1999年第1期，16～27页。

巴斯对人类学族群理论的影响主要在于他改变了人们对族群这一概念的认识。即:族群并不是在地域、经济和社会上隔绝状态下形成的文化承载和区分单位,而是一种人们在社会交往互动中生成的社会关系或组织。从人们互动中存在的不同文化之间的共生关系和社会整合的必要性来理解族群认同以及族界的生成和维持,这是巴斯的见解。①

总之,在巴斯之前,学者们常常认为一个种族等于一种文化,一种语言,一个社会等于一个拒绝或抵制其他文化的单位。这种看法受到巴斯的反对,他认为这个公式会妨碍我们去理解族群现象及其在人类的社会和文化中的地位。尽管巴斯有力地拆解了过去的族群认同文化说,但他仍旧过多地把族属认辨的缘起和族界的生成归因于人们的行为或文化价值取向差异,几乎把族界当成了一成不变的界限。在一些人看来,他对人们着附在族籍上的情感和象征含义认识不够,忽视了这些因素对族界的维护作用;而在另一些人看来,他几乎把族别当成了一种原生的,必不可少的身份,把族界过分本质化,忽视了由政治经济利益对峙变化所导致的族群意识的兴衰,族界的拆合、伸缩、模糊和凸现。而这两个被忽视了的方面也正好是继后而起的"原生论"和"工具论"各执的一端。

英国人类学家利奇在1954年出版的人类学名著《缅甸高地的政治体制》中首次对客观特征论提出了质疑,缅甸高地的克钦人和掸人的区别并非客观的种族、文化或民族的差异,而是主观的理想型的差异。《族群与边界》出版于1969年,该书集族群主观论者之大成,强调族群认同的主观基础。实际上,族群理论和族群性研究正是在该书所代表的主观论的推动下才发展起来的。巴斯在该书的导言中指出,族群是一种社会组织形式,其关键要素是自我归属和由他人归类的特征;而族群研究的焦点应该是定义群体的"边界",而非其文化"内涵";一个族群虽然也有相应的地理边界,但更重要的是族群边界的作用并不在于隔绝人们的交往互动,而在于组织、沟通、结构和规范人们之间的互动,而这些作用和功能大致上也就是他所说的族群边界生成的原因。

巴斯的边界论开启了族群理论的新时代。边界论对文化论的批评,并非完全反对和抛弃族群的文化基础,而是转移了族群研究的视角或切入点,即:边界论把观察族群的视角从客观标准转向了主观认同,从关注作为族群核心内涵的文化要素转向关注族群边界的形成与维持,从静态的、孤立的"部落"或"村落"研究发展到了互动的、变化的族群性的研究。在我国的民族理论研究中,金炳镐提出了民族意识的结构和层次问题。他提出民族意识可分为民族属性意识、民族交往意识和民族发展意识;而民族属性意识中又包括民族自我归属意识、民族认同意识和民族分界意识三个层次。特别是他提出民族认同意识与民族分界意识是对应的客观存在,都是民族意识的一部分;认同和分界实际上又是同时完成的,是在同一认识机制中完成的。这种论述与族群边界论有相通之处。台湾学者王明珂在回顾了族群理论的发展过程之后,提出了民族史研究中的"边缘理论",这显然受到边界论的影响。他指出,传统的民族史研究都建立在客观文化论的"民族"定义的基础上,其特点之一就是民族溯源研究;而根据当代的"结构性失忆"和建构社会性的"集体记忆"的理论,从体质、语言与考古文化上重溯某一

①庄孔韶主编:《人类学通论》,346、364、348页,太原:山西教育出版社,2002年。

民族的历史实际上是不可能的，这种溯源研究经常会陷入古人或研究者本人对“过去”的想象之中。

5. 构建说

后来兴起的民族主义研究，直接挑战了原先的理论。马克思·韦伯早在1922年就提出了族群的概念，在一篇以“族群”为题的文章中，他指出族群的形成是其成员主观的信念和共同的记忆的结果。这一定义影响了一批学者，包括巴斯、凯斯等等。后来的民族主义者也接受了韦伯的影响。该派兴起于20世纪60年代，代表人物有艾利·凯杜里、厄内斯特·盖尔纳、约翰·布鲁伊利、安东尼·吉登斯、本尼迪克特·安德森、埃里克·霍布斯鲍姆、布拉克特·威廉斯等。盖尔纳认为民族(上位)是西方工业革命的产物，其基础是深刻内化、依靠教育的“高文化”。安德森甚至认为它是通过印刷文字而集合在同一想象时空内的“想象社团”。“它是想象的，因为即使是最小的民族的成员，也不可能认识他们大多数同胞，和他们相遇，或者甚至听说过他们，然而，他们相互联结的意象却活在每一位成员的心中。想象并不等同于虚假和捏造，它更多的是指发明和创造。事实上，被想象的共同体远远不止是民族。”而“符号论”者认为，族群的核心是神话、记忆、价值和符号，族群的生命力和特性就在于其神话与符号的性质。因为神话、记忆、价值和符号的载体是惰性的人造物和人类活动及其形式。故族群一旦形成，它就具有稳定性，成为可以包容和适应各种环境和压力的人群模式，并不断受到时间和空间的重新定义。例如，中国台湾地区近年来出现的“平铺人研究热”，就可以用这个理论来透析。台湾平铺人研究在以前是很少有人问津的，但“台独”势力为了制造出一个区别所谓“本省人”与“外省人”的符号，硬说“本省人”含有平铺人的血缘与文化，而且借助政治手段使之抽象化、符号化。他们为什么要制造这么个虚空的符号呢？原因是他们深知符号具有很强的“号召力”和“凝聚力”，可以为他们招兵买马，实现其分裂祖国的阴谋。他们制造符号，实际上就是制造一个“新”的“族群”，为“台独”招魂。用作者的这个观点来分析，可以说是再恰当不过。由于篇幅所限，关于民族主义的理论就不在此赘言。

关于以上族群理论的诸形态，并非截然对立的，而是各有所长，互相补充的。王明珂分析指出：客观论指出族群可被观察的内涵，主观论描绘族群的边界；原生论说明族群内部分子间的联系与传承，工具论强调族群认同的维持与变迁，而现代—想象论在族群认同的讨论中加上了民族—国家和意识形态的运作与权力关系的参照系。在以上诸种理论形态的启发下，许多学者则试图建立综合性理论，或在前人的基础上展开细化的、具体的研究。

本章要点

族群的概念因为见仁见智，对其没有定论，但是我们必须认识到“族群”并不是单独存在的，它存在于与其他族群的互动关系中。族群边界成为我们分析族群的一把钥匙。也就是说我们必须从族群互动中研究族群内涵和族群关系。

族群与民族的区别主要在于它们所处的政治状态或地位的不同，民族(nation)一般是指被政治疆域化或国家主权化了的族群，它不仅构建在世系、文化认同上，而还必须构建在共同的地域和共同的经济联系上。它既以共同的地域和共同的经济生活做其权力诉求的基础，也以共同的地域和共同的经济生活作其权力诉求的目标。但是，与民族不同，族群的政治诉求一般不涉及疆域、自治或主权承认。

族群理论自20世纪70年代以来是不断变迁的，没有形成主流范式。但是要认识到族群理论大概可以分为原生论、工具论、文化说、互动/"族界"理论、构建说等五类，各理论侧重点不同，故形成互相补充之势。

基本概念

族群　原生论　工具论　民族　国族

复习思考题

1. 族群和民族的区别在哪里?
2. 原生论与工具论的分歧在哪里?
3. 构建说的具体含义是什么? 它有什么弱点?
4. 你怎样认识"族群"这一概念?

第八章　宗教与仪式

对“宗教”一词，我们并不陌生。在日常生活中，“宗教”给人们留下了许多斑驳繁杂的印记：神灵降世的传闻，妖怪作祟的迷信，祭天祀祖的礼仪，避邪驱鬼的巫术，朝圣路上风尘仆仆的虔诚信仰者，香烟缭绕的庙宇，巍峨参天的教堂……人类学家更是将人类社会所有对超自然的神灵、权力和力量的信仰都纳入“宗教”的范围之内加以观察。揭示宗教起源的奥秘，探讨宗教的功能，一直是许多人类学家所热衷的课题，迄今犹然。在人类学家看来，宗教是人类社会无所不在的文化现象，任何社会都有一套以人神关系为中心的宗教信仰及相应的活动。人类学者对宗教的研究理论从进化论导向，逐渐向功能论乃至象征论等理论过渡，不断改善对宗教的文化诠释，并发展成一个人类学分支学科——宗教人类学。

宗教人类学关注的对象不仅仅是各种形式的宗教，而且也关注宗教的实践过程和参与这些实践活动的人群。与宗教学家或神学家从某一侧面对宗教进行论述不同的是，人类学家进行多学科的整合研究，更多地强调“参与观察”和比较的研究方法，不是“就宗教论宗教”，而是通过考察宗教本身及其作为信仰主题的“人”，将宗教同“人”与社会相联系，从人的生物性、社会性出发，结合社会科学和自然科学的最新研究成果，对宗教信仰发生的场景、过程和意义进行综合研究和阐释，从而加深对人及人类文化的理解。

第一节　宗教的含义及类型

一、作为一种文化现象的宗教

1. 什么是宗教

宗教是异常复杂的社会文化现象。对什么是宗教，不同学科、不同的研究领域有不同的看法。在宗教学家看来，“宗教是关于超人间、超自然力量的一种社会意识，以及因此而对之表示信仰和崇拜的行为，是综合这种意识和行为并使之规范化、体制化的社会文化体系。”[①]当然，人类学研究的“宗教”是广义的宗教。早期的英国人类学家泰勒认为宗教产生于人们对精神状态以及其他人们不完全理解的事物的理智好奇心，宗教的核心是信仰“神”。美国学者格尔兹认为宗教是一个象征体系，“其目的是确立人类强有力的、普遍的、恒久的情绪与动机；其建立方式是系统阐述关于一般存在秩序的观念；给这些观念披上实在性的外衣；使这些情绪和动机仿佛具有独特的真实性”。同样是来自美国的人类学家，恩伯夫妇则对宗教有如以下的定义：“所有社会都存在着可以囊括在宗教这个术语之下的信仰，这些信仰随着文化和时间的不同而变化着。然而，不管对超自然事物的信仰存在多少差别，我们都可以把宗教定义为与超自然有关的任何一整套态度、信仰和习俗。”[②]

一般说来，人类学所说的宗教，是人类对超自然力量的有组织的信仰，它满足于各种各样的社会和心理的需求，旨在解释和控制人类用其他方式无法控制的宇宙各个方面。这些信仰导致人们理解世界，或者帮助他们处理那些他们认为重要，但运用现有组织技术和技巧无法解决的问题。为了克服这些限制，人们求助于超自然的存在和力量，或者试图影响、甚至操纵它们。

宗教也是一种社会行为，它包括指导思想（宗教信仰），组织（宗教组织，如教会，宗侣），行动（宗教组织内的活动，如祭祀，礼仪），文化（宗教建筑，宗教绘画，宗教音乐）等等方面的内容。一种成功的宗教能够为广大民众所接受，并且对某一时代人类的社会发展形成较大的影响。

2. 宗教的起源

宗教是一种社会历史现象，有其自身发生、发展和演变的过程。根据考古发现，从生活在10万～15万年以前的尼安德特人的墓葬中发现的人工制品可知，当时的原始人是相信有来世的，他们对生、死、食物三者特别重视，已经形成了一些与原始宗教有关的习俗。

关于宗教产生与存在的根源，英国人类学家泰勒认为，早期的原始宗教信仰产生于人对梦、神志恍惚、死亡等这类情况的反思。也有的心理学家认为，宗教信仰起源于人们对某些现象要加以解释的理智需要；宗教之所以普遍存在，是因为它有助于减小所有的个人都会感觉得到的焦虑和人生无常的感觉。社会学理论认为，宗教起源于社会本身的需要。埃米尔·涂尔干指出：把神圣与世俗区分开来的是社会而不是个人。一个物体，如一张桌子，一座高山，本身并没有任何东西可以使之神圣化。

在人类历史上宗教的产生和发展的确是与很多因素有关，如社会因素、心理因素、精神因素等。但是宗教作为一种在历史上影响时间如此长、影响范围如此广泛、影响人数如此众多的社会行为的产生和发展，最基本的、最主要的因素在于：自从人类成为一种群体活动的生物，成为具有社会性的群体以来，宗教就是作为具有培养和加强人的社会性作用的一种重要的社会行为而成为社会的必需。虽然，世界上不同的历史时期、不同的地区、不同的民族可能有不同的宗教，但是具有培养和加强人的社会性作用是所有成功的宗教的共性。

---

①吕大吉：《宗教学通论新编》，北京：中国社会科学出版社，1998年。

②［美］C.恩伯，M.恩伯：《文化的变异》，沈阳：辽宁人民出版社，1988年。

宗教的产生和存在的根本原因是什么？特别是经历了几千年社会发展，在教育、科学、生产力都有相当高的发展的现代社会中，宗教不但没有消灭，反而随着社会的发展越来越广泛，而且有很多新的宗教还在产生，其根本的原因是什么？产生这种情况的原因是多方面的，但根本原因在于宗教具有培养和加强人的社会性，保证人类集体活动和社会活动的作用。在其他的社会活动，如教育、科学还没有很好地满足培养和加强人的社会性，保证人类集体活动和社会活动的要求之前，宗教仍然是社会的必需。除了原始宗教是完全从自然产生，有比较一般性的维护和培养人的社会性的作用，而以后的宗教和宗教改革，往往都带有某些创始人所代表的社会阶层的意识。所以在阶级社会中，宗教活动往往会带有阶级烙印。但是一些主要的宗教之所以为社会接受，为社会中相当部分的人所接受，主要的原因还是它的维护和培养人的社会性的作用能满足全社会的需要。

人类虽然经历了几千年的社会发展，在教育、科学、生产力等方面都有相当成就，可是人的社会性相对人的自然特性，特别是相对人的反社会属性还是十分薄弱的。教育、科学、国家机器等等这些培养人的社会性的活动的作用还不够强大，还需要宗教活动来帮助培养和加强人的社会性，保证人类集体活动和社会活动正常进行。所以在一个相当长的历史时期中，人类社会还需要宗教。

3. 宗教的分类

宗教可以分为自发宗教和人为宗教两大类。自发宗教是非常原始的宗教，一般是原始社会时期的宗教，而现代的宗教基本上都是人为宗教。

杨庆堃在《中国社会的宗教》中将宗教划分为制度化宗教和普化宗教两个类型。制度化宗教，指的是有严格的宗教组织、成员、仪式、经典和体系化教义的宗教类型，其宗教事务通常与一般日常生活相分开。基督教无疑是属于这个类别的宗教形式。普化宗教，指的是其信仰活动扩散到日常生活之中，但没有形成严格的宗教组织，也没有明显的经典、体系化教义。民间信仰即可以纳入普化宗教的范畴。

民间信仰是一个笼统的概念，有别于制度化的宗教。它缺乏系统的宗教教义和完善的宗教典籍，并且信仰的内容是日常的生活混合。但它确实具有宗教的某些特征。如进行祖先崇拜、神明崇拜、岁时祭祀、生命礼仪、咒符法术等等，因此它也成为人类学意义上的宗教。

中国传统民间信仰与其说反映了人与自然/超自然的关系，不如说是反映了人与人的社会关系。在这种宗教体系中，人们更关注的是它在现实社会中的运作，而不是宗教本身的教义、教规。所以，尽管中国传统民间信仰的派别和类型不同，但在服务于现实的仪式实践方面并无太大的区别。现实社会关系的渐次重要性使得中国民间信仰的基础是祖先崇拜，涉及全面性的人与自然、人与社会以及人与自我的相互关系，呈现出一种“三层次均衡和谐”的模式。综合民俗医疗及儒家思想为一体。其中，宗教的内容主要同人与自然(而不是超自然的)和谐有关。它同占卜命相、风水堪舆、神鬼崇拜等习俗紧密相连，以便同超自然保持一种和谐的关系。

4. 宗教的功能

不论某种特定宗教是否具有实现人们相信它可起的作用，所有的宗教都承担一些重要的心理和社会功能。通过解释未知的东西并使其变得可以理解，它们缓解焦虑，通过宣扬在发生危机时将得到超自然力量的帮助，它们给人以安慰。它们提出正确和错误的观念，为可接受的行为树立先例，将做决定的负担从个人身上转移到超自然力量那里，并以此来奖惩人们的大量行为。通过仪式，宗教还可以用来促进口述传统的学习。最后，宗教在维护社会团结方面也起着重要作用。

二、超自然存在的类别

信仰超自然存在和力量是宗教的重要标志之一。人类学家通常将这些超自然存在分为三类：主神（男神和女神），祖先之灵，其他种类的灵魂。

1. 主神

主神信仰包括男神和女神。男神和女神通常被视为控制着宇宙。如果一个宗教有多个这样的神的话，就被称为多神教。在多神教中，每一位神都关注和掌管宇宙的某一特定部分。比如在古希腊神话系统中，就存在十二大主神，其中天神宙斯是众神之王，掌管天，是宇宙的统治者；哈得斯是宙斯的哥哥，掌管下界冥土，是地狱和死人统治者；赫拉是宙斯的姐姐，掌管婚姻，是生育及婚姻的保护者，她代表女性的美德和尊严，等等。

2. 祖先之灵

以祖先亡灵为崇拜对象的宗教形式。在母系氏族社会向父系氏族社会的发展过程中，由图腾崇拜过渡而来。即在亲缘意识中萌生、衍化出对本族始祖先人的敬拜思想。最初始于原始人对同族死者的某种追思和怀念。氏族社会的演进确立了父权制，原始家庭制度趋于明朗、稳定和完善，人们逐渐有了其父亲家长或氏族中前辈长者的灵魂可以庇佑本族成员、赐福儿孙后代的观念，并开始祭拜、祈求其祖宗亡灵的宗教活动，从此才形成严格意义上的祖先崇拜。其崇拜行为的特点，首先是将本族的祖先神化并对之祭拜，具有本族认同性和异族排斥性；其次是相信其祖先神灵具有神奇超凡的威力，会庇佑后代族人并与之沟通互感；最后超越了原始图腾崇拜和生殖崇拜的认识局限，不再用动植物等图腾象征或生殖象征来作为其氏族部落的标志，而以其氏族祖先的名字取代，由此使古代宗教从自然崇拜上升为人文崇拜。祖先崇拜在中国封建社会的宗教传统中尤为突出。

3. 其他种类的灵魂

(1)泛灵信仰。

泛灵信仰，也称“万物有灵观”，指一种相信由精神存在物激活自然的信念。很多社会的人们都相信世界上存在灵魂，他附在身体上或游走，这种对灵魂存在的信仰，被称为泛灵信仰。泰勒在《原始文化》一书中认为，原始人在形成宗教之前，先有泛灵的观念，即人们从对影子、水中的映象、回声、呼吸、眨眼，尤其是梦境等现象的感受，觉得在人的物质身体内有一种非物质的荣誉感，使人具有生命；当这种东西离开身体不再复返时，身体便丧失了活动和生长的能力，呼吸也随之停止。这种东西就是“灵魂”。不同社会所认定的灵魂在数量及种类上可以有很大的不同。依据其来源、性质或功能可以有各种分类，如活人体的灵魂、死后出窍的灵魂、人体之外的精灵，也有日月山川、花鸟鱼虫等自然之灵。

(2)泛生信仰。

同泛灵信仰紧密相连的是泛生信仰——认为世界是由非人格的超自然力量激活的信念。事实上，泛生信仰与泛灵信仰之间并无截然分明的界限，两者常常相互联系、相互包容和共存。例如，美拉尼西亚人相信，有一种被称为“马那”(mana)的灵力，附着在某些特定的物体或人身上，它是一种可以给人带来成功和幸福的特殊力量，与权势和威信相联系，它是人的领袖气质，个人力量，社会地位，王子般的个人魅力的体现。因此，“马那”并不是人人都可以具有的，一般奴隶是没有“马那”的，“马那”特别喜欢跟着首领和贵族，他们拥有最强大的“马那”，一般的部落平民也有“马那”，但是他们的“马那”和首领或贵族的比起来，力量要小得多了。

(3)图腾崇拜(totemism)。

原是北美印第安人奥季布瓦族(Ojibwa)语 totem 的音译，意为“他是我的一个亲属”和“他的标记”。很多土著部落相信他们分别源于各种特定的物类。这种物类多为动植物或其他非生物，包括概念图腾制和祖先图腾制。概念图腾制和人的生命发生有关，例如相信某个地点的动植物、昆虫、生理分泌或矿物会使一个人怀孕。由于这种图腾被认为同样具有血肉而同个人具有深厚感情，所以个人采取不同的态度对待他们，如禁食抑或以特殊的方式食用。

祖先图腾制将个体的与历史的或神话的过去连接在一起。对某些土著来说，祖先的图腾和宇宙初创时期存在者的活动有关。对待祖先图腾的态度与对待概念图腾的态度类似。图腾崇拜表明土地、动植物、生殖等事项在那些实行图腾崇拜的氏族社会中的重要性，但并非所有对氏族或部落具有重要意义的器皿、动植物都是图腾，也不能将考古发掘器物上的各种图案统统当作图腾对待。

图腾崇拜因各地的自然环境、社会发展阶段的不同而不同，其图腾崇拜的形式也不完全一致。

三、宗教中介

1.祭司——男女神职人员

所有人类社会都有这样一些人，他们的任务是引导和帮助他人完成宗教实践。这样的人非常擅长于同超自然存在打交道，对超自然存在施加影响，操纵超自然力量。通常，他们之所以有此素质是因为他们受过专门训练。此外，他们能表现出某些与众不同的个性特点，这使得他们特别适合履行其职责。那些有资源供养专职人士的社会，把指导人们完成宗教实践和影响超自然存在的任务赋予男女神职人员。他或她经由集体推荐产生，通过仪式得到正式任命，是某个得到承认的宗教组织的一名成员，作为他人曾任职位的现任者，他或她有自己的等级和职责。男女神职人员的权力来源于他们在其中履行职能的社会和机构。

2. 萨满

宗教的中介人物可以是业余的也可以是全日制的专业化的人员。萨满是指兼职宗教专业人员，他们通过某些个人体验而获得特殊能力，这使得他们能够在一种异常的意识状态下接触和操纵超自然存在和力量。

“萨满”是一个在世界上分布极为广泛、时间极为遥远、信仰极为普遍的文化现象。有学者把这种广泛、遥远和普遍的文化现象概括为“萨满教文化圈”。所谓“萨满教文化圈”中心在西伯利亚或东北亚草原，从白令海峡到北亚、中亚到斯堪的那维亚半岛边缘，从乌拉尔—阿尔泰民族到极地的爱斯基摩人，甚至北美印第安人的原居地，都可广义地划入此巨圈。

萨满，在满—通古斯语族的语言里有“处于昂奋状态而手舞足蹈的人”的意思，而这正是巫师降神时的状态。在萨满的表演里，萨满是可以通神(精灵)的，萨满以自己的法术与神沟通，帮助人实现自己的愿望，或是子孙绵延，或是硕果累累，或是狩猎成功，或是祛病除灾等等。长期以来，人们把这种萨满的法术行为称之为“萨满教”。

通常，一个人要经过许多神话一般描述的若干阶段才能成为萨满。这些阶段可能包括：对身体的折磨和野蛮的肢解；剜去血肉以致身体只剩一具骨架；对体内器官和血液的更新；在地狱和冥府待上一段时间，接受已故萨满灵魂和其他灵魂的教诲；升入天堂。并不是所有人都能成功，但失败并不会带来社会性的耻辱。那些成功者体验到了一种灵魂出窍的感觉，在灵与肉分离的过程中，他们与出现在其幻象中的某个特定的动物建立了一种特殊的关系。这个动物便成了萨满的动物助手——萨满教中的一个常见要素——以后它将协助萨满完成其任务。

由于萨满教根植于意识的异常状态，并且由于产生这些意识状态的人类神经系统是人类所共有的，所以那些陷入这种意识状态的人所体验到的视觉的、听觉的、身体的、嗅觉的和味觉的幻觉，在结构上是相似的。萨满教的广为流传和各地萨满传统的惊人相似，都源于人类所共有的神经遗传。与此同时，对在这些异常状态下体验到的感觉及其内容赋予的意义，则因文化而异。因此，尽管它们在大体上相近，但各地传统总会在细节上有所区别。

萨满基本上就是一个宗教企业家，他代表某些凡人主顾的利益，经常提供药方或预言未来。为了做到这些，萨满以介入来影响超自然力量，或者将其意志强加给超自然力量。萨满可以与神职人员形成对照，神职人员以神为其“主顾”。男女神职人员经常告诉人们应该做什么，而萨满则告诉超自然力量应该做什么。作为对他们所提供的服务的回报，萨满可以收取一笔报酬——鲜肉、山药或其他喜欢的东西。在某些情况下，萨满的地位所附带的声誉、威望和社会权力就是足够的报酬了。

当一个萨满代表他的主顾作法时，他或她可能会穿戴某种虚饰的东西——这种东西以危险感强化萨满作法的戏剧性。通常，萨满会进入类似昏迷的状态，在这种状态下，他或她将体验到幽灵世界之旅、看到灵魂并有与之互动的感觉。萨满努力将其意愿强加给这些灵魂，考虑到这些灵魂通常所具有的超人力量，这本身是件很危险的战斗。

第二节　仪式与巫术

一、仪式

1. 关于仪式

仪式是指手段与目的并非直接相关的一套标准化的行为，它表达的是象征的而非实用的意义。仪式表现形式异常丰富，内容也相当的复杂。

仪式与宗教具有非常紧密的联系。全部宗教现象可以归纳为两个基本的范畴：信仰和仪式。信仰是一种观念，仪式却是一种实践，是行动中的宗教。宗教仪式是人们与神灵交往的手段。但由于宗教起源的社会性质，它在与神灵的交往的外壳中，所表达的是深深藏匿着的社会功能与意义。作为一种实践，涂尔干和布朗认为仪式的社会功能在于加强社会的凝聚力，把社会的价值和情景灌输给个人。格拉克曼在《东南非洲的叛乱仪式》中，认为仪式不仅是在于表现团结和让人更能认识社会的价值和其社会情感，也是在于夸大社会各种规则之间真正的冲突，并且确定其间仍有团结存在。

虽然并非所有的仪式在性质上都是宗教性，但那些确是宗教性的仪式，在宗教活动中则起着关键性的作用。宗教仪式是凡人联系超自然力量的途径，是活动中的宗教。仪式不仅是强化群体纽带和缓解紧张的一种方式，而且也是庆祝许多重要事件的方式，此外，仪式还可以减少很多危机（比如死亡）对社会的分裂作用，使这对个人来说更易于接受。

2. 仪式的类别

人类学家通常将仪式划分为生命礼仪（rites of passage）和强化仪式（rites of intensification）两大类。

（1）生命礼仪。

生命礼仪也称为“通过仪式”“过渡仪式”，它们与个人生命周期里和各个阶段有关，建构在个体生命诸如青春期、成人、结婚、进入父母身份等等单程的、饶有意义的事件上。美国人类学家阿德尔诺·范·根纳普在 1909 年出版的《生命礼仪》这本经典人类学著作中指出：任何社会里的个人生活，都是随着年龄的增长，从一个阶段向另一个阶段过渡的序列。个人的出生、青春期、结婚、为人父母、跨入更高的社会阶层、职业专业化以及死亡等这些事件中发生的仪式及年度的节庆等，都被定义为“通过仪式”。生命礼仪包含三个主要的元素：分离（separation）——个人首先被仪式性地从社会整体中排除出去；过渡（transition）——对个人随着分离和到下个阶段之前的边缘化或退隐的时期；融入（incorporation）——个人用他们新的社会身份重新融入社会，获得新的地位。

生命礼仪使人类对外在世界的转变产生适应，并在内在心理中予以形体化。另外，生命礼仪的过程还具有“凭照”(Charter)的性质。如果没有一个确定的社会礼仪将一个年龄和另一个年龄以特殊的方式分隔开来，便无从获得社会规范中的个体属性。仿佛不举行成年仪式，便无法进入“成年社会”一样。

(2)强化仪式。

强化仪式指的是在一个群体的“生命”陷入危机或潜在危机时，举行这种仪式能将个体成员团结起来。这些仪式据说能够强化集体的情感和社会的整合。当然，进行强化仪式并不一定非得局限于明显危机的时候。在那些四季分明、人们的活动要随之变化的地区，强化仪式以一年一度的庆典形式出现。这种庆典在从事园艺和农业的民族中特别常见——他们在栽种、第一批果实收获时举行庆典。对这些社会中的人而言，这些都是他们生活中特别重要的时刻，而庆典则表达出人们对他们自己所赖以生存的自然之生产和繁育力量的一种尊敬态度。如果事事顺利的话——就像在这些时候通常发生的那样——参与节日庆典将强化群体的介入。它可以被视为一种应对严重危机处境的仪式彩排；促进通过仪式活动依赖超自然力量的习惯——充满压力，然而又不能向恐惧和绝望让步的环境中，这种习惯很容易被激活。

强化仪式的意义在于它能够强化秩序和价值观，还能够强化群体认同，强化信仰。

二、巫术

巫术(magic)，指的是企图借助神秘的超自然力量，通过一定的仪式对人、事物施加影响或给予控制的活动。在中国古代，施行巫术者女称巫，男称觋。英国人类学家弗雷泽在《金枝》(*Golden Bough*)一书中将宗教与巫术做了一个明确的区分。后来的多数人类学家并不赞同弗雷泽对宗教与巫术之间的区分，认为把巫术与宗教截然分离的看法不过是西方文化的偏见。其实，巫术和宗教并非彼此分离的，二者都是直接与超自然力量打交道，巫术程序通常就是宗教仪式的一部分。

1. 巫术的分类

虽然对将巫术与宗教分离的看法不为后人所认同，但弗雷泽根据思想原则将巫术分为“模拟巫术”和“接触巫术”的做法却为后来的人类学界所重视。

一是相似律，称模拟巫术(imitative magic)，是指基于“同类相生”原则，以相似事物为代用品求吉或致灾的巫术手段。如恨某人，便做人形，写上该人的生辰八字，或火烧或投水，或针刺刀砍，以致那人于死地。再如小儿常常落井，为避灾，常做一偶人代替小儿投入井中，这种行为称作破灾破煞。在上古生产习俗中，稻花开始，男女相会于田，以促进稻谷结穗。人若生疮，画在植物叶或黄纸上，便可移走病患，也叫模仿巫术。白云观里拴娃娃、民间的“偷瓜”等祈子习俗。

二是接触律，称为接触巫术(contagious magic)，指的是一种利用事物的一部分或是与事物相关联的物品求吉嫁祸的巫术，它基于这样的原则：事物一旦彼此接触过了，分开后即使不再接触，也能相互发生影响。这种巫术只要是接触到某人的人体一部分或人的用具，都可以达到目的。如某人患病，在病人病痛处放一枚钱币或较贵重的东西，然后丢在路上任人拾去，于是病患便转移到了拾者身上。例如在以前的凉山彝族地区，奴隶主发现奴隶逃走，除派人寻找外，还要请巫师施行巫术，方法是把奴隶丢下的破衣片找来，放在石磨内磨，由于布片不易磨下来，便认为奴隶也必然在山间转来转去，找不到逃生的路；奴隶为能逃出虎口，也以巫术对抗，一般在逃走时，背一小扇石磨，顶在头上，这样奴隶主磨的布片就会很快掉下来，自己也能逃跑成功。

除此以外，从巫术的性质角度，我们还可以将其分为黑巫术和白巫术。黑巫术是指嫁祸于别人时施用的巫术；白巫术则是祝吉祈福时施用的巫术，故又叫吉巫术。

2. 巫术的应用

(1)祈求帮助。

指人们以一定方式，欺祈求自然力或鬼神来帮助自己实现某种目的。如汉族求雨，多拜龙王，拜祭不成时，便要施巫术，逼迫龙王下雨。如抬龙王游街，暴晒龙王，把井水掏干等等。在藏族地区，为了避免天降暴风雨、冰雹，以及防止野兽和其他灾害的袭击和侵扰，人们便请来巫师进行攘拔或施巫，以保人畜平安和庄稼的收成。

(2)招魂。

用巫术把失落的灵魂招回来。它不仅限于人自身，也适用于动物、植物。如基诺族为谷神招魂。苗族为牛招魂。汉族小孩病了，往往以为是灵魂失落在村外，妈妈则要拿着小孩的衣服去村外呼喊小孩的名字，为其招魂。彝族也有为出走多年或客死异乡的长辈招魂的习俗。由巫师主持，往往站在高山上，望着死者出走的方向，呼唤死者的名字，一面用麻线佯占死者的灵魂回来。壮族、毛南族等民族还有为亡人、情人招魂的巫术。一般小伙子多请女巫，巫师头蒙被单，请神附体，不久她即进入昏迷状态，宣布魂已附体，于是女巫便代表男子的情人，与男子对歌，倾吐衷情。

(3)诅咒。

它是借助语言的魔力，达到加害对方的目的。最常见的形式是面对面的诅咒，不得好死、千刀万剐等等。更多的则是通过诅咒对方的名字达到巫术的目的。傣族有一种“放罗”巫术，目的是挑拨别人夫妻关系，自己好插足。做法是从夫妻家坟地的篱笆上取二片竹，刻上：“你两胸上长刺，不能彼此拥抱，只能像隔河相望一样”，然后放于对方竹楼下，认为三天内就会夫妻失和。在东北汉族和满族地区过去有一种蒸猫诅咒，如失者发现某人偷了自己的财物又拒不承认，失者就将偷者的生辰八字、姓名写在纸上，与一只猫一起放在蒸笼内蒸煮，猫在笼中挣扎惨叫，失者便诅咒偷者也像猫一样，不得好死。

(4)驱鬼。

是对鬼施行的一种攻击性巫术。在生产、建房、治病、丧葬中经常使用。这是民间巫师的最主要的工作。

凉山彝族毕摩为病人治病时，让病人坐在门口，头顶一个竹簸箕，毕摩大叫“把害人的鬼抓住，快抓住他”，同时命助手持锹把火塘灰撒向病人头，利用灰把鬼赶走。彝族另一种巫师苏尼在驱鬼时，在火塘边摆许多树枝贡品，他绕火塘而行，一边敲羊皮鼓，一面请各位山深神降临，请完神后，苏尼便起身，一面打鼓，一面转圈，据说此时各神就开始捉鬼，经过一段时间，苏尼突然把准备好一个泥陶罐打开，说："把鬼捉住了快放在陶罐里"，说完立即把口封住，并喊："害人鬼要打死你，烧死你……"，随后苏尼大念一声"放啊"，把陶罐的盖子打开，一铲火灰向罐子撒去，所说这个鬼就跑了。接下来苏尼就说："鬼啊，你到竹筐装满了水时才能回来。"意思是鬼永远不能回来了。①

汉族的驱鬼巫术后来许多被道教继承下来。符、剑、印、镜是道士的主要驱鬼工具。

驱鬼巫术也适用于凶死者。黎族对凶死者最为畏惧，送葬时必须举行复杂的仪式：必须走弯弯曲曲的路，使凶死者的灵魂迷途难返，下葬时还要以巨石压尸，或以木桩钉尸，目的是让凶死者的灵魂永远不能返回家园，否则就会扰乱家人。

(5)避邪。

是利用一定的物件来防止邪鬼来犯，是一种消极巫术。避邪物一般装饰在建筑物上、交通工具和生产工具上，也有佩戴在身上的。普米族在门或墙上印有许多石灰手印纹，据说这是一种打鬼的姿势，鬼会见而生畏。在门楣上挂刀、剑、锯、羊角等也可避邪。鄂伦春族在仙人柱上悬挂野猪牙、熊鼻。侗族在门上挂狗头，以狗护家。苗族在门上挂有米筛和渔网，认为米筛象征眼睛多，能识破鬼的行踪，渔网则是捉鬼的工具，鬼见了便会避而远之。图腾也是一种避邪物，彝族多在门上画一只虎。汉族的护身符、门神镇宅宝剑等都是避邪物。

(6)放蛊。

放蛊是一种以毒虫作祟害人的巫术，是一种古老的神秘、恐怖的巫术，主要流行于我国南方各地和一些少数民族中。蛊，从字形上看，就是将许多虫子放在一个容器里。孔颖达《十三经注疏》曰："以毒药药人，令人不自知者，今律谓之蛊毒。"《本草纲目·虫部四》解释为由人喂养的一种毒虫，"取百虫入瓮中，经年开之，必有一虫尽食诸虫，此即名曰蛊。"

蓄蛊者多为妇女，是妇女的专长。蛊的种类很多，通常有金蚕蛊、疳蛊、癫蛊、肿蛊、泥鳅蛊、石头蛊、篾片蛊、蛇蛊等等。旧时在福建一些县乡，养金蚕的活动较盛。据说金蚕是一种无形的虫灵，它能替人做事，最勤于卫生，大凡室内很干净的人家便认为是养金蚕的人家。金蚕的制作方法是：选用蛇、蜈蚣等 12 种毒虫，埋于十字路口，经 49 日(或另一个神秘日数)取出存于香炉中，成为金蚕。在信仰金蚕的人心目中，金蚕是有灵性的，既能使饲养者发财致富，但富起来的人家主人也要告知金蚕亏欠多少，否则金蚕要求花钱买人给它吃，不然则作祟。养金蚕家若不想再养它，可以将其转嫁出去，曰"嫁金蚕"，方法是用包包银两、花粉和香灰(代表金蚕)，放在路上，贪财者自然会拾取。金蚕可以致敌人死亡，通常是腹肿、七窍流血而死。

施蛊方法多是放入食物中。蛊女施蛊多是下在饭菜中，而且多放在第一块食物上。下蛊有的是下虫本身，有的是下虫粪便，也有的是下涎沫。有时不经食物也可施蛊。

(7)禁忌。

禁忌，是关于社会行为、信仰活动的某种限制约束观念和做法的总称，因为某件事物的神圣和不可侵犯性而禁止人们使用、接近或提起它。它的通用名词是 taboo(塔布)，是波利尼西

①四川省编写组：《四川凉山彝族社会调查资料选辑》，成都：四川省社会科学出版社，1986 年。

亚土语，原意是指不能被普通人接触的有超自然灵力的人、物、地。这些事物之所以不能被普通人接触，有两种原因，一是被看作是神圣物，一是被看作是不祥或不洁物。禁忌巫术是一种消极性巫术，它要求人们不能接触某物或不能做某事，否则会带来不幸。

禁忌的产生是多元的，有的是出于对某些自然力的畏惧，有的出于对老人儿童的爱护，有的则是出于对鬼神的崇拜心理，有的是出于对吉凶祸福的迷信。如雨后不能用手指虹，否则烂手指；对图腾、圣地、祖宗牌位、巫师要敬重；孕妇忌吃生姜、兔肉；婚姻忌男女属性相克，婚期忌单数，月蚀期间不能结婚，否则夫妻失和，等等。对动植物，也有禁忌。蒙古族见猫怀孕，不准往筷子桶里插筷子，否则猫就会流产；卖牲口，必剪下一撮毛留下，否则破财。在人们的生活中，无论是礼仪、节日、行业等，凡认为不吉利的，几乎都在禁忌之例。

(8)神判。

又称神裁、神断、天罚等，是祈求神灵裁判人间是非真伪和财产纠纷的一种巫术。神判是人类社会在一定历史条件下普遍实行的古老裁判方法，是民间习惯法的重要发展阶段。

神判的方法很多。在中国的上古传说中，皋陶氏就曾用神判方法审案，方法是用羊，神羊角触及的嫌疑犯，被认为有罪。后来，神羊演变成为刚正的法官的象征，后来的法官皆以獬豸为冠服。对偷窃的裁判：景颇族有“斗田螺”，失物者先把一个田螺放在碗中，被嫌疑者也捉一个田螺放入碗内，让两个田螺相斗，最后以田螺的胜败裁判偷窃事件。阿昌族则是双方各点一支蜡烛，以燃烧时间的长短来决定双方的是非。景颇族还有一种“蛋卜”，暗至众嫌疑者家房顶上各取一段茅草，均放在碗中，然后请巫师念经，把一个鸡蛋倒在碗中，稍加搅拌，被怀疑的人们也赶到现场，看鸡蛋清先粘在谁家的茅草棍上，谁家就偷了东西。在西藏，有火神判，方法是在火塘或临时烧的一堆炭火中烧一块石头，或者一块铁，令嫌疑者用手捡出，若手未烧破，就无罪，否则就有罪。壮族也应用踏火堆(事先作防火准备)的办法，脚未伤则有理，否则无理。血判：佤族失者与嫌疑犯在头人巫师的监督下，双方各伸出一只手相互摩擦，到一定时间为止，若双方都出血或都不出血，则争斗罢休，如一方出血则要照价赔偿或赔礼道歉。此外，还有打头神判、刺手神判、捞油锅(里面放醋或蜡)、水锅(放小米)、潜水等等。

本章要点

人类对超自然力量的有组织的信仰被人类学家定义为广义的宗教，它满足于各种各样的社会和心理的需求，旨在解释和控制人类用其他方式无法控制的宇宙各个方面。可以将宗教划分为制度化宗教的普化宗教两大类别。民间信仰属于普化宗教的范畴。不论某种特定宗教是否具有实现人们相信它可起的作用，所有的宗教都承担一些重要的心理和社会功能。

信仰超自然存在和力量是宗教的重要标志之一。人类学家通常将这些超自然存在分为三类：主神(男神和女神)，祖先之灵，其他种类的灵魂。主神信仰包括男神和女神。祖灵信仰是以祖先亡灵为崇拜对象的宗教形式。泛灵信仰，也称“万物有灵观”，指一种相信由精神存在物激活自然的信念。同泛灵信仰紧密相连的是泛生信仰——认为世界是由非人格的超自然力量激活的信念。

宗教的中介人员除了专业的祭司——男女神职人员外，还有兼职的宗教人员，例如萨满。

“萨满”是一个在世界上分布极为广泛、时间极为遥远、信仰极为普遍的文化现象。有学者把这种广泛、遥远和普遍的文化现象概括为“萨满教文化圈”。

仪式是指手段与目的并非直接相关的一套标准化的行为，它表达的是象征的而非实用的意义。仪式与宗教具有非常紧密的联系。全部宗教现象可以归纳为两个基本的范畴：信仰和仪式。信仰是一种观念，仪式却是一种实践，是行动中的宗教。宗教仪式是人们与神灵交往的手段。人类学家通常将仪式划分为生命礼仪和强化仪式两大类。

巫术，指的是企图借助神秘的超自然力量，通过一定的仪式对人、事物施加影响或给予控制的活动。按照弗雷泽的研究，根据不同的思想原则，巫术分为“模拟巫术”和“接触巫术”两大类。

基本概念

宗教　制度化宗教　普化宗教　祖灵信仰　泛灵信仰　泛生信仰　萨满　生命礼仪
巫术　接触巫术　模拟巫术

复习思考题

1. 什么是宗教？人类学是如何定义宗教的？
2. 泛灵信仰与泛生信仰有哪些异同？
3. 什么是萨满教？
4. 生命礼仪与强化礼仪的有哪些区别？
5. 巫术可以分为哪些种类？

第九章　濡化、社会化与涵化

当今世界上，由于一些社会集团和世界重大事件的影响，除少数闭塞地区外，全球的每一个角落都在渐进而缓慢地变化着。人类社会处于经常性的变化当中。没有不发生变化的民族，也没有不发生变化的文化。不论主观上欢迎与否，不同文化的融合带来的巨大变化，是发生变化和带来变化的双方都始料不及的。而导致变化的原因大致有两种：一是因一个社会内部自身的发展变化而出现，通常是源自发明和发现；二是由两个不同社会之间的接触而引起，通常是通过借用和传播，即通过外部力量。这两种意义上的文化变迁就是人类学家所说的濡化与涵化。

第一节　濡化、社会化与涵化

一、濡化——文化传递的方式

1. 什么是濡化

"濡化"(enculturation)表示在特定文化中个体或群体继承、适应和延续传统的过程。也有学者强调其中的个体了解、内化和呈现适合其身份与角色的行为过程。①

"濡化"一词的英语含义有"在文化中"或"进人文化"的意思。濡化是把人类和其他生物加以区别的学习经验，能使一个人在生命的开始和延续中，借此种经验以获得在该文化中生存的能力。"濡化"的过程实际就是文化对个体潜移默化的熏陶过程。随着人类学家实地研究的深入，这一术语越来越多地被用来描述文化传递的方式。

人类具有两种承继：一种是生物性的，它仅是一个生物的过程，是某一民族的生物基因一

---

①庄孔韶：《文化人类学概论》，北京：中国人民大学出版社，2006年。

代又一代的传承,这种传承不需要通过学习和教育而进行。另一种是人类有别于其他动物而独有的,即文化的传承。这一传承就是个人与其所在社会群体被濡化的过程,而这个过程需要通过教育和学习才能使其文化被一代又一代地传承下来,其本质意义就是人的学习与教育。

濡化是不同族群、不同社会赖以存在和延续的方式和手段,同时也是族群认同的过程标志之一。人们通过代代承继的语言、服饰、饮食习惯、人格、信仰、共同祖先和社会经历等,认同于某一族群,成为其中的成员,并以此区隔于其他族群。①

2. 文化濡化

文化是人创造的,文化是一个种族或民族区别于其他种族和民族的最基本的标志之一。而人类社会文化传承的方式就是教育,教育包括学校教育、家庭教育与社会教育。这三种教育构成人类社会文化传承的渠道。文化传承既是某一个社会或民族的群体行为,也是该社会或民族群体中的个人行为。某一社会或民族的文化通过这种群体的或个人的行为而得到代际的传承或延续。因此,文化传承不仅仅是一个教育的过程,是一个文化的过程,它还是一个濡化的过程。

文化濡化(enculturation)是美国人类学家赫斯科维茨在1948年出版的《人及其工作》一书中首次使用的一个概念,是研究文化的纵向代际传递和流动的一个关键概念。文化濡化是指“人类个体适应其文化并学会完成适合其身份与角色的行为过程。”②其核心是人及人的文化获得和传承机制。以往,人类学将注意力集中于文化、民族、社会等宏观方面,而文化濡化这个概念所关注的是人。博厄斯曾指出“我们必须理解生活于文化中的个人。”③

每个民族都有自己的文化濡化的方式,而且每个民族文化濡化的方式和内容与该民族的文化模式有着非常密切的关系。如汉族的“三岁看老”就反映了人类的早期濡化。文化濡化贯穿于一个人的一生。而家庭是人生的第一个濡化机构,它对一个民族群体内个人的文化传承作用往往影响被濡化对象的一生。

3. 濡化与教育

濡化,是一种文化传统内代与代之间传承的方式,是部分有意识、部分无意识的学习过程,靠老一代指示、引导并强迫年青一代接受传统的思想和行为方式。主要以老一代掌握在手的奖惩儿童的手段为基础,教育每一代人不仅重复前一代的行为,而且奖励与自己濡化过程相适应的行为,并惩罚至少是不奖励与自身濡化过程不相适应的行为。④ 正是由于濡化的过程使得社会文化、生活方式在很多方面都代代趋同,表现出一定的连贯性。吉恩区分了三个相对独立的濡化来源,认为这三个来源都使人的思想观念局限于一定的范围,并提供了促使个人熟悉其所属文化的有独特性质的动力:(1)个体主体,以个人的经验、期望、愿望等为特

---

①庄孔韶:《文化人类学概论》,北京:中国人民大学出版社,2006年。

②[美]M. J. Herskovis, *Man and his works*,载王云五、芮逸夫等主编:《云五社会科学大辞典·人类学》,297页,北京:商务印书馆,2000年。

③徐杰舜:《人类学教程》,159页,上海:上海文艺出版社,2005年。

④[美]哈定斯:《人·文化·生境》,太原:山西人民出版社,1998年。

征。(2)社会群体,以公共知识为特征。(3)环境,对行为的可能性加以限定。[1]

教育是一种高级的濡化活动。濡化在学习过程上涵盖着无意识和有意识学习两个方面,较教育宽泛;在学习内容上仅指文化传统的传承,比教育狭窄。教育依据特有的目的性,利用种种手段和方式将社会群体的价值规范和思想观念有意识地传递给下一代,使其掌握所属群体的信仰和价值,形成"原初的信仰"。年青一代不仅会在此基础上对外界事物做出取舍,沿着特定的方向对知识和经验进行"联合"与"抽象",而且会形成相应的社会心理结构,达成社会化。很多学者以濡化作为研究文化中教育情况的基础。

二、社会化

社会中的每一个人从出生直至死亡,任何社会都不会对他不加引导而任其自由成长。所以,无论从个人方面来说,还是从社会方面来说,这个有机体都必须被转变为一个既能够有效地参与社会,同时又能够为社会所接受的人。这个转变就是通过社会化过程实现的。社会化是许多学科共同研究的课题,文化人类学则偏重社会化过程中的文化的承继,关注某一民族代代相传的文化模式对其成员的共有人格及社会行为的影响,因此,他们也将该过程称之为"文化濡化"或"文化熏染。"

1. 社会化

在学术界中,有关社会化的定义很多。例如,P. L. 罗斯认为,"社会化即是学习社会与文化的信仰、价值、规范与社会角色的过程"。柯尼格说:"所谓社会化是一种过程,个人由此成为他所出生的那个社会中尽职尽责的一分子,使他的一举一动符合于该社会的民俗民德"。荷顿和韩特也指出,"社会化为个体将其团体规范内化的过程,经由这个过程才有自我的出现,以区别个人的独特性"。他们都将社会化的内容主要归结为几点:①传授基本知识技能。②教导社会行为规范。③反映人生进取目标。④培养担当角色的能力。由此可见,社会化就是学习和传递一定社会文化的过程。庄孔韶在他的《人类学概论》里对社会化作了这样的解释:"社会化"(socialization)指的是社会成员通过学习社会文化、扮演社会角色、参与社会活动,与社会相整合的过程。[2]

从以上可以看出,社会化就是将一个自然人转化为一个能够适应一定的社会文化,参与社会生活,履行一定角色行为,有着健康人格的社会人的过程;也是一个自然人在一定的社会环境中通过与他人的接触与互动,逐渐地认识自我,并成为一个合格的社会成员的过程。

社会化与濡化是两个不同的概念。社会化是"文化的继承",是使社会发挥维持与继承的作用。个体实现社会化是以人类长期所积累下来的文化为中介的,"社会化"的严格意义是"文化化",只有通过"文化化",才能化民成俗,化民成性,故文化也是人的性格和人格的形成条件。[3] 米德认为:"濡化是指整体上领会某种文化特性特点的过程;社会化则是从一种普遍

①郑金洲:《教育文化学》,113 页,北京:人民教育出版社,2000 年。

②庄孔韶:《文化人类学概论》,北京:中国人民大学出版社,2006 年。

③陈元晖:《论濡化》,《社会心理研究》1990 年第 1 期。

意义上概括了个体与社会之间的需求和获得规则。”[1]进一步说，两者的区别在于，前者强调个人或群体内化某种文化类型或生活模式的过程，也就是社会文化的传递过程；后者强调的是个体与社会互动的特点和条件，常用社会结构、内容、背景和所扮演的角色等衡量。

2. 人的社会化过程是由社会—文化所决定的

影响人的社会化因素有两种：第一种是生物学因素；而第二种就是社会文化因素。可以说，社会文化因素是影响人的社会化过程的最为主要的因素。它主要指人生存于其间的整个社会文化环境，其中包括文化、家庭、学校、同辈群体等。

社会和文化对生活着的人的行为和观念产生决定性的和全面的影响。人的一切文化影响不全是由生物决定的，但他们往往非常容易成为人的第二本性，以致本·尼迪克特可以断言：“基于文化前提的必然反应像机体决定的反应一样，是不由自主地，它们就是文化决定的反应，构成了我们许多下意识的行为方式的主要部分。”[2]

社会—文化上统一的行为方式和思维方式是客观存在的，这种行为结构和思维结构是通过一定的机构（家庭、学校等等）、一定的因素（例如语言）、各种社会规范化的活动（例如良知的形成）重新传给成长着的下一代的。因此，一种对人的社会—文化的影响及人对现存社会结构的适应正在通过教育互动进行着。养育和教育实践以及一切其他培养个人适应社会的社会互动形式都是由社会—文化决定的。他们的作用不仅在于继承外部行为的文化确定模式，也一直延伸到个人的性格形成方面。因此，人的整个个性结构被看作是一种社会化的结果，即使不是唯一的一种社会化结果。

文化是在一特定群体或社会的生活中形成的、并为其成员所共有的生存方式的总和，其中包括价值观、知识、信仰、艺术、法律、风俗习惯、风尚、生活态度及行为准则，以及相应的物质表现形式。不同社会的文化中有许多内容是带有普遍性的，如许多社会都有音乐、舞蹈、游戏、求婚仪式、丧葬仪式、宗教、迷信、合作，以及相似的道德规范（如毋偷盗、毋奸淫等）。但是，每一社会的文化又有自己的独特之处。然而，无论是何种文化，都对人产生着最直接的作用。它的作用主要表现在：①通过文化传承，了解前人的生活经验；②向个人传递本群体或民族的行为价值准则；③使个人能够顺利地与他人及群体建立社会联系。从文化对人的作用中可以看出，文化的独特性对人的社会化形成起着决定性的作用，例如，起始于20世纪50年代早期，由B.怀廷和蔡尔德所做的一项名为“六文化研究规划”的研究表明：由于不同文化背景下的人们的育儿方式不同，因此，儿童行为存在明显的差异。再如，美国学者布朗芬布伦那在1970年完成的关于两种文化中的儿童养育的比较中发现，不同的社会化方式，造成了美苏两种文化中儿童行为的差别。

社会化意味着个人不仅适应着社会及其文化，而且这种适应过程本身也是受社会—文化影响的。因此，通过社会化过程再现相对某种文化的典型的行为方式，同经济制度、宗教等等一起，是那种多少交织在一起的职能统一体的一个重要成分。按马凌诺斯基的观点，每种文化都可以理解为这样的一种统一体。

---

①M. Mead, “Socialization and Enculturation”, *Current Anthropology*, 1963(4), pp. 184～188.

②转引自[奥]茨达齐尔：《教育人类学原理》，李其龙译，69页，上海：上海教育出版社，2001年。

3. 家庭与学校的社会化功能

(1)家庭的社会化功能。

家庭是一个极为重要的社会化因素，是个人社会化的第一课堂。“家庭是孩子产生原始的自我感觉以及形成基本的身份、动机、价值和信念的背景。”[①]然而，现代家庭的本质方面已经有别于旧式家庭了。现代家庭早已不是唯一的社会关系，可以说，现代家庭的某种家庭职能已经丧失，或者说已经转变。但对每个人来说，它毕竟仍是最早的社会关系。从儿童一出生起，家庭便赋予他包括种族、阶级、宗教、经济状况、地区等在内的多种社会特征，而这些特征中的每一个都可能对他日后的社会化发生有力的影响。那么对大多数人来说，家庭依然是第一个乃至最重要的教育机构。

孩子的行为动机、态度、人际交往方式、生活准则，以及感情上的安全感等等，这些许多的认知和情感发展方面的东西最终同儿童语言方面的发展紧紧联系在一起，而这同样在儿童出生的头几年中首先受到家庭环境的影响。家庭还通过自己确定的教育目标促进儿童对一定的社会态度和政治态度采取自己的立场。家庭决定了或至少决定性地影响到年轻人加入到其他什么样的社会化机构中并怎么样在其中活动与适应的问题。因此，家庭不仅是最重要的社会化机构，也可算是基本的社会化机构。

(2)学校的社会化功能。

学校作为另外一个社会化机构也起着重要的作用。在现代社会中，学校是将儿童从家庭引向社会的第一架桥梁。学校是有计划、有组织、有目的地向社会成员(不仅仅是儿童)系统传授价值观念、社会规范、生活技能、科学知识的制度化机构。当儿童进入学龄期之后，学校的影响便取代家庭上升到首要地位，成为最重要的社会化因素。学校有着独特、完整的机构，它是社会的雏形。儿童在这里进入了“社会结构”，扮演着学生、同学、朋友等社会角色，并在课堂里和其他公共场合进行着各种形式的社会互动。这种互动不仅发生在学生之间，同样发生在教师和学生之间。例如，当我们入学后，就要学习学校特殊的有别于家庭的要求。我们必须适应一定的时间表，遵守班级制度，注意校舍清洁，学会情感控制力，努力竞争等等。学校所采取的教学风格和引导风格最终导致我们特性的形成。可以说，我们的行为一部分由学校决定。

除了家庭和学校外还有其他一些社会化机构对儿童及青少年具有影响作用。如同龄集体、体育与文化联合团体、宗教和党派方面的青少年组织，这些都或多或少的影响着青少年的信仰和价值观。

三、涵化——文化输入的方式

1. 涵化的含义

“涵化”是文化变迁理论中的一个重要概念，美国人类学家称之 acculturation，英国及受其

①M. 罗森堡、R. H. 特纳：《社会学观点的社会心理学手册》，182 页，天津：南开大学出版社，1992 年。

影响的亚、非、大洋洲人类学家则使用文化接触(culture contact)一词。[①] 在中国的历史时期，少数民族的游牧文化与中原的农耕文化之间、各民族的文化之间都存在着涵化的内容。同时，涵化的作用对文化多样性的形成是非常重要的。那何为涵化？涵化又称文化潜移或文化移入，它是指当两个或两个以上不同文化的人们相互持续的接触一段时间后，因互相传播、采借、适应和影响，而使一方或双方原有的文化体系发生大规模的变异，这种现象，人类学上称之为涵化。

涵化的概念首先出现于19世纪后期地理学家和人类学家的著作中。此后，1936年美国人类学家赫斯科维茨等人给涵化做过这样的定义："当拥有不同文化的个人的群体间进行直接的接触、继而引起一方或双方原有文化模式发生变化的现象叫作涵化。这个概念说明涵化与文化变迁和同化具有不同含义，前者是涵化的一个方面，后者是涵化的一个阶段。"

1954年美国社会科学研究会指出："涵化是指两个或多个独立的文化体系相接处所产生的文化变迁。这种变迁可以是直接的文化传播的结果；也可以由非文化原因所引起的，如由文化接触而产生的生态或人口方面的变化；它可以是随着对外部特征和模式的接受而出现的内部调适，也可以是对传统生活方式的反适应"。

涵化是两种或两种以上的文化持续接触、影响、发生变迁的过程，其结果是导致一方或双方的文化模式发生变化，从而使不同文化的相同性日益增强。由于涵化是一种双向的互动，是在互相持续的接触互动中，互相传播、采借、影响，从而才导致一方或双方都发生大规模的变迁。因此，从某种程度上说，涵化是一种横向的文化变迁过程。

文化涵化是文化变迁的一个主要内容。文化涵化指由两个或更多的文化系统之间的联系接触所发生的文化变化。是不同民族(或族群)相互接触而引起的原有文化的变迁，由于接触外来文化而产生了不同民族(或族群)的文化相类似性。[②] 这也就是指在不同文明间接触产生的文化特质的传播和借用。

2. 涵化的形式

根据促使涵化发生的不同条件，可把涵化划分为两种类型。第一种类型是自由涵化。当文化传统各不相同的民族持续相互交流时而产生的文化因素的自由"借入"的现象，这种现象是不以军事或政治手段而统治对方的。也就是说，这种现象发生时，一些新的文化因素可能会取代原有的文化模式，使原来的社会结构和生活方式发生根本的转变；也可能在所谓的混合过程中与现存的文化结合起来。但这一切都是一种自由的改变。例如，中日文化有着许多相似之处，但日本文化却保持着自己的独立性。以汉字为例，千百年来，一直以汉字来书写的日语通过日本人民的改造，直到19世纪才诞生了标准日语。尽管仍保留着许多汉字，但在语法结构、发音、拼写乃至含义上都与汉语截然不同。

第二种类型是强制涵化。这是指一民族以军事征服或政治控制等手段对另一民族建立统治时所产生的现象，是把某一文化强行灌输给另一文化的过程。例如，在大规模的侵略战争中，统治者为了更好地维系统治，当地人开办学校，用有别于当地人的政治文化观念实施教育。

---

①黄淑娉，龚佩华：《文化人类学理论方法研究》，广州：广东高等教育出版社，2004年。

②黄淑娉，龚佩华：《文化人类学理论方法研究》，广州：广东高等教育出版社，2004年。

3. 涵化的过程

涵化过程可包括下述几个方面：

(1)文化之间的文化特质的传递(即传播)。

传播指由一个文化发明创造出来的文化元素乃至文化结构、体系向相该文化之外转移或扩散引起他文化的互动、采借以及整合的过程。在接受过程中，接受文化一方的成员可以选择接受或是拒绝。结果一般都是接受了一些特质而拒绝了另一些特质。在传播过程中，那些被传递的特质在被传递过程中，经历了文化间作用系统中接受一方的估价和转换，这些估价和转换与接受一方文化的价值系统有密切关系。根据自己的价值观进行选择，决定取舍。在每一个民族文化中，都有很多成分是由传播得来的，拉尔夫·林顿认为，这一比例可高达90%。文化传播有时可以是一个社会跳跃发展的某些阶段，或是避免犯别人已犯过的错误。如，第二次世界大战以后，日本引进美国技术，最终在许多方面超过了美国。

(2)文化的结合。

文化的结合即是指本文化系统中的特质与外来的特质相结合，或者说在原有的文化体系中增添新的文化因素，而原有的文化体系可能没有这一因素，而这一因素又对该文化体系有用或有意义，这就可能产生这一现象。由于新的文化特质加入原有的体系中，在这一过程中除了产生许多变化之外，还有创造的过程。涵化不是被动的吸收，而是一个文化接受的过程。特别是在没有压力时，涵化在本质上是创造性的。如汉族从西域吸收了二胡、笛子等乐器就曾改变了汉族的乐器组合结构。

(3)替代。

它是指文化特质为另一文化特质所取代。实际上它不是一下子由新的代替了旧的，而是新的文化特质经若干世代一一地替代接受一方旧的文化特质。如火柴代替火镰。

(4)融合和同化。

融合是指历史上一些民族(或其中一部分)逐渐消失各自特征，自然成为一体的现象。当两种文化接触后，既没有保持原来的文化传统和生活方式，也没有接受新的文化要素的影响，而是形成了一种新的文化模式。也就是说两个不同文化系统的特质融合在一个模式中，成为不同于原来的两个文化系统的第三种文化系统。这个新系统既是一个整合系统，也是一个新的社会文化体。当融合以后，原有的两个系统可能消失。

同化是文化接触后一个群体的原有文化完全被另一种文化所代替。同化是民族交往中普遍存在的社会现象，它不但存在于所有互相交往的民族之中，而且存在于各交往民族发展的全过程。所谓“同化问题，即丧失民族特性，变成另一个民族的问题。”①根据实现的方式不同，可分为强制同化和自然同化两种类型。这两种类型的根本区别在于是否采用强制手段，是否凭借特权或暴力来实现同化。强制同化属于暴力同化，是利用暴力、特权等强制手段迫使别的民族放弃自己的文化而成为它的一部分，是强加给被同化民族的，这是一种民族压迫

①布赫:《民族理论与民族政策》,呼和浩特:内蒙古大学出版社,1995年。

的形式。我国历代封建王朝往往采取强制同化政策。自然同化是指一个民族自愿地接受另一个民族的影响而改变原来民族特征，变成另一个民族的现象，属于非暴力同化。它发生的原因在于经济和社会发展水平的差异。历史上的民族融合，实际上就是自然同化。

(5)隔离或孤立。

这是一种非整合的模式。外来的文化强加给接受者，后者并不情愿接受，因而只是表面上接受了，作为自己文化的一部分，而当外力撤退，那种被迫接受的新特质也随之而去。这种现象在殖民情况下是常见的。每一个民族的文化都有各自的独特风格和内涵。每一个民族的文化在其内涵的准则、规范、行为、模式表层下，都有一套价值系统，本族集团成员对它很容易理解，另一民族文化集团的人们却不易察觉。生长在某一个民族文化中的人移居另外一个民族文化环境生活，往往区触，会产生一种茫然与心理失衡的感觉。这是民族文化的排抗效应特征。

(6)反涵化运动。

反涵化运动是两种不同文化相冲撞而产生的一种极端和激进的表现，是指拒绝接受任何外来文化的影响，试图回归到过去美好而纯洁的文化传统的种种努力。在一个民族侵略、统治另一个民族的情况下，前者将自己的生活方式、价值观强加于后者，当压力还未达到压倒之势时。反涵化的活动就会产生。被统治者试图恢复自己的生活方式、某些传统文化和仪式，人类学家称之为“复兴运动”。其研究对象集中在19世纪末期北美印第安人的“鬼魂舞”和20世纪美拉尼西亚人的“船货崇拜”等现象上。

4. 涵化与教育

无论是从历史发展的角度还是从教育自身特性的角度看，涵化与教育呈现出密切的相关性。涵化是以对文化的理解和接受能力为前提的，如果缺失了文化的理解、接受和认同能力，涵化就根本没有意义。而通过教育一方面能提高人们对文化的理解和接受能力，另一方面又通过教育自身的选择加工使之更易于为人们理解和掌握，从而形成了涵化的前提和基础。文化水平越高、文化视野越开阔，人们越是希望通过涵化获取新的文化。与之相反，文化水平越低、文化视野越狭窄的人，其通过涵化获取新文化的兴趣也就越淡漠。而教育正可以通过提高人们的文化水平、开拓文化视野从而有效地形成涵化的心理动力。

涵化可以通过战争、旅游、教育等多种方式达成。而教育是其中十分重要的一种。教育对文化的借用是有选择的，这种选择主要依据一定社会和成人个体的需要和价值取向进行，这也就使得经过选择的文化更具效用性和适切性，也更易于被吸收和融合。也正基于此，通过成人教育所完成的涵化将出现更多的综摄和创造情形而较少出现退化、抗拒情形。

涵化与濡化都是教育要完成的使命，在教育过程中，都是必要的。涵化使受教育者接受不属于本团体、社区的生活方式、价值习俗，既拓宽了其视野，也激发了其创造力，进而为文化的变迁提供了动力；濡化使受教育者适应本团体、社区的生活方式和知识观念，促进其社会化。但是，如果只有濡化，就可能使受教育者故步自封、墨守成规，甚至抱残守缺；如果只有涵化，就可能使受教育者忘却传统、忘记根本，甚至造成人格上的分裂。

第二节 文化中断与文化适应

一、文化中断

1. 文化中断的概念

不同文化在接触过程中，除了出现彼此间的相互吸收，彼此融合，有时也会出现因多种原因而使文化在濡化或交流中出现文化过程的非连续性，这种非连续性称为文化中断(cultural discontinuities)。

文化中断是西方教育人类学者与20世纪后半叶提出的一种分析、解释民族教育和文化传播的理论。虽然西方"文化中断"理论产生的社会背景和文化背景与我国民族教育的社会文化背景有本质区别，且在民族教育实施的宗旨、目标上也有根本的不同，但是它作为一种研究民族教育的理论方法和手段，对我国乃至世界上多民族国家的民族教育来说都是有借鉴意义的。

2. 文化中断理论

美国人类学家奥格布用文化中断理论来解释美国社会中那些来自不同文化背景的学生学业成绩不良的原因。认为少数民族成绩不佳的主要原因是语言上与文化上的障碍，或者说是少数民族的家庭环境与期望少数民族学生接受优势民族价值观念的学校环境之反差。这些少数民族孩子不仅要使用不同的语言或说各种方言，而且来自不同的文化背景。在他们自己的文化中对教育具有不同的态度，或者说不像优势民族文化那样注重优良的学业成绩。所以，我们可以看到，文化中断理论所阐述的一个重要观点是，每个少数民族都有自己的特有文化，与其他文化相比，少数民族文化并不是落后或缺失，而是不同。

文化中断理论的提出，是为了批判美国民族教育中的"文化同化主义"。二战后，由于美国国内的多民族文化互相排斥，在很长一段时间教育未能考虑外来者的传统文化背景，使得具有异文化背景的学生学习过程中存在种种困难，其结果就是这些学生所受教育的低效性。教育人类学者为了提高具有异文化背景学生的学习成效，"他们注重文化研究，主张在介入教育与学校问题时，从文化角度来拓展研究。"[①]他们认为，少数民族在校学生学业上失败的原因应是学校没有把移民或少数民族等非白人的文化用于教学和测验之中，从而导致了"文化中断"。同时，人类学者认为，移民与少数民族集团的子弟学习成绩不好完全是由于他们所受教育同自身文化脱节的结果。

①哈经雄、滕星：《民族教育学通论》，59页，北京：教育科学出版社，2000年。

3. 我国民族教育中的文化中断现象

随着我国民族教育在数量和规模上的进一步的扩大和民族地区经济的快速发展，民族教育客观上已经出现了“文化中断”的现象，现代化的教育形式正在取代少数民族的传统教育形式。自从现代化的教育形式进入少数民族地区后，各少数民族和民族地区都发生了深刻的变革，学校教育模式虽然在一定程度上提高了少数民族的文化素质，也有利于民族间的文化交流，甚至促进了民族地区的经济发展，但作为传承民族文化的少数民族的传统教育却逐渐受到了忽视，甚至一些民族地区的传统教育被学校教育所替代。如果作为传承民族传统文化的重要形式——传统教育走向了衰亡，其带来的后果必然是民族传统文化的消亡。因此，在我国当今的教育课堂当中，“多元化的教育模式”正在取代“一元教育模式”，尊重了少数民族的传统教育形式并保证了文化的多样性。

二、文化适应

1. 文化适应的概念

文化适应的早期研究主要见于人类学。雷德菲尔德和赫斯科维茨在 1936 年将文化适应界定为：“当不同文化群体的人们进行持续不断的直接接触时，一方或双方的原文化类型所产生的变化称为文化适应”。其构成要素包括文化、群体、个体、接触。

文化适应(adaptation)是文化变通的一种形式。在一定社会里，从外部引进不同的制度和文化，这种异文化的接触是整体的，又是持续的和直接的，并对那个社会的文化形态带来某些变化的现象。文化适应反映环境的变迁，要求文化作为相应的调整。一般说来，文化适应是文化对环境的适应和文化各个部分的相互适应。如果两种文化之间适应性越强(两者的社会价值和规范越无矛盾)，则抵制就越少；而适应性越弱，则两者的摩擦就越多。各社会和各民族各自有其文化的特点，不论精神的或物质的，文化适应集中于人们日常最为关心的文化之中。

文化适应的结果有下列几种：(1)两种文化共同存在的混合状态，其中不可避免地产生矛盾。(2)异文化代替本文化，常伴随着强制性的改革，异文化要做出符合本文化传统的新的解释。(3)两种文化的融合，它意味着形成新的、统一的文化，其前提是双方相互有接受的准备。

对文化适应的研究，早在 20 世纪 30 年代，人类学家林顿和赫斯克维兹就曾经指出，文化适应是具有不同文化背景的群体或个体相互之间持续的直接接触，结果接触双方原来的文化都发生了变化。[①] 人类学家把文化过程中的文化适应看作是个人或群体更好地与生存环境达成一致的目的之一。从理论上讲，这种文化模式的变化是双向的，也就是说接触双方的文化模式都要发生变化。但是就实际情况而言，双方接触过程中更多的变化往往发生在弱势文化的一方。

米德从历史的角度考察文化适应的差异，提出著名的三种文化适应理论——代沟论。(1)反示性文化适应。也称为后喻文化，指文化传承方式为年幼者向年长者学习。例如学生

①万明钢：《文化视野中的人类行为》，233 页，兰州：甘肃文化出版社，1996 年。

向教师的学习，晚辈向长辈的学习。(2)互示性文化适应。也称为同喻文化，指文化传承方式为同龄人互相学习。例如学生之间、教师之间的互相学习。(3)前示性文化适应。也称为前喻文化。指文化传承方式为年长者向年幼者学习。例如教师向学生学习，长辈向晚辈学习。

2.自我与他人

个体的文化适应，或自我意识的获得并不是孤立的。在社区历史及生活经历中，人们总是力求寻找一种坚实有力的社会关系与团体做依赖。因此，有意义的他人对自我观念的形成是最重要的。在库利看来，自我是通过人与人之间的社会关系创造出来的，它首先在家庭这样的初级社会群体中得到充分的发展。孩子从父母的期待、评价和要求中形成自我意识。米德也认为："自我具有一种不同于生理学有机体本身的特征。自我是逐步发展的；它并非与生俱来，而是在社会经验与活动过程中产生的。"米德说，当个体在思维中能够把自己当作客体并把这个客体与其他事物区分开来进行想象和思考的时候，自我就形成了。米德将自我分成主我和客我两种形式，完整的自我是主我与客我的统一。主我是源自个体内在的、自然的冲动，它对别人的态度作出反应，客我是自我的社会部分，是自我对社会价值规范的内化和认同。因此，主我先于客我出现。①

自我是一个独立的个体，在身心等方面具有自我的独特性，认识到自我的独特性，个体就能更好的认识他人与社会。也就是说，个体自我意识的形成很大程度上是通过社会的比较过程和他人的反馈来实现的，个体通过和有意义的他人之间的社会互动，形成"镜像自我"，只有个体自我得以理解自我所在的文化，并将其中的深层内容加以内化，即与观念、信仰、价值发生互动，进而再与物质对象互动，支配和驾驭。这几方面无论是哪一种发生变化，都可能影响到自我。互动是连续不断的，自我也就当然是动态的。

3.文化、自我与情景

文化与自我是相互联系的现象。文化背景不同，自我当然有差异。文化背景是自我价值感形成和发展的一个重要变量，不同民族有其特有的文化内涵、民族特质和生活方式，因此，各民族的自我价值感也是不相同的。不同文化对个人的影响既反映在人的正常行为上也反映在人的异常行为上。而无论是正常行为或是异常行为都是自我与情境不断反应和调节的结果。马塞勒曾提出了一个行为的相互作用模式。他认为，决定人的行为的根本要素主要分为两类：第一类是内部要素即心理及生理；而第二类则是外部要素。文化被视为两种主要的外部要素之一，人是所有这些要素的贮存器。当所有要素发生相互作用时，人就是这些要素的反应装置，人与情境发生相互作用，与以上各种要素相互联系、相互依存，并以不同的方式表现出来，而最终则表现为整个人、整个情绪，表现为人的行为。

具体来说，文化对自我的影响，来自特定的文化环境，来自各种形式的文化活动。只有在自我的主动参与和自觉体验中，优秀文化才能起到对个人的熏陶和教化的作用。对少年儿童进行古文经典篇目的诵读活动，就是创造出特定的文化环境和文化活动，让青少年接受中华文化的积极影响。不同文化背景下的人们，其行为也是不同的。例如，在我国，东北人勇敢豪

①米德：《心灵、自我与社会》，上海：上海译文出版社，2002年。

爽，广东人精明强干，江浙人温婉细致，山东人既传统又豪爽，而山西人则憨厚朴实。人们生活在不同的文化背景中。在不同文化的影响下，人们的交往行为和交往方式反映出很大的差异。不同的文化背景同样影响着人们的实践活动、认识活动和思维方式。例如，在人们改造自然的生产实践的过程中，由于中西文化的差异，中国人在自然面前往往表现出乐观和自信的浪漫主义，而西方人在自然面前则更多采取尊重自然、探索自然的现实主义态度。因此，往往在中国作品中，人的气魄和精神被表现得登峰造极，而在西方作品中，人就显得格外渺小和微弱。这种文化差异造成了人们的实践活动、认识活动和思维方式的不同。因此，不同的文化情境、不同的知识素养、不同的自我价值观念，都会影响人们认识事物的角度以及认识的深度和广度，影响人们在实践中目标的确定和行为的选择，影响不同思维方式的形成，从而，自我也就有了差别。

文化对自我的影响，是潜移默化的，一般不是有形的、强制的。文化对自我的影响也不是立竿见影的，而是“润物细无声”，从精神深处培养、教育和塑造着我们。当然，文化的作用是双重的。先进的、健康的文化会促进社会的发展；落后的、腐朽的文化则会阻碍社会的发展。所以，我们应该主动地、自觉地参与接受健康向上的文化影响，这往往是自觉学习、主动感悟文化熏陶的过程。

4. 个体认同

“认同”是指一个人对自己是谁以及自己作为人的本质特征的正确理解，在此基础上，培植个体是社会主体的意识，塑造主体的能力。个体认同（personal identity），是一种复杂的、个性化的精神现象，它与人的“人格”“自我”等关联，涉及的是个体自我人格的统一性或完整性的问题，是人对自我真实身份的确认和对自我最终归属的定位。因此，个体认同既不能受某种超验的“理性”“道德价值理念”的控制，又不能无限夸张自身、自我膨胀，或者对自身失去信心，导致自我的迷失，而是使自身在与他人、社会及一切外部世界的“对话”“交往”中形成自我意识，既能正确看待外部世界，又能客观公正地评价自己，在自我与外部统一中谈论自我的价值与功能，否则就毫无意义。与个体认同相对应的是族群认同（ethnic identity）指的是存在着将世界划分为“我们”与“他们”类别的一种强烈的心理或情感依赖成分。

从个体的发展历程来看，个体认同是通过个体的社会化进程来实现的。戴维·波谱诺说过：“自我（个体认同）的发展，极大地依赖于社会化的过程。”①米德也认为：“自我具有一种不同于生理学有机体本身的特征。自我是逐步发展的，它并非与生俱来，而是在社会经验与活动过程中产生的。”②

个体认同的形成是个人意识与外部环境互动的结果。因此，教育在其中扮演着重要的角色，教育是影响个体认同的主导因素。在实施教育的过程中应正确把握社会化和个性化的关系，不断提高个体认识社会、适应社会的能力，同时也要考虑个体的个性特征，在唤起个体的社会意识的同时，将个体意识内化于自身人格系统当中，获得某种思想以及行为上的同构。

---

①戴维·波谱诺：《社会学》，北京：中国人民大学出版社，1999年。

②陈孝禅：《普通心理学》，长沙：湖南人民出版社，1983年。

5. 交叉文化中的适应

交叉文化中的文化适应是一种文化对另一种文化学习和扬弃的过程，也是产生新文化和建立新的文化模式的过程。在这个过程中，各个民族吸收其他民族的某些文化成果，充实改造自身的文化，从而给原有文化以新的成分、新的面貌。而这种适应往往是文化之间的相互学习、相互作用、相互影响和相互吸收的过程。在这个过程中，一种文化会失去原来的一些特质，获得新的文化特质。①

公元7世纪吐蕃融合青藏高原各部落，形成藏族。因此，一般将吐蕃文化视为藏族文化之根。但据史料记载，吐蕃初期社会文化十分落后，"刻木记事"，"不知节侯"，"其俗重壮残老"。松赞干布即位后，大力开展"新文化运动"，从吐蕃周边的民族文化中吸收营养。唐文成公主、金城公主"下嫁"吐蕃，给唐、蕃文化交流打开了大门。于是吐蕃派出大量的使节、侍子、商贩、僧人去汉地，唐朝也派出使者、僧人、商贩不断去藏区。双方的政治、经济交流，带动了文化的交流。汉地丰富的文化成果大量被吐蕃所吸收。许多吐蕃贵族子弟到长安进入国子监，系统地学习儒家学说，使吐蕃从制度文化到精神文化方面都竭力将儒家思想精华融入于藏族社会中。

然而，当一个民族文化与异民族文化发生交往时，如果一个民族处于完全封闭状态，与外域文化不发生任何联系，这个时候是无所谓适应不适应的。只有它与其他民族发生交往，特别是激烈冲突的时候，发展阶段较低的民族文化才有一个如何适应发展阶段较高的民族文化的问题。但是，这种文化适应绝不是发展阶段较高的文化代替较低的文化。任何民族都不愿意使自己的民族文化融入其他民族文化中，而是希望在自己文化基础上通过吸收其他民族的文化来繁荣和发展自己的文化。外部挑战才是文化发展的重要条件。也就是说，一个民族的文化只有遇到更先进的文化，在冲突与融合中才能获得更新与发展。因此，对待外来文化既要有现代的眼光、宏大的气魄和宽大的包容心，敢于正面迎接它，又要在保持民族文化固有的血脉的基础上对它加以分析权衡，去取得当，这样才有益于民族文化的建设和发展。日本历史学家高桥龟吉曾说："日本人对与本国不同的文化，不是看作异端，也没有排斥和偏见，而善于以外国先进的文化思想为师，并积极地进行全力移植和吸收。"②

6. 文化输出与文化输入

文化输出(cultural output)指文化的传播与扩散过程；文化输入(cultural input)则指对异文化的吸纳过程。

文化导入和输出，不论是物质的还是精神的；高级的还是通俗的，知识的还是交际的文化都可以互相导入。古代两河流域的宗教文化在西方及世界各地传播，中国儒家文化对东南亚的影响，现在的西服在中国的出现和流行等都是文化导入的现象。文化差异的导入和相互影响，产生了这样那样的潜移默化因素。文化差异是客观存在的，因而文化交流、导入输出也是有可能的。中国四大发明、英国的火车、美国的电力学，德国的哲学、意大利的歌剧、日本的企

①庄孔韶：《文化人类学概论》，北京：中国人民大学出版社，2006年。

②张岱年，方克立：《中国文化概论》，北京：北京师范大学出版社，2004年。

业管理、中国的气功都互相渗透于世界大文化圈之中。反过来各民族、社团的文化本身也不可避免地相互受到影响。特别是当今社会生活的国际化潮流的文化演变过程中，更促使人们去了解各民族文化的差异，以便互学互补。

由于当今世界强势文化输出的背后总是蕴涵着政治、经济、社群和文化实力、战略、组织与谋划，于是文化输出与文化输入之间往往出现了一种不对等性，或主动性与被动性之间的关系。

7. 文化的回应

一个族群的信仰、观念与风俗习惯都是在长期的历史中形成的，具有自身的独特性和价值。因此，如果能够努力发现他者和自身世界观、文化结构与逻辑等的异同，对文化交流和碰撞中的双方及其未来都是有意义的，并可在与他者的互动中获得自己的文化自觉。

在一个多民族国家中，无论主体民族还是少数民族都有其独特的传统文化。在人类漫长的历史发展过程中，由于各民族自我文化传递与民族间的文化交往，各民族在文化上形成了"你中有我""我中有你"的特点。不仅主体民族文化吸收了各少数民族文化，各少数民族文化中也打上了主体民族文化的烙印，形成了在一个多民族国家的大家庭中，多种民族文化并存，共同组成代表某一个多民族国家的"共同文化群体"，即形成如费孝通教授所说的文化上的"多元一体格局"。

人类的每一代都会面对而且也要"利用以前各代遗留下来的材料"，其中包括传统文化。但是，这种利用，一方面是继续发扬先辈传统；另一方面，这种继承与发扬，又是在条件完全改变的情况下进行的，那么继承与发扬也不会完全照旧。同时，在变化过程中，旧的条件发生了改变，因此也就促成了社会的进步和发展。

本章要点

濡化，表示在特定文化中个体或群体继承、适应和延续传统的过程。也有学者强调其中的个体了解、内化和呈现适合其身份与角色的行为过程。文化传承既是某一个社会或民族的群体行为，也是该社会或民族群体中的个人行为。文化传承不仅仅是一个教育的过程，是一个文化的过程，它还是一个濡化的过程。文化濡化是指人类个体适应其文化并学会完成适合其身份与角色的行为过程。其核心是人及人的文化获得和传承机制。

社会化则强调个人按照社会的某种规定和要求行事的过程。教育的作用实际上是实现人的社会形成。教育是实现社会形成的主体方式。同时，整个过程必然是在特定的社会文化背景的制约下，依据家庭、学校等社会群体，借助某些社会教育设施及其功能才能实现，因此，这是一种地地道道的社会过程。

涵化是指两个或两个以上的不同文化体系间由于持续接触和影响而造成的一方或双方发生大规模的文化变迁。根据促使变化发生的不同条件，可把涵化划分为强制变化与文化因素的"借入"和改变。

从整个文化体系来考察，文化适应不仅是个体对文化传统及其变迁的不断调适，而且是一个建立新文化模式的过程。在文化适应的过程中不仅存在适应的连续性，也存在非连续性的文化中断现象。现代社会的文化中断和文化适应的问题还反映在文化输出与文化输入的过程中。文化输入对异文化的吸纳，文化输出对文化的传播过程所发生的文化涵化的过程与结果和文化当事人的主动与被动性相关。

基本概念

濡化　社会化　涵化　文化中断　文化适应　文化输出　文化输入

复习思考题

1. 试比较濡化和社会化的异同。
2. 何为涵化？试说明不同的涵化表现。
3. 什么是文化中断理论？以实例讨论文化中断的现象及其应对情形。
4. 如何面对强势文化输出？
5. 讨论：全球化的场景中中国的族群自觉与教育。

第十章　文化人类学理论与流派

第一节　范式与理论流派

人类学是关于人的研究。人是生物上存在基因遗传的体质人，也是文化上被教化的文化人；是群体的社会人，也是个体的个人。人既受结构支配，也足以发挥能动性改造世界。人从哪里来，到哪里去？人怎样生活，如何思考，如何行动？社会是什么，文化是什么？人的存在有何意义？人自诞生之日起就在思索探讨的这些问题，随着科学的进步，人的思想的解放，以及大陆间的联系加强和世界变得日益被可知，结果逐渐明晰并形成固定的学科——人类学。围绕诸种问题或一个问题形成的不同理论或理论观点，又称之为“范式”(paradigm)。范式是指“一个重大理论，有时也称其为一个理论框架或者看世界的主要途径。”①此术语由托马斯·库恩提出，为物理学和自然科学领域中的哲学认识，借用到社会科学领域中有类似意义。比如，进化论、功能论、结构主义等都是人类学范式。本章将要介绍的人类学各个理论范式，我们将其归类合并，形成宏观母体范式，即“指同一时期内各学派的研究和共同母题和主导理论取向。”②意在以关键词的形式突出主题，使读者精炼把握人类学的核心脉络。同时它不否认母体范式内各个理论或范式，在原则、具体内容或方法上存在分歧甚至对立，即承认共同主题下的多样性。同样一种理论或范式所包含的内容也可能涉及不止一种母体范式，例如经典马克思主义较接近进化论观点，而结构马克思主义则更偏向结构和互动理论，即看到范式的多面及流变。因此对范式和母体范式读者有必要区分清楚。

文中叙述大致上按照理论或范式出现和形成的时间顺序，故类似一部历时的学科史。有三点应当予以说明：其一，我们不赞同对时间做人为的意义操弄。不少介绍学科史的文章或

---

①［英］阿兰·巴纳德著，王建民等译：《人类学历史与理论》，8页，北京：华夏出版社，2006年。

②庄孔韶主编：《人类学理论通论》，39页，太原：山西教育出版社，2003年。

著作都倾向于认为人类学有一个与殖民统治共谋的不光彩的开端，因之对人类学对不同种群有一个进化的论调而大加批判，这种定性的判断有的其实就是出于写史的目的而人为地赋加的，因此应该看到人类学史脱胎的时代背景实际上也是对时间的操弄，目的是让其符合叙事的需要。其二，对两个“历时”有必要加以区分。一种理论或范式研究在原则或方法上也存在历时性，即将族群或文化看成是按时间先后顺序存在和排列的，研究它们的起源、发展规律、文化现象的因果等。两个“历时”一个是学科史写作的顺序安排，一个是范式研究的方法，所以一个是时间上的历时，一个是观点上的历时。也因此人类学的研究范式中有历时的观点，还有静态的共时观点以及动态的互动观点。其三，人类学学科史虽然表现为不同的理论或范式，但它是一个连续的统一体。新范式的产生往往是在前面范式的基础上或者是对其的批判与争论中著新立说的。例如，借鉴涂尔干社会学派的结构观点，拉德克利夫-布朗发展出结构—功能理论的核心，其弟子格拉克曼又在反对老师静态结构的观点中着手研究动态社会中冲突如何导致平衡，因此开创“曼彻斯特学派”之先河。所以学习学科史重在领悟各个理论或范式间的区别与联系。

一、起源——历时阶段

人类学作为一门学科是在追溯人类起源的探索过程中产生的，人的起源是人类学的第一个母体范式。学科的建立基于以下三个事实：(1)启蒙运动进化思想的影响。18 世纪欧洲的启蒙运动是思想领域的一场资产阶级革命。它提倡人的理性和进步，尊重人，注重人的本性，强调进行社会变革，把人从宗教神学的束缚中解脱出来。法国思想家孟德斯鸠在《论法的精神》(1748)一书中，以及孔多塞在《人类知识进步图解》(1795)一书中，都认为人类在各个方面不断进步，一切社会现象均有规律可循。他们还将人类历史分为蒙昧(或狩猎、或部落)、野蛮(或游牧、或畜牧)、文明(或农业)等阶段，承认社会文化的差别。(2)海外殖民统治的促进。从哥伦布航海美洲开始的“地理大发现”时代至西方国家扩张海外殖民地建立起世界体系，各国的传教士、商人、探险家、地理学家、历史学家等等就有机会开始对殖民地异民族的文化展开调查，积累起大量资料。法国传教士拉菲托研究美洲易洛魁印第安人的《美洲野蛮人风俗与远古风俗之比较》(1724)一书被视为是民族学进化和比较方法的先驱。还有英国人亨利·霍姆的《人类简史》(1813)，苏格兰史学家罗伯逊的《美洲史》(1777)，以及英国学者亚当·弗格森的著作等等都是这方面的代表。(3)研究组织机构的建立。在人类学研究和资料不断积累的同时，相应的人类学研究机构也纷纷设立。如 1839 年最早成立的巴黎、1841 年伦敦、1842 年纽约等各国民族学会，以及 1859 年巴黎、1863 年伦敦、1869 年柏林、1870 年维也纳、1873 年斯德哥尔摩、1879 年华盛顿成立的各国人类学会等，有的还出版有学术刊物，如《民族学杂志》等。各大学也相继设立民族学人类学课程，完整系统地传播知识。人类学初创时期吸收了这些进化论思想，欲从起源上探讨人类社会的进化规律，比较不同文化间的发展阶段差异。这一时期形成了古典进化学派和文化传播学派两个范式。

1. 古典进化学派

人类学第一个理论流派古典进化学派的直接理论来源为英国科学家达尔文于 1859 年发

表《物种起源》提出的生物进化学说。英国人类学家马雷特在《人类学》(1912)一书中称:"人类学是达尔文的孩子,达尔文学说使人类学成为可能。"[①]从生物学上更进一步证实了"适者生存,优胜劣汰"的人类社会进步理念,影响极其巨大。但提出较早的是英国斯宾塞和孔德的社会进化理论。斯宾塞于1852年发表《进化的假说》,把社会理解成一个有机体,并提出了社会单线进化思想。孔德1830—1842年发表的《实证哲学》中,提出人类观念进步三阶段论,即神学阶段(又名虚构阶段)、形而上学阶段(又名抽象阶段)、科学阶段(又名实证阶段),[②]并提出把人类不同的发展阶段作历史的比较方法,即历史比较。古典进化学派就在生物进化论和社会进化论的铺垫下产生,最具影响力的人类学家是英国的泰勒和美国的摩尔根。

泰勒是英国人类学的奠基人,牛津大学人类学教授。由于声誉卓著,1912年被封为爵士。代表作有《人类早期历史和文明的发展的研究》(1865)和《原始文化》(1871),后者被视为是古典进化学派的经典著作。泰勒的学科贡献是:(1)给"文化"作出经典定义:在《原始文化》中"关于文化的科学"一章中指出,"文化或文明,就其广泛的民族学意义来讲,是一复合整体,包括知识、信仰、艺术、道德、法律、习俗以及作为一个社会成员的人所习得的其他一切能力和习惯。"[③]并指出人类学这门"文化的科学,在本质上是改革者的科学"。(2)基本上确立英国人类学的分支,包括体质人类学、社会人类学、考古学、语言学和民族学等专业,确立起后来各国大学人类学课程设置的模板。(3)持文化的单线进化观点,认为人类社会的发展与进化存在两条普遍规律:一是不同地区、不同民族的某些文化存在相似性和重复性,原因在于人的本性的普遍相似性和生活环境的普遍相似性;二是整个社会处在一个由野蛮到文明,由低级向高级的连续序列上,可以根据不同文化的发展水平来寻找在进化过程中的位置或顺序。泰勒也感兴趣于宗教起源和进化的研究,认为原始宗教起源于万物有灵信仰。(4)在研究方法上,泰勒运用和发展了比较法和残存法,并把统计学方法引入对文化现象的研究。埃文思-普里查德甚至认为泰勒对人类学的贡献不在《原始文化》,而在一篇使用了统计分析方法的论文。[④]

摩尔根是美国人类学的奠基人,他终身从事律师职业,但在人类学上极有兴趣,且成就颇高。他深入美国北部和加拿大的易洛魁印第安人部落进行调查,收集大量实地资料于1851年写成《易洛魁联盟》,被认为是第一部现代民族志。1865年完成的《人类家族的血亲和姻亲制度》,也出自他调查收集的近200种亲属制度资料。此书超越了原来想从亲属称谓制度解决印第安人来源于亚洲的问题,借用大量资料发现人类早期社会从杂交到群婚再到一夫一妻制的家庭进化理论。1877年摩尔根呕心沥血的著作《古代社会》正式出版,得到了最多的赞扬也有最多的批评。该书论证了人类从蒙昧时代经过野蛮时代到文明时代的进化过程。新进化论者怀特认为摩尔根对社会科学的贡献与达尔文对生物学的贡献同等重要。摩尔根的主要贡献在于:一是将技术和经济发展作为社会进化的基本标志之一;二是财产形式的变化对社会政治组织的重要性;三是确定不同社会制度的各种变形的相互关系。[⑤] 他得出的结论是,"人类是从发展阶梯的底层开始迈步,通过经验知识的缓慢积累,才从蒙昧社会上升到文明社

①黄淑娉,龚佩华:《文化人类学理论方法研究》,17页,广州:广东高等教育出版社,1998年。

②参见于海:《西方社会思想史》,189～190页,上海:复旦大学出版社,2005年。

③夏建中:《文化人类学理论学派:文化研究的历史》,20页,北京:中国人民大学出版社,2003年。

④同③。

⑤参见于海:《西方社会思想史》,215页,上海:复旦大学出版社,2005年。

会的。”“他们在各个大陆上的发展，情况虽有所不同，但途径是一样的，凡是达到同等进步状态的部落和民族，其发展均极为相似。”[①]摩尔根的观点引起马克思的极大关注。他晚年研读此书做了大量的笔记和补充资料，并曾打算写一部人类社会发展史。1883年马克思逝世后，恩格斯接替他的工作，数月内就写出《家庭、私有制和国家的起源》一书。恩格斯评价摩尔根说：“在美国，他以自己的方式，重新发现了四十年前马克思所发现的唯物主义历史观，并且以此为指导，在野蛮时代和文明时代加以对比的时候，在主要点上得出了与马克思相同的结果。”他认为《古代社会》“是今日划时代的少数著作之一”[②]。足可见进化理论对马克思主义的影响之深。当然对摩尔根的批评也尤为激烈，主要集中在他的划阶段单线进化和资料不足上。半个多世纪以后，摩尔根的贡献在美国人类学界又得到重新肯定。

古典进化学派的其他一些代表人物，还有前期的如巴斯蒂安代表作《历史上的人》(1860)、巴霍芬代表作《母权论》(1881)、麦克伦南《原始婚姻》(1865)、卢伯克代表作《文明的起源》(1870)，后期的如弗雷泽代表作《金枝》(1890)、韦斯特马克代表作《人类婚姻史》(1891)、马雷特代表作《宗教的起源》(1909)、哈登代表作《艺术的进化》(1895)等。他们相信进化规律的源头在于人类心性，形成了三个基本相同的观点：(1)人类追求进步的本质和心智一致，因此文化发展规律一致；(2)社会文化进化的路线和阶段一致；(3)社会文化与自然界的发展规律一致。进化论学派的观点对批判当时受宗教控制的特创论和退化论起了重要作用，对促进民族学、人类学、史前史、考古学等学术研究的进步作出了贡献。进化论的理念对马克思主义乃至国际共产主义运动和社会主义革命起了思想奠基作用，在我国的影响尤深。需要指出的是，进化论学派虽被冠以欧洲中心主义的帽子，但实际上这些进化人类学者却几乎都是反种族论者。如泰勒曾经指出：“我们应该而且也有可能打消关于人种遗传变化的考虑，而承认人类在本质上是一样的，虽然是处在不同的文化阶段上。”[③]摩尔根曾经为易洛魁塞纳卡部落辩护成功，维护了印第安人的土地权益，并因此被收为当地鹰氏族的养子。

2. 文化传播学派

与进化论学派不同，传播论学派在文化起源问题上反对人类心性一致的假说，他们大多认为人的创造能力是有限的，文化只可能在一个或某几个中心发源，然后随着人们的迁徙传播到其他地方去。该学派因此得名，传播(diffusion)有散播、扩散的意思，如此解释文化的相似性，其长处在于不是把文化当作孤立存在的个体，而是看到了文化间的联系及其变迁。文化传播论在德语国家最为流行，代表人物有拉策尔、弗罗贝纽斯、格雷布内尔和施密特。在英国传播论发展至极端，代表人物有里弗斯、史密斯和佩里。

德奥传播学派明显受到自然科学、地理学和博物馆学的影响，德国地理学家拉策尔是其创立者，他的著作包括两卷本的《人类地理学》和三卷本的《民族学》(英译本为《人类历史》)。他坚信迁徙和接触是文化相似的主要原因，有意描绘出物质文化现象的分布图。拉策尔提出“形式的评判标准”(Criterion of Form)概念，指出文化联系会消除因自然条件造成的文化差异。他的弟子弗罗贝纽斯第一个提出“文化圈”(Kulurkreis，英译为 Culture Circle)这个术语

①黄淑娉，龚佩华：《文化人类学理论方法研究》，35页，广州：广东高等教育出版社，1998年。

②参见于海：《西方社会思想史》，41页，上海：复旦大学出版社，2005年。

③夏建中：《文化人类学理论学派：文化研究的历史》，21页，北京：中国人民大学出版社，2003年。

和概念，并在博物馆学家格雷布内尔那里得到系统阐述。认为文化分布具有区域性，每个区域具有一系列相同的物质文化特征。一个文化圈内中心区文化容易变迁和创新，所以就像树的年轮一样，边缘区的文化总比中心区古老。这样解释了文化的空间分布和时间顺序。格雷布内尔还提出判断“文化亲缘关系”的“形的标准”与“量的标准”。奥地利神父施密特又进一步提出“连续标准”和“亲缘关系程度标准。”①他还将人类社会发展区分为原始、初级、第二级和第三级四个阶段，每个阶段又各自包括几个文化圈。

传播学派将文化仅仅看做是传播和迁徙的结果，既没有解释文化的最初起源，又将人纯粹被动地看做是文化的搬运者，难免失之偏颇。英国传播论则更具进化的观点，欲给全世界和全人类的文化找到一个传播路线。里弗斯的观点有一个进化论向传播论的转变，他的两个后继者，史密斯和佩里则把传播论推向极端形成泛埃及中心说，将古埃及文明看成世界文化的中心，曾遭到尖锐的抨击。

二、结构——共时阶段

19 世纪末 20 世纪初至 60 年代，是人类学研究的结构—共时阶段，这与前一阶段起源——历时母体范式形成对照和补充。这种范式的转变源于以下几个方面：(1)法国社会学派的结构观点。该学派强调研究社会总体现象，认为复杂社会是简单社会的各种联合或组合。这些主张后来成为“结构主义”理论的基础。(2)美国人类学研究重地的出现。进入 20 世纪以后，美国迅速扩充的实力和相对自由的科研环境，吸引了一大批欧洲的人类学者集结美国，使这里学术研究活跃，并成为另一个人类学研究重地。(3)价值中心的原则取向。从实证主义哲学出发，不再对被研究对象和研究结果作任何价值判断，只关心“是什么”而不再是“应是什么”。(4)研究方法注重田野调查。这一时期开创了人类学的田野调查传统，主张在实地调查资料的基础上客观叙述民族文化。(5)历时向共时观点的转变。不再追溯文化现象“哪一个先出现”，而是“哪一个更适合这一文化”，研究重心放在对某一时期特定社会具体文化的理解上。

1. 法国社会学派

法国社会学派产生于 19 世纪末，稍晚于进化学派，大体与传播学派同时。开创者是法国实证主义社会学家兼哲学家涂尔干，该派因涂尔干 1896 年创办的《社会学年刊》杂志而又被称为“社会学年刊学派”。他的学术思想深受孔德、斯宾塞等人的实证哲学影响，而在使社会学成为一门独立的学科上走得更远。在文化人类学领域，涂尔干承认社会由低级向高级的进化观点，但是他反对进化论将人类心性一致作为解释人类社会文化发展规律一致的原因。涂尔干认为社会不是个体的简单总和，而是相互结合形成的一个整体。社会事实自成其类，具有外在性和强制性，所以只能用社会事实来解释社会事实，而不能简化到心理和生物层次。为此，他提出“集体意识”的概念，将这种无形而有力的社会强制力看成是宗教的本质。涂尔干解决了个人与社会的关系，并提出“有机团结”与“机械团结”的概念，认为劳动分工和社会分化能够促成人们之间产生合作与团结。社会团结在他看来具有道德的意义。这种意义在

---

①关于以上“四个标准”的解释，请参见宋蜀华、白振声主编：《民族学理论与方法》，26～27 页，北京：中央民族大学出版社，2002 年。

他的学生和外甥莫斯那里得到进一步升华，在其最重要的著作《论礼物》(1925)中，表明人们通过礼物与精神的混融而被馈赠和交换，社会建立起平衡秩序和传统道德。莫斯的礼物交换链条分析被列维-斯特劳斯誉为结构主义也就是他自己的先驱。①

2. 美国历史具体主义与文化——人格学派

如果说古典进化论是把文化看作历时排列的单数概念的话，到了历史具体主义那里则视文化为共时排列的复数概念。该学派盛行于20至40年代，因其注重对具体历史的研究而得名。又被称为历史文化学派、文化批评学派或博厄斯学派。该学派以美国人类学家博厄斯为灵魂人物，追随者包括克鲁伯、罗维、威斯勒、赫斯科维茨等著名学者。总体说来，该学派的独到见解有以下三个方面：

(1)历史具体主义。这也是该学派的全部理论核心。首先，反对把全人类的文化作为一个普遍的历史来研究，而是研究某一文化的具体历史。在他们看来，每种文化都是其社会的独特产物，有其各自的发展规律，所以世界文化是多样的，各有价值的。那种把文化简化进"单一进化模式"从而建构西方文明先进与非西方文化落后的做法是单线进化论犯的错误。主张重建某一特定文化的历史道路以理解或解释该文化，历史具体主义因此也被称为文化相对主义。其次在研究方法上提出采用"历史方法"，即"不仅建立在一般性的基础上，而且重视每一单个文化事例。"②

(2)文化区理论。文化区理论与传播论有相似之处，或者说是博厄斯学派在研究北美印第安文化上对德奥传播论的改进。博厄斯本人其实也比较偏向传播论，以致他曾经提出："不同地区相同现象产生的原因是传播或借用，而不是文化活动链条的某个环节的作用。"③所谓"文化区"指的是人类学的研究单位是一个特定的文化。这个文化由许多"文化特质"(traits)组成，根据作用特质相互关联形成"文化丛"(complex)，又因关系不同丛结构成一个"文化类型"(type)。博厄斯的弟子克鲁伯和威斯勒是文化区理论的坚持者，罗维也曾提出"文明是一件东拼西凑的百衲衣"的名言。

(3)价值中立与种族平等立场。文化相对论也是一种研究立场和原则，尊重各民族文化的价值平等，不存在因种族差异而导致的高低之分。博厄斯本人是一个坚决的反种族论斗士。为次他曾专门撰写了两部著作:《原始人的心灵》(1911)和《人类学和现代生活》(1928)，极力抨击充斥美国学术界的"白种人优越论"。他用大量资料证明，人类不同种族只有外表形态特征上的差异，体质构造和智力能力都是一样的；"任何一个民族的文化只能理解为历史的产物，其特性决定于各民族的社会环境和地理环境。"④博厄斯的种族平等立场，曾经赢得了大批追随者，在社会活动中伸张正义。

历史具体主义可以说是后来文化多元主义和政策的发端，对自由主义思想产生了深远影响。但是它的弱点也比较明显:一是对他长于资料收集而短于理论建构，这曾引起博厄斯与

①参见[法]马赛尔·莫斯著，卢汇译:《论馈赠——传统社会的交换形式及其功能》，7页，北京:中央民族大学出版社，2002年。

②夏建中:《文化人类学理论学派:文化研究的历史》，71页，北京:中国人民大学出版社，2003年。

③同②，74页。

④同②，73页。

克鲁伯之间有名的“科学与历史”之争。二是重建过去的文化史应用性较差，不适应当时的现实需求。到后期，博厄斯的弟子各自发挥，分化出不同研究领域。其中一些结合德奥心理学、心理分析学和民俗心理学发展出的“文化与人格”(Culture and Personality)学派，在第二次世界大战中得到高度利用。代表人物是博厄斯的两大女弟子本尼迪克特和米德。“人格”本为心理学术语，指个人的内部气质、性情、喜好及本性。运用到人类学领域，主张研究人格与文化传承的关系。认为文化是一个社会共有的价值观念和行为准则，对个人的个性起型铸作用。因此，文化促使一个社会的大多数成员趋近某种个性，即所谓“群体个性”“民族性格”和“大写的人格”等。本尼迪克特从文化整合的角度出发划分出不同的《文化模式》(1934)，从而形成几种独特的性格特征。由此她也在“二战”中受美国政府的命令开展对战败国日本的国民性研究，并写成《菊与刀》(1946)一书。米德则关注不同社会文化的儿童养育方式对人的个性形成的关键性影响。她还以萨摩亚人的青春期为例，来反证西方社会青少年焦躁与性压抑的文化根源。在《文化与传承》(1970)一书中，米德认为代沟问题根源于文化的差异，进而认为老一代只有主动与人交流并努力学习才能消除代沟。在文化与人格学派这里，我们已经看到冲突研究这一命题显现，这可以看成是西方社会产生的矛盾引起的一种自我“反思”。

3. 英国功能与结构——功能学派

产生于20世纪20年代兴盛三十年之久的英国功能学派，不仅昭告天下“英国人类学”的从此诞生，也成为当时欧洲人类学界能与美国历史学派分庭抗礼的一大派别。有学者认为，功能学派能够兴起的背景在于进化学派、传播学派和历史学派缺乏能为当时殖民统治服务的实用价值，导致研究殖民地特别是非洲的文化制度如何起作用的功能学派大受欢迎。[①] “功能”(function)的概念早在19世纪末就已经得到运用，它的思想传统源于斯宾塞的社会超有机体类比原理和涂尔干的社会“整体团结”观点。人类学功能学派中，领军的两位人物马凌诺斯基和拉德克利夫-布朗又各树一帜，形成理论和方法相异的两支，并各自建立自己的学术圈子，各行其道。

马凌诺斯基是波裔英籍人类学家。早年学习过数学和物理学，后受弗雷泽的影响，对人类学研究产生兴趣。一战期间滞留在太平洋小岛上进行了深入实地的调查工作，收集了大量的人类学资料。著述颇丰，代表作《西太平洋上的航海者》(1927)、《文化的科学理论》(1944)等。他的主要观点有：(1)人类社会文化现象都是为满足某种现实的“需要”而存在的。人首先满足自身衣、食、住的生物需要后，再会创造出第二层次的文化满足社会需求。按照马氏的观点，“文化，即工具的整体及社会群体、人类思想、信仰及风俗的规章，构成了人赖以更好地对付在其满足需要的过程中适应环境时所面临的具体问题的伟大器具。”[②]文化的功能就是文化的现实作用。(2)方法论方面，主张全面、科学地考察现实文化，提出整体性的田野工作法。认为文化不是构拟的历史，而是活生生的日常生活。因此研究某个地区的社会文化制度应该采用参与观察的方法，切实去感受当地人的全部生活，从而探讨文化如何发挥功能。

英国人类学家拉德克利夫-布朗在分析文化的现实作用时，有他自己的一些侧重：(1)侧重考察社会作为有机整体的结构功能。布朗认为社会制度对人与人的关系起决定作用，通过

---

①参见黄淑娉，龚佩华：《文化人类学理论方法研究》，101～102页，广州：广东高等教育出版社，1998年。

②王铭铭：《文化格局与人的表述：当代西方人类学思潮评介》，17页，天津：天津人民出版社，1997年。

制度就一定能够描述结构，即制度集中体现结构。结构发挥功能使社会过程得以维持，因此研究社会结构是布朗结构—功能主义的最大特点，也使得英国人类学界逐渐进入一个结构取代文化的时代。(2)方法论上，布朗首先强调用归纳方法得出文化发展的一般规律，从这点上看他并不反对进化学派坚持社会文化有发展规律可循的观点。其次，布朗提出运用比较方法，做横向的文化比较和纵向的变迁比较，从差异中得出规律。

马氏与布氏二人，一个受民俗心理学的影响较深，关注人的本性和需要，偏重研究文化；一个受涂尔干社会学影响较深，关注社会的制度和结构，偏重研究社会。对此的解释，一般认为这与二者当时所处的环境不同有关。马氏所在的太平洋诸岛规模小，文化简单，便于观察，可以不借助模型而直观描述。布朗所去的非洲大陆规模大，文化复杂且多变，不易于观察，所以必须借助理论模型才可以操作。有学者看出一个悖论：欧陆出身的马氏热衷英伦的经验哲学，而英伦出身的布氏则热衷欧陆的理性哲学。① 当然，两者毕竟相近多于差异，比如都用功能的观点研究现实文化，都强调田野调查，都注重培养学生撰写民族志的功底，都强调现实应用性，等等。功能论观点对我国学术界影响较深，老一辈人类学民族学者如费孝通、林耀华先生曾师从两位大师，并把功能论的传统带回中国，确立起田野工作的典范。

4. 结构主义人类学

第二次世界大战以后出现的结构主义人类学是对当代人类学极具深远影响的一个理论流派。新兴民族国家的建立，使得西方人类学家在原殖民地进行田野作业遭遇困境，引起学术界的深刻反思。结构主义值此形成不仅轰动人类学界，对包括哲学、艺术、社会学、心理学、历史学等诸多学科都产生了广泛影响。核心人物是法国著名的人类学家列维-斯特劳斯，被人们誉为“结构主义之父”。他的研究主要集中在亲属制度、神话学和图腾分类上，并著有大量著作，其中分别于 1958 年和 1973 年先后出版的《结构人类学》一、二卷则集中体现了列维-斯特劳斯的主要结构观点。

结构主义思想主要来源于索绪尔的现代语言学、法国社会学派和布朗结构—功能主义，以及弗洛伊德精神分析学中的结构思想。列维-斯特劳斯的“结构”概念并不是布朗等人所指的“社会关系的总和”这样的实体结构，主张的是实体现象上抽象的意识结构。更进一步，认为结构可分为有意识结构和无意识结构，前者为人们能够意识到的社会或文化的表层结构，后者是隐藏在社会文化表象之后人们没有意识到的深层结构。人类学的主要任务就是揭示这种“无意识”的真正结构。

列维-斯特劳斯理解的“结构”归根到底是一种二元对立的两分结构，它基本构成人的认知分类体系，从而对物质状况产生反作用。比如亲属关系中存在着的夫妻、舅甥、父子和兄弟姐妹四种对立关系。总体上讲，他还是倾向于强调结构的存在和作用，他反对主体意识包括主体决定论和理性中心主义的传统，实际上是要打破以往将主客观决然对立的做法。结构主义的这种主客观调和对后来的结构马克思主义产生了主要影响。还有文化的符号性对象征人类学，意识的二元分类对认知人类学都给以启发。结构人类学思想奇特，方法新颖，是人类学史上最具创新性的理性探索，闪烁着智慧的光芒。

---

①庄孔韶主编：《人类学理论通论》，54 页，太原：山西教育出版社，2003 年。

5. 认知人类学

认知人类学大概发端于20世纪50年代，到了60年代在人类学界引起关注。它与心理人类学有相似之处，即研究人类社会与人类思想之间的关系。不过与文化人格学派注重研究"集体意识"不同，认知人类学倾向于认为每个民族有其独特的思维方式和心理特点，即存在"文化图式"(culture paradigm)指导人的行为。这也引向一种分析方法的转变，即由站在旁观者的角度的客位(etic)方法转向站在当地人立场的主位(emic)方法。因此认知人类学的任务在于揭示民族的文化图式，解决存在哪些物质现象以及如何组织这些物质现象的问题。

认知人类学强烈受到语言学和结构主义的影响，代表人物有劳恩斯伯里和古迪纳夫。他们曾用语言学的成分分析法研究亲属称谓，想要寻找人类头脑里的认知分类模式。大部分认知人类学家的研究都集中在描写当地人是如何给周围的事物分类和命名，比如泰勒的《认知人类学》(1969)、德宾的《认知人类学》(1973)、弗兰克的《认知体系的民族志研究》(1962)等都是此类著作。

三、意义——互动阶段

20世纪五六十年代是一个转折期，这一时期人类学开始实现向意义——互动论的母体范式转换。这种转变与"反思潮"的出现紧密相关，有随着民族解放运动殖民地独立而转向对西方本国的反思和否定，有随着现代化进程西方社会出现危机问题引发的反思和评断，也有人类学学科史自身演变过程中对过去理论的反思和批判，这次反思不无类似一个解构过程，也因此人类学进入一个再无一致模式的时代。因承接和理解不同各自为政，学术主流从社会文化结构分析转向人的行动意义追求。大致的分流包括互动论、过程论、马克思主义、阐释学、女权主义、后现代主义等。韦伯的一句"人是悬挂在由他自己编织的意义之网上的动物"名言将"意义"推向极致，"人活着的意义何在?"人类最终叩问自己做最深刻的反思。互动观点则可以说包含了历时和共时两方面的理论，非历时的简单假设，非共时的静态分析，而是社会或文化与环境之间的互变关系。现逐一表述如下：

1. 互动论

当代人类学①各理论流派可以看成是一场围绕结构与能动性关系的争论，前者指社会文化的制度方面，后者则突出人的行动方面。挪威人类学者巴斯是互动论的最主要代表人物，他也是将个体的能动性发挥至极的先锋。他曾在巴基斯坦瓦特河帕坦人(Pathan)中开展政治组织制度的研究，得出利益选择决定制度的结论。巴斯认为，制度、结构只是社会游戏的规则，只能限定却不能决定游戏玩家个体的人怎样生活，就像足球比赛一样。巴斯关注的是，人们怎样通过他们的行动决策，即有关怎样来支配和使用他们的时间和资源的决策，在生成、维系和改变制度。在他看来，结构"其实是人们的策略无意带来的附属产物"。巴斯的大胆挑战，近乎启蒙思想者对宗教神学的批判一样振奋人心，巴斯及其追随者想法极其狂热，虽不为

①在此指20世纪60年代以后的人类学理论流派。

大多数人类学者承认和效仿，但对社会变迁研究却不失为一种很有效的分析工具。在今天也不时被与其他理论联合使用。

2. 过程论

按照布朗的解释，个体各个器官、组织的排列称为结构，生命则被看作一个过程。结构发挥功能构成生命前提，结构的存在又取决于生命过程的各个过程。因此，他认为过程取决于结构，结构的延续取决于过程。如此看来，一定是先有结构才可能有过程，而后者支撑了后来的人类学家的努力，即人的实践过程。这种理论突出地表现在曼彻斯特学派的冲突过程学说上。代表人物是格拉克曼和特纳。格拉克曼在其重要著作《非洲的习俗与冲突》(1955)中讨论了无国家社会如何保持秩序稳定，以及冲突在促成秩序中的作用。特纳的著作《一个非洲社会的分裂与延续》(1957)集中对仪式进行研究，认为文化是作为一种经历而存在，它发生于人们对它的实践过程中。特纳虽然被认为是一个结构功能论者，他也总算是看到了人的能动性。他将社会比喻成戏剧，关注人们如何表演，如何通过使用或操弄仪式来重新平衡社会秩序。

3. 马克思主义与结构马克思主义

20 世纪 60 年代西方人类学界开始重新审视马克思主义，经过深入细致的研究，马克思主义的价值得到承认，出现了各色“马克思主义”人类学理论和思潮，想要对已有的缺点和不足找到解释。马克思主义一直存在“生产力与生产关系”“经济基础与上层建筑”“中心与外围”的决定与被决定关系论断，结构马克思主义者如戈德利耶质疑“亚细亚生产方式”实际上否定了社会五阶段发展论，认为上层建筑并不只是被决定，如宗教或亲属关系是下层社会经济结构的基本要素，沃勒斯坦的“世界体系”理论和弗兰克的“不发达”观点探求全球“中心—边缘”的不平衡依附关系。这些马克思主义学派在研究内容和方法上各有侧重，有社会进化、全球化、结构、功能，甚至反思。海因兹和赫斯特曾指出：“理论仅存在于它们所表述的语境中：实事上，他们的马克思主义观点就是写作这些观点的产物。”①

4. 阐释人类学

阐释学派将人类学的归宿引向探寻文化意义的功绩，很大程度上来源于他们对文化的深刻反思。这无疑要归功于该学派的开创者，美国最具影响力的人类学家克利福德·格尔兹的卓著贡献，他基本确立了阐释主义的内涵。阐释人类学有三个主要渊源：韦伯的社会行为理论，帕森斯的社会、文化与人格的结构功能主义和哲学家赖尔“心的概念。”②认为文化成为人们给行动赋予的意义结构，社会结构是这些行动采取的形式。人类学家永远不可能知道当地人脑子里在想什么，因此没有客观真实而言，他只能通过体验当地人的生活，渐渐明白当地人的文化，而永远追求，不断接近所谓真实这个彼岸之花。从研究者对被研究者的主导性，到研究者与被研究者的互主性，这是一个逐渐互动的过程。民族志有“浅描”和“深描”两种，前者是描述文化表象，后者更进一步揭示文化与行动之间的关系，解释行动的意义。

---

①[英]阿兰·巴纳德著，王建民等译：《人类学历史与理论》，106 页，北京：华夏出版社，2006 年。

②夏建中：《文化人类学理论学派：文化研究的历史》，71 页，北京：中国人民大学出版社，2003 年。

5. 后结构女权主义

后现代主义时期已经超越人类学领域，还包括哲学、文学批评、历史学、社会学等。后结构主义是后现代主义的一种形式，反对功能主义和结构主义建立的话语权力，趋近对社会文化关系的理解。代表观点是女权主义学说。它伴随妇女解放和女权运动而兴起，通过社会性别研究揭示社会造成男女强弱群体定位的本质。认为贯穿始终的男主外女主内思想并非基于生物差别而是这种差别被文化化了的角色差别。女权主义者由此进一步质疑把性别作为人类社会普遍行为原则的真实性。性别人类学家从性别"是一种符号构建"和"是一种社会关系的复合体"两个方面展开研究。① 当然需要指出女权主义者并不都是女性，男性研究者的出现提醒我们要避免"反向歧视"的越轨。

6. 后现代主义人类学

到人类学出现表述危机，转入实验民族志的时候，则近乎彻底的解构。对像时空、语言、殖民知识这样的常识都可以问"是真的吗?"这受到存在主义哲学影响，民族志的研究在于与当地人的对话，甚至邀请当地人参与写作。阐释异文化的目的在于反思本文化，研究者开始注重被调查的"他者"对"自己"的反作用。这也是阐释主义与后现代主义的区别所在，前者把田野民族志看成是人类学研究的终点，主张尽力描述异民族文化以增进对当地人生活的认识。而后现代主义则是借民族志反思本我，以达到审视自己，通识人性的目的。换句话说，前者是"人看我看人"，后者是"我看人看我"。从德里达的"异延"(difference)说，福柯对权力话语，萨义德对"东方学"的批判中，我们可以感受到当今人们对社会权力不平等的结构有着强烈抵触情绪，他们也几乎在理论上起了颠覆作用，只是后现代主义者们在重重的解构之后却没能重新建构，没能给出一个解决办法，所以往往只被那些狂热的新进分子所选择，没有多少变革的力量。

回顾人类学理论流派的发展脉络，基本可以看清楚每一阶段的内容和特征。在此使用阶段一词绝不与进化论的发展阶段说雷同，仅表示研究母体范式的转化。而所有这些不同的流派归结起来其实一直是围绕三个问题的争论：(1)科学与艺术之争。对人类学的定位，科学论者认为它运用科学方法，经过知识积累和检验假设得到客观真实的结论。在方法上更多强调定量研究。艺术之为人文，认为探寻人类文化的意义和对意义的理解是人类学的根本任务所在。在方法上更多强调定性研究。一般认为，科学之说为人类学初期的主要原则，艺术之说则为当代人类学的原则取向。过分强调人类学的科学性实际上是应对主流学科对研究方法的质疑，人类学实际上是一门"科学其表，人文其里"的学科。(2)生物决定论与文化决定论之争。人们的思维和行为到底是由生物方面的个性决定还是由文化方面的价值决定。前者把文化看成是人类在适应环境以生存发展的发明结果，文化的差异性是自然环境的不同造成的。文化论者则认为文化是在人的生理和个性层次之上的更高层次，文化一旦形成便自成其类且自有特性，它反倒通过行为规范和价值观念制约和支配人的活动。生物决定论与文化决定论也存在一个前后相继，各自为据的转变过程。(3)结构与能动性之争。也可以看成是个体与社会之争。社会是有规范的，社会制度制约人与人之间的关系，此为结构的强大存在。也

①[英]阿兰·巴纳德著，王建民等译：《人类学历史与理论》，158～161页，北京：华夏出版社，2006年。

有观点认为这种理解忽视了人的存在，即人有能动性去改变和再造结构，人的能动性既表现在个体的行动上，也表现在人可以创造出神，为人需要，统治世界。也有学者强调二者的调和，如实践论提出“惯习”(habitus)概念，用来指“客观结构的主观化、内化，或者说是主观意志的结构化”。正如布尔迪厄所说：“人们原以为是自身创造的那些文化产物和社会关系，事实上都成为决定和影响人们行动的客观力量，是社会文化的再生产成为超越个人希望、选择、意见的过程。”[①]学术争论绝无对错之分，从中可以看出不同理论取向与分析角度，因此这些争论合理且会继续存在。在争论之上我们应该看到的是学科的深层共识，如承认和尊重文化多样性、承认文化是个人认同的组成部分、承认文化的整体性等等。[②]

第二节　人类学中国化

一、何为“人类学中国化”？

长久以来学术界一直认为，人类学在中国的兴起及学科的建立，是 19 世纪 20 年代西方人类学的传入，随着在英美接受正规训练的中国学者在中国民族研究实践和国家民族工作的实际运用中推动和发展起来的，学科在大学里纷纷设立，研究机构和国家民族事务管理机构的建立对中国人类学起了扎根和深入促进作用。由此形成一种观点，以为西方人类学是人类学的正宗，体制完备，结构健全，因此西方与非西方，西方与中国是一个划界，二者是干与枝，源与流，传播与学习的关系。不曾想由此也陷入两种误区，一是把西方人类学看得过分整齐划一，铁板一块。二是把中国与人类学研究的缘分看得过于生分，将中国人类学完全看成是移植和借入的结果。从前面一节人类学理论流派评介就可以看出，西方人类学经过百余年的发展，一部内容纷呈的学科史也是由国别人类学史组成的，如英国自称社会人类学，美国自称文化人类学，欧陆倾向民族学的称呼一样。这也是我们称呼各理论流派时，总会有英国结构—功能学派、法国社会学派、美国历史特殊论学派等冠以国别的用意。借用法国生物学家巴斯德所说“科学是无国界的，但科学家是有国界的”的说法，人类学流派也是有国别的，总会受到国家科学发展水平和现实条件的制约，而对人类社会文化产生不同见解和分析角度。这也是人类学流派众多，各有形色，有的甚至还互为矛盾相互批判的主要原因。统称西方人类学其实仅是从国家意识形态所作的划分，读者有必要认识清楚。中国方面，虽然“民族”这个概念术语为舶来品，一说由日本翻译传入，但中国关注种群差异进而有分析研究的事实却由来已久，从古代的“非我族类，其心必异”“四方之内，北曰狄，南曰蛮，西曰戎，东曰夷”的警惕，到近现代“师夷长技以制夷”“五族共和”“驱除鞑虏，恢复中华”的政治口号，再到现在社会主义国家“统一多民族国家”“中华民族多元一体格局”的定位，对“民族”这个他者的认识始终成

①黄平，罗红光，许宝强主编：《当代西方社会学・人类学新词典》，8 页，长春：吉林人民出版社，2003 年。

②庄孔韶主编：《人类学理论通论》，72～73 页，太原：山西教育出版社，2003 年。

为一个话题，思考越成熟。所以说人类学这门学科，它的体例规范，它的对象方法虽确为西方所创，但在中国的出现也只不过是一个形式与内容的对接罢了。

从学术思潮的角度讲，人类学中国化主要是客位——本位思想的转变所致，表现为中体西用——全盘西化——中国文化本体论——中国化的发展轨迹，也可以说是中国学人对洋学的反思进而本土文化复兴的结果。20 世纪初，人类学开始传入中国之际，当时采用的是“民族学”的说法。这主要是受“中国民族学之父”、北大校长蔡元培先生的影响，他留学欧陆国家，在大力推进中国人类学的活动中借用了欧陆国家的称谓。到了 30 年代学者们开始提出民族学中国化的口号，代表人物有孙中山、吴文藻等人，在当时掀起中国化的浪潮。但在 50 年代之后民族学被打入冷宫，学者们不再太敢提起西方学术传统，“中国化”一词也一度沉默下去。70 年代末 80 年代初国家恢复民族学的学科地位，民族学人类学得到了新的发展空间，对中国化的讨论又再度热闹起来。进入 90 年代学者们根据自己的经历和学术背景提出了许多与过去不同的理解。包括台湾和香港学者也展开过多次讨论，将中国化作为中心论题之一。至今天，学者们始终坚信中国人类学的本土化是未来前景，努力方向，虽持续争论，但“中国化”却已是一个共识。

二、中国人类学的实践

20 世纪初的头 20 年，人类学开始传入中国。主要表现在人类学学科名称的出现和国外人类学著作的翻译及引进上。严复于 1896 年首译赫胥黎的《天演论》开始介绍进化学说，1903 年林纾、魏易合译德国学者哈伯兰的原著《民种学》(英文名为 Ethnology)并由京师大学堂官书局出版。人类学这个学科名称有学者认为最早出现在 1902 年由留日学生创办的刊物《游学译编》中引用外国人类学书名中提到。[①] 此时国内一些学者开始对人类学民族学学科提出自己的看法和主张。中国人类学民族学的先驱和奠基者蔡元培先生于 1926 年发表《说民族学》一文，正式确立中国的“民族学”学科名称。蔡先生指出：“民族学是一种考察各民族的文化而从事于记录或比较的学问……它注重于各民族文化的异同。”[②]这时他还提出人类学应从事应用研究的观点。还有孙学悟发表《人类学之概略》简介欧美人类学概况，陈映璜著有《人类学》一书并作为北京大学人类学课程用书。这一时期中国学者受西方学术思想影响也持进化观点，20 年代末翻译出版进化学派著作如泰勒的《人类学》(宫廷璋编译，1926 年)、摩尔根的《古代社会》(杨东莼、张栗原合译，1929 年)、韦斯特马克的《人类婚姻史》(王亚南译，1930 年)等即属此类。此外还有法国社会学派涂尔干的《社会分工论》(王力翻译，1925 年)等。大量外文原著的介绍使中国学者充分接触和了解到西方人类学理论和方法，为中国人类学的探索和实践奠定了坚实的理论基础。

其后至中华人民共和国成立之前的 20 年时间，人类学在中国的发展在两个方面取得长足进步。一是人类学教学、科研机构和队伍逐渐形成。在北方研究机构以中央研究院为中心，代表人物有蔡元培、凌纯声、林惠祥、芮逸夫、戴裔煊、刘咸、李济等；高等学校以燕京大学、清华大学、南开大学、辅仁大学为中心，代表人物有吴文藻、费孝通、吴泽霖、林耀华、李安宅、李有义、杨堃、陶云逵、田汝康等。南方包括三块研究阵地，东南以中央大学、金陵大学、厦门

①黄淑娉，龚佩华：《文化人类学理论方法研究》，411 页，广州：广东高等教育出版社，1998 年。

②同上，412 页。

大学为中心，代表人物有孙本文、卫惠林、马长寿、陈国钧等；华南以中山大学、岭南大学为中心，代表人物有杨成志、黄文山、陈序经、罗香林、岑家梧、梁钊韬等；西南则以四川大学、云南大学为中心，代表人物有徐益棠、方壮猷、胡鉴民等。这些研究机构和大学纷纷设立人类学课程，清华大学、暨南大学、浙江大学和中山大学还相继成立了人类学系。①

另一方面是人类学开始展开大规模的实地调查研究。1935年布朗应邀到燕京大学讲课，他极力提倡从事应用人类学的研究，并介绍了国外人类学研究应用于殖民地统治的经历。抗日战争期间，大学随政府迁至西南，人类学学者们一方面继续翻译引进文化人类学著作，包括进化学派、传播学派、美国历史学派以及功能学派等的著作均有翻译出版。另一方面有更多机会赴少数民族地区进行实地调查和研究，比如杨成志深入云南、四川大凉山、粤北等少数民族地区进行的调查，陶云逵赴云南西北和西南边疆调查彝、苗、傣、傈僳等民族，徐松石在广西、湖南、贵州等地研究壮、苗、瑶等族，吴泽霖赴黔东南调查苗、布依、水、侗等族，并出版了许多人类学著作和调查报告。同类研究还有费孝通、王同惠的《花篮瑶社会组织》(1935)、林耀华的《凉山彝家》(1947)、田汝康的《芒市边民的摆》(1946)、李安宅的《藏族宗教之实地研究》(1989年出版)等则成为民族志调查报告的典范而在人类学教育中广为引用。对西南少数民族地区的调查也可看成是中国人类学应用研究的开阔期，形成所谓"边政学"即"研究有关民族政治思想事实、制度及行政"的，以及一些"对文化变迁和应用人类学真正问题进行学术攻关"的应用人类学研究。此外，这一时期学者还开始对汉人社区的人类学调查研究。较有代表性的是费孝通的《江村经济》(1939)和林耀华的《金翼》(1944)，以及对禄村、易村、昆厂、玉村等西南汉族和东南客家、疍民的研究，都出版有相关著作，影响广泛。论著方面，林惠祥写成《文化人类学》(1934)、《民俗学》(1935)、《中国民族史》(1936)等，岑家梧发表《史前艺术史》(1937)、《图腾艺术史》(1938)等。刊物方面，有中央研究院历史语言研究所主编的《人类学集刊》和《人类学丛刊》，中山文化教育馆主编的《民族学研究集刊》和中山大学文科院主编的《民俗》等，刊载相关研究文章千余篇。与此同时，中国共产党在延安把人类学的理论运用于中国社会实际，对北方的有关民族展开了调查研究。这些结果直接影响后来党的纲领政策，边区藏、回、蒙民族自治，并影响到中国应用人类学的发展。

1949年中华人民共和国成立后，人类学和社会学因曾被用于殖民统治服务而被视为资产阶级学科加以批判，上述四所大学的人类学系也先后被撤销。受学习苏联影响，该研究人类社会文化的学科改被称为民族学。20世纪50年代苏联民族学家如H. H. 切博克萨罗夫被邀请到中国讲学，中央民族学院也在高校调整中很快成为民族学研究的中心，汇集了原来各大高校的人类学家和历史学者如吴文藻、杨成志、费孝通、林耀华、潘光旦、吴泽霖等，继续开设人类学课程，培养专业人才。这一时期受国家领导人的支持，提倡民族学研究与国家民族工作结合起来，进行实际的应用。当时中国人类学的应用研究主要体现在两方面：一是开展大规模的民族识别工作。为实现我国各民族平等，实行民族区域自治，促进少数民族共同繁荣，受中央民族事务委员会和各有关省区政府的领导，中央或地方各研究机构、高校的人类学家民族学家组队开展了深入的实地调查工作，主要运用斯大林对民族"四个共同"的定义并结合中国实际情况对各少数族群进行识别研究，最后经国务院认定和划分出中国的55个少数民族成分。人类学在社会主义建设实际应用中开展了广泛的实践，同时在学科领域内也就各种学术

①黄淑娉，龚佩华：《文化人类学理论方法研究》，414～415页，广州：广东高等教育出版社，1998年。

问题展开过几次大讨论，比如50年代关于汉民族的形成、民族的定义和资本主义时代以前有没有民族、80年代关于在资本主义时代以前民族形成时间，和对斯大林民族定义的讨论等，虽见解不同，却也促进了人类学民族学理论的探索和取得成就。二是实行全面深入的少数民族社会历史调查。此次调查规模比前次要大，目的在于明确新中国成立前各少数民族社会的性质和为各少数民族编写简史简志，从而为少数民族和民族地区的民主改革和社会主义改造提供依据。参加此次调查的人类学、民族学、社会学、历史学、经济学等各学科工作者共达七千人，还有大批高校的研究生和本科生参与工作，在实践中得到锻炼，不少人成为今天学术界的专家骨干。

20世纪50年代以后的20年间由于受到“文化大革命”和政治斗争的影响，人类学被划成资产阶级学科遭到彻底批判和否定，学科和研究工作几乎中断，这也使得刚在中国兴起并积聚了一定基础的人类学又比西方晚近了20年。直到80年代以后才开始重新应用到社会主义现代化建设中去，研究机构、高校教学单位又逐渐恢复，学术活动空前活跃。中山大学、厦门大学、云南大学、北京大学，中央、中南、云南民族学院，以及中国社会科学院、云南社会科学院等一批高校和研究机构相继成立民族学系、研究所，开设人类学民族学专业。中国民族学学会、中国人类学学会分别于1980年和1981年成立。研究期刊或论文集如《民族学研究》《人类学研究》《世界民族研究》等成为汇集和总结研究成果的平台。一批新一代的人类学民族学者成长起来并活跃在教学或研究领域，有越来越多的人类学者参与到应用实践中，其研究范围也扩展到民族经济发展、民族教育事业、民族区域自治实践问题等范围。对中国少数民族和民族地区的经济社会发展研究成为后期应用人类学研究的中心，这实际上也是中国人类学本土化口号提出的发源。

三、人类学的中国经验

在探索人类学中国化的实践过程中，大致形成了四种看法。第一种主张利用外国的研究理论和方法，择其善者，根据中国实际，综合而成中国化的民族学；第二种试图以经过比较择出的某一学派的国外民族学理论为张本，实现民族学中国化；第三种主张吸收国外民族学理论合理之处，建立本质上与欧美不同的中国民族学；第四种则强调建立中国特色的民族学。①

四种看法可以说是围绕如何对待和利用国外人类学理论和方法而展开，此为方法之说。实践中遇到中国的实际情况，也逐渐积累起人类学的中国经验，概括起来，有如下三点：

1. 善于总结民族史

中国有数千年的文明史，历代有关民族的研究著作汗牛充栋，给后人留下一笔丰厚的遗产。浩繁的史料资源非西方国家所能比，绝对是中国学术生长的深厚土壤。中国历史学的发展远在人类学之前，建立起良好的体系，积累有大量实践经验。早期中国人类学家都经过完备的历史学训练，有扎实的史学功底，与人类学相结合，往往能通过研究古代民族志资料探索出民族的起源和发展历程。学者们也感兴趣于弄清民族形成和发展的脉络，以找出某些规律性的东西。民族学的研究方法后来运用到新中国民族识别和社会历史调查工作中，对丰富少数民族史料收集与分析，制定民族管理政策起到了明显作用。

---

①关于这四种看法，请参见宋蜀华、白振声主编：《民族学理论与方法》，135～149页，北京：中央民族大学出版社，2002年。

2. 注重田野调查

田野调查不仅是西方学术传统的体现，在中国也得以广泛开展，得益于中国族群的多样性与复杂性。主要有汉人社区和少数民族地区两大田野，人类学民族学者纷纷深入实地调查，各大学与研究机构也组织进行大量调查，足迹遍布全国各地，研究成果丰硕。重要的是在研究方法上从对异民族的研究转入对本社区的调查。如马凌诺夫斯基评价费孝通先生对中国农村的研究著作《江村经济》时说："如果说人贵有自知之明的话，那么，一个民族研究自己民族的人类学当然是最艰巨的，同样，这也是一个实地调查工作者的最珍贵的成就。"①英国人类学家弗思评论林耀华先生所著的《金翼》一书指出："他们作为身临其境的参与者从童年起就熟悉自己叙述的场景，而且精通现代社会科学方法，本书就是这样的一部著作。"②对中国学者的田野工作评价甚高。

3. 强调实际应用

中国人类学的实践实际上也是一部应用人类学史。抗日战争时期的"边政学"研究，新中国成立初期的中央访问团、少数民族地区民族民主建设、民族识别、少数民族社会历史调查等工作，以及社会主义现代化建设时期西部大开发、少数民族传统文化与权益保护等努力，都是在国家解决民族问题，构建和谐社会的需要下步步推进的。人类学民族学家的研究成果有许多也应用到实际操作领域中去。如今人类学的分支学科当中就有一门叫作应用人类学，开始关注全球化时代人类学与各学科的结合用于研究和解决实际问题，提升人类学的价值。有不少大学和研究机构里的人类学民族学者，开始尝试与政府或非政府组织机构合作，开展应用研究项目，加强了学科与社会实践的结合。

由人类学的中国经验推而广之，自然也会有人类学的美国经验、非洲经验等等，各有其性。建立在经验上的认识，并不最好仅为自己知晓，仅为自己所用，还应在大家经验的交流中深化认识，接近本质。中国在加强人类学国际经验交流上做得还远远不够，这也部分能解释为什么中国人类学似乎与西方人类学有截然地两分。中外学者的交流互访，合作研究，国际性人类学民族学的交流大会，以及田野地点的拓展等等，都有待在学者们的努力和客观条件的改进中进一步增强。中国学人一方面信守人类学本土化的重要性，另一方面也在开放世界中接触全球，双管齐下，其实也正如人类学"反观"的做法，以国际照鉴中国，推人及己，探索世界中的"中国化"道路。

本章要点

如果纵向梳理人类学理论的历程，我们会看到，人类学 100 多年的历史是围绕三个范式的转移而分成了三个大体上的阶段的：围绕人类及其文化的起源的母体范式，早期的人类学家致力于或从进化的角度、或从传播的角度对文化进行溯源式的研究，是为人类学的起源——历时阶段；围绕社会的结构研究，20 世纪 20 年代开始一直延续到 60 年代，人类学进入

①宋蜀华、白振声主编：《民族学理论与方法》，165 页，北京：中央民族大学出版社，2002 年。

②同上，165 页。

了结构——共时阶段。这一阶段的人类学家大多浸染于西方科学主义的实证精神，从不同角度讨论了人类文化的结构、功能等基本主体；发端于20世纪60年代的“反思”的社会思潮在冲击了西方整个思想体系的同时，也深刻影响了人类学的基本取向。出于对过去人类学“客观”“科学”“实证”的反思，人类学开始更加重视对文化的“意义”的探讨，从而进入了人类学的意义——互动阶段。对文化“意义”的探究也使人类学更具人文科学的特色。

人类学的中国化问题由来已久。我们至今仍然需要讨论的话题是：中国的经验能够给世界人类学理论提供什么样的贡献？人类学在当今中国的国家构建和现代进程中可以有什么样的建树？中国化不能简单等于将西方人类学的理论运用于中国的具体实际。学术上的“东方与西方”“中国与外国”的二元分离在学术对话和交流日趋密切的过程中将被消解到最低程度。

基本概念

范式　古典进化论　播化学派　历史具体主义　功能主义　结构　结构功能学派　文化相对主义　认知人类学　阐释人类学　象征人类学

复习思考题

1. 范式”与“母体范式”的概念？
2. 人类学理论流派的三个母体范式是什么，各有什么具体流派？
3. 简述人类学理论论争的三个焦点内容。
4. 什么是人类学中国化？
5. 简述人类学的中国经验。

译名对照表

Anderson,Benidict	本尼迪克特·安德森
Adams,Willian,Y.	威廉·亚当斯
Aristole	亚利斯多德
Bachofen,J. J.	巴霍芬
Barrows,H. H.	巴罗斯
Barth,Fredrik	巴斯
Bastian,A.	巴斯蒂安
Benidict,Ruth	本尼迪克特
Berghe,Vanden	范·登·伯格
Boas,Franz	博厄斯
Brass,PaulR.	保罗·布拉斯
Breuilly,John	约翰·布鲁伊利
Cassier,Ernst	卡西尔
Collingwood	科林伍德
Comte,A.	孔德
Condorcet,M.	孔多塞
Cooley,CharlesHorton	库利
Cohn,Abner	阿伯乐·库恩
Crapanzano	克拉潘扎诺
Darwin,C.	达尔文
Diamand,Jared	戴蒙德
Duebin,M.	德宾
Dumont	杜蒙
Durkheim,Emile	涂尔干
Dwyer	德怀尔
Ferguson,A.	亚当·弗格森
Fishman,Joshua	菲什曼
Frazer,JamesGeorge	弗雷泽
Frobenius,L.	弗罗贝纽斯
Fukuyama,Francis	弗朗西斯·福山
Gellner,Ernest	盖尔纳
Geertz,Clifird	格尔兹
Giddens,Anthony	安东尼·吉登斯
Gienn	吉恩
Gluckman,M.	格拉克曼
Goderlier	戈德利耶
Goodenough,W.	古迪纳夫
Graebner,F.	格雷布纳尔
Haaland,Gunnar	岗纳尔·哈兰德
Haddon,A. C.	哈登
Haborandt,M.	哈伯兰
Harner,Michael	迈克尔·哈纳
Harris,Marvin	马文·哈里斯
Harrell,Stevan	斯蒂文·郝瑞
Herder	赫尔德
Herrnstein,Richard	赫尔斯坦
Herskovits,Melville J.	赫斯科维茨
Hobsbawm,Aric	霍布斯鲍姆
Holmes,W. H.	霍姆斯
Home,H.	亨利·霍姆
Hooton,E. A.	胡顿
Huntington,Samuel P.	塞缪尔·亨廷顿

Huxley, T. H.	赫胥黎
Issacs, Harold P.	撒克
Kant	康德
Kedourie, Elie	凯杜里
Keyes, Charles	查理斯·凯斯
Kroeber, A. L	克鲁伯
Kluckhohn, Clyde	克拉克洪
Lafitau	拉菲托
Leach, Edmund	利奇
Levi-strauss, Claude	列维-斯特劳斯
Levy-Bruhl	列维-布留尔
Linne, Karlvon	林耐
Lounsbury, F.	劳恩斯伯里
Lowie, R. H.	罗维
Lubbock, J.	卢伯克
Malinowski, BronislawKaspar	马凌诺斯基
Marett, R. R.	马雷特
Mauss, Marcel	莫斯
Mead, M.	米德
Montesquieu, C.	孟德斯鸠
Morgan, Lewis. H.	摩尔根
Morris, Desmond	莫里斯
Murdock, G. P.	默多克
Murray, Charles	莫雷
Naroll, Raoul	纳若尔
Ogbu, John	奥格布
Park, Robert	帕克
Perry, W. J.	佩里
Pike, Kenneth	派克
Rabinow, Paul	拉比诺
Radcliffe-Brown, A. R.	拉德克利夫-布朗
Ratzel, F.	拉采尔
Richards	理查兹
Rivers, W. H.	里弗斯
Robertson, W.	罗伯逊
Russell, BertrandA.	罗素
Schimdt, W.	施密特
Shils, Edward	希尔斯
Smith, E.	史密斯
Spencer, H.	斯宾塞
Spiro	斯皮罗
Steward, Julian H.	斯图尔德
Turner, Victor	维克多·特纳
Tyler, S.	泰勒
Tylor, E. B.	泰勒
Wallerstein	沃勒斯坦
Weber, M.	马克斯·韦伯
Westermark, E. A.	韦斯特马克
White, L.	怀特
Wissler, Clark	威斯勒
Williams, B. F.	威廉斯
Wilson, Edward O.	爱德华·威尔逊